5文型から関係代名詞まで

30日間でできる書き込み式！

Mr. Evine の
中学英文法を修了するドリル

まず、はじめに

どうも初めまして、Evineです。日本人です。この本を手にしていただいてありがとうございます。

僕はこれまで、塾での指導現場、初心者専門の英語学習サイトの運営などを通して、英語を苦手とする本当に多くの方に出会ってきました。何度英文法をやり直しても結局途中で挫折してしまう方、より満足するものを求めて参考書渡りを繰り返し、結局納得のいくものが見つからず悪循環に陥ってしまう方、このような方々には「効率のよさ」や「楽な学習法」を求める傾向が強いように思います。

まず声を大にして言いたいのは、語学はそう簡単に身に付くものではないということです。

本当に英語を身に付けたいのであれば、最低限の専門用語や覚えるべきものは素直に覚える努力が必要です。できるだけ効率よく、できるだけ負担のないような学習法はないものか、と探し回っている時間があるなら、まずはスタートを切ってみることです。結局、覚えなければならない絶対量はほとんど変わりません。とにかくある程度の我慢と意志が必要です。

僕は、英語、とくに英文法を学ぶ姿勢として、ある程度の具体的な専門用語（文法用語）の力は必須だと考えます。100%ニュアンスだけでは、英語のルールをしっかりと記憶に定着させることはできません。文法用語が、文法の基本を頭の引き出しにうまくしまってくれるんです。

こうしたインプットが終われば、今度はそれを皆さん自身で実際にアウトプットしなければなりません。読み流すだけでは何も身に付きません。アウトプットができて初めて、生きた英文法になります。
このアウトプットの方法の1つとして、本書では演習問題を重視しています。英語学習者の多くは、この演習量が全く足りていません。演習をこなして初めて、自分が理解していないポイントを補強し、また英文法の知識を生かす術を知るのです。

また、英文法がどんなに明解にやさしく書かれていようとも、勢いだけではこの英文法の道を歩き続けることは不可能であり、やはり最終的には皆さん自身のモチベーションがものをいいます。
本書では、レッスン毎にその単元を学ぶ価値を明確にしてあり、豊富な演習量により達成感を味わうことができます。

学ぶ価値と達成感があって初めて、モチベーションは最後まで維持されるのです。

このドリルを通して、敬遠されがちな文法用語という便利な道具の利用方法やその価値を学び、「脱・初心者」になるための独学力を磨き上げ、まずは中学英文法をこの1冊で修了し、次のステップへの道を衰えることのないモチベーションでどうぞ切り開いてください。　浮気心はいけません！

本書と出会ったご縁、そしてEvineを信じて、ボロボロになるまで、使い込んでいただければ幸いです。

Contents

Mr. Evine's Questions & Answers …p.6 -

Pre-Check Quiz
自己評価チェック問題…p.10 -

Pre-Lesson
英語の素…p.12 -

1 全学年共通レベル

正しい5文型の知識を身に付けて初めて、「生きた英語」になります。
一見遠回りと思われる5文型をあえて始めにしっかりと勉強することで、常に正しい語順で英語をとらえることを可能にします。

Lesson01　英語の語順　SV文型…p.14-
Lesson02　英語の語順　SVC文型…p.20-
Lesson03　英語の語順　SVO文型…p.26-
Lesson04　形容詞と副詞…p.33-
Lesson05　英語の語順　SVOO文型…p.40-
Lesson06　英語の語順　SVOC文型…p.47-
Communication Stage 1…p.54

2 中学1年レベル

ここを120%マスターしなければ次に進めません。初歩レベルに位置するために1番適当にされがちなこの範囲をしっかり押さえておくと、この後が違います！

Lesson07　主語と動詞…p.56-
Lesson08　名詞と代名詞…p.63-
Lesson09　否定文と疑問文…p.70-
Lesson10　過去形…p.76-
Lesson11　冠詞と名詞…p.82-
Lesson12　進行形…p.88-
Communication Stage 2…p.94

3 中学1・2年レベル

このレベルはレッスン中盤に差し掛かる前の準備レベル。
中学1年レベルで学んだ内容を安定させるとともに、より豊かな表現力を養い、新しい文法を吸収するための体力を作ります。

Lesson13　未来の表現…p.96-
Lesson14　助動詞…p.104-
Lesson15　疑問詞を使った疑問文…p.112-
Lesson16　前置詞と名詞…p.120-
Communication Stage 3…p.128

4
中学2年レベル

いよいよレッスン中盤に入ります。ここで止めてしまえばこれまでの努力が水の泡です。
前半で学んだ内容を応用レベルに引き上げながら、より新しい表現方法を身に付けます。
英会話にも応用できる実践的な文法はここからです。

Lesson17 不定詞…p.130-
Lesson18 動名詞と不定詞…p.137-
Lesson19 接続詞…p.144-
Lesson20 比較の表現その1　比較級と最上級…p.152-
Lesson21 比較の表現その2　比較のいろいろ…p.160-
Lesson22 受け身の表現…p.167-
Lesson23 重要表現いろいろ…p.174-
Communication Stage 4…p.182

5
中学3年レベル

レッスン後半で表現の可能性が一気に広がります。また、複雑な英文を適切に解釈するために必要となるスキルの総まとめを行ない、より高度な英文法を学ぶための独学力を身に付けます。

Lesson24 現在完了形その1　完了と結果…p.184-
Lesson25 現在完了形その2　継続と経験…p.190-
Lesson26 現在分詞と過去分詞…p.197-
Lesson27 関係代名詞その1　主格と目的格…p.204-
Lesson28 関係代名詞その2　所有格…p.211-
Lesson29 英文解釈のコツ…p.217-
Communication Stage 5…p.224-

Proficiency Test

全レッスン修了テスト p.228-

別冊

Answer Key
Output Stage、Communication Stage、Proficiency Testの解答・解説

Mr. Evine's
Questions & Answers

Q.1　なんで中学英文法が必要なの？

多くの日本人が、早く英語が話せるようになりたいがために、中学校で学ぶレベルの文法の習得が中途半端な状態で発展的な英文法や会話レッスンへと走ってしまいます。
しかし実は、中学英文法こそがネイティブ・スピーカーたちが普段自然に行っている英語でのコミュニケーションのコア（核）であるといっても過言ではありません。このコアが抜けていると、発展的な英語力を身に付けるための全ての要素に悪影響を与え、結果的に何度も最初から勉強しなおすことになり、せっかくの努力も水の泡になってしまいます。
だから本書を手にした皆さんは、この30日間レッスンとその後のたゆまぬ復習で、是非とも「英語のコア」の習得を目指してください！

Q.2　このドリルを修了すればどうなるの？

この1冊で英文法初心者を脱し、より発展的な学習に対する独学力を養うことが可能です。基本英文法（中学3年間、英検3級相当）は完全に網羅しており、英文法用語をキッチリ理解し記憶に定着させながら、5文型を柱とした英文解釈力（短文・長文読解力）をグーンっと伸ばします。

また初心者必須のボキャブラリーが全レッスンを通して合計約1000語、そしてイディオム（熟語）が約200も、ギュッと収録されています。本書を何度も繰り返すことでこれらが自然と頭にインプットされます。

Q.3　このドリルはどんな人向きなの？

英文法に関心のある方、勉強せざるを得ない方、追い込まれている方、ほかに満足のいく教材に出会ったことのない方、最後までモチベーションが継続しない方、英文法を1からやり直したい方、生徒にどのように指導するべきか迷っている講師の方、とにかく英語が好きな方はもちろん、大嫌いな方まで、幅広い方を対象としています。
1冊だけで初心者レベルに必要不可欠な基礎英文法をマスターしたい、あるいは総復習したいという方がバッチリ満足できる内容になっています。

Q.4　ドリルを始める前に準備するものは？

鉛筆（シャーペン）、マーカー、消しゴム、ノート（ルーズリーフ）、辞書は必須です。最初から本書に書き込むことに抵抗を感じる方は遠慮なくノートやルーズリーフを活用していただいて結構です。本書を何十回も使用する工夫は皆さんにお任せします。
全レッスンを通して初心者の方にはまだキツイ単語や表現がギッシリ満載です。時間が許す限り、こまめに辞書で調べあげていただきたいと思います。無駄な単語や熟語は一切ありません。「全て覚えてやる！」くらいの心の準備も必要ですね。

Q.5　この本のコダワリは？

本書では、英文法の知識を整理整頓し、効率よく記憶に定着させるための道具として、必要最低限の文法用語をあえて積極的に使用し、皆さんの頭に叩き込んでしまうことを重視しています。また単に文法用語を並べた無機質な辞書的なものではなく、中学校では簡略化され教わらない、その英文法のもつプラスαのニュアンスや実際の使用方法なども豊富に紹介しています。

シンプルに、無駄なく、だけど抜けている部分は一切ありません。一気に読めるテンポの良いレッスン展開だけでなく、質の高いポイント演習により、約30日間徹底的に皆さんの頭をフル回転させます。

読み進めていけばご理解いただけると思いますが、本書は、読みっぱなしではなく実際に皆さん自身で考え、復習や確認演習作業をしていただくことに重点を置き、詳細な解説によるサポートで理解を100％にするダブルステップの英文法ドリルです。

Q.6 どのように進めていけばいいの？

この本には3つのステージがあります。1回のレッスンには Input Stage と Output Stage の2つのステージ。そして各章の最後には Communication Stage があります。

1. Input Stage　通読と精読、そして復習

中学3年間で学ぶ必須英文法を1日1レッスンのペースで解説していきます。
まずは通読し、次に辞書を活用しながら精読してください。

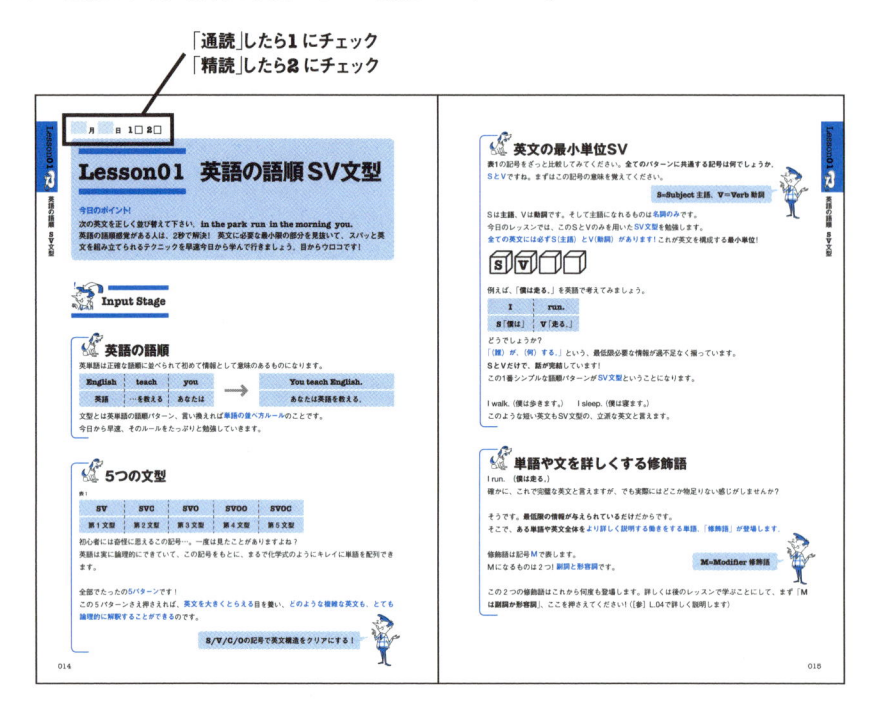

「通読」したら**1**にチェック
「精読」したら**2**にチェック

2. Output Stage　とことん演習

「前回レッスンの復習問題＋その日に学んだメインレッスン演習」の2本立てです。
テーマに沿って厳選されたバリエーション豊かなオリジナル問題で、途中で飽きることなく実践力を磨いていただけます。演習には多くの語彙（ボキャブラリー）が含まれますが、意味を取ることに意識し過ぎないようにして下さい。まずは英語そのものの語順や形などに注目して、英語の感覚で解き進め、自力で答案を作成してから辞書を確認するようにしてください。
問題を解き終えたら、別冊の Answer Key（解答集）で答え合わせしましょう。ここではレッスンで触れなかった重要事項についても取り上げていますので、全ての解説に目を通すようにしてください。また全ての英文には日本語訳と、必要に応じて文型も明確にしており、独学がとてもスムーズです。

3. Communication Stage 擬似会話を楽しもう

各章の最後で、ネイティブ・スピーカーの Mr. Bryan を相手にした会話にチャレンジ！その章で覚えた文法知識を総動員して、単語を並び替えてみましょう。Mr. Bryan のセリフには日本語訳はついていませんので、その章までの自分の理解力を試してみましょう。

[基本的な全体の流れ(1日分)]
1. **Input Stage** を通読 ➡ 精読
2. **Output Stage** の問題をまずは辞書なしで、英語の感覚だけで解いてみる
3. 答えをチェックする前に、辞書を利用して演習で使われた英文の解釈
4. 自己採点、ポイント、日本語訳などの確認 ➡ レッスンに戻り、間違え箇所をチェック
5. **Output Stage** の合格点に満たなかったら、**Input Stage** を再読（復習）して１日を終わりましょう

[本書の記号について]

記号	用例	用例の意味
[ ]	start [begin]	start は begin に言い換え可能です。
( )	I know (that) he is …	that は省略可能、または省略されています。
<	plays < play	plays のもとの形は play です。（活用形、複数形など）
[参]	([参] L.07)	Lesson07 を参照してください。
➡	He is … ➡ He was …	He is は He was になりました。
↔	She must … ↔ She has to …	She must は She has to に言い換え可能です。

さあ、中学英文法を修了する30日間のスタートです!!

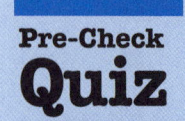

Pre-Check Quiz レッスン開始前 自己評価チェック 問題

自己評価のための、超基礎事項の確認クイズです。
事前に弱い部分を理解し、心構えを持ってレッスンに取り組むことができます。

Q.1 次の日本語を英語に直すとき、どんな文法事項を使えばいいのでしょうか。下から最も適切なものを1つずつ選び記号で答えましょう。

(1)「彼らは野球をしていました。」
(2)「僕は勉強をするために、図書館に行った。」
(3)「彼女はクラスで1番かわいいですか。」
(4)「あなたは彼に愛されています。」

(a)比較級　(b)動名詞　(c)受け身　(d)進行形　(e)最上級　(f)疑問詞　(g)不定詞

Q.2 次の日本語に対する英文が文法的に合っていれば○を、間違っていれば×を　　に書きましょう。

(1)「あなたはいつ、ここへ来る予定ですか?」
What time will you come here?

(2)「私のお父さんが私にプレゼントをくれました。」
My father gave a present for me.

(3)「彼女は金持ちですが、幸せではありません。」
She is rich but she isn't happy.

(4)「彼はまだ朝食を食べていません。」
He didn't eat breakfast.

(5)「私はベンチで寝ている女性を見ました。」
I saw a sleeping on a bench woman.

(6)「彼女は僕が昨日会った男性を知りませんでした。」
She didn't know the man I met yesterday.

Pre-Check Result レッスン開始前 自己評価チェック 結果

解答にはそれぞれに関連するレッスンが記されています。
間違えた問題のレッスンを確認し、自分の弱点を意識して取り組んでください。
また正解数をもとに、下の評価コメントも参考にしましょう！

A.1

(1) d (They were playing baseball.)　　　([参]L.12)
(2) g (I went to the library to study.)　　　([参]L.17)
(3) e (Is she the cutest in her class?)　　　([参]L.20)
(4) c (You are loved by him.)　　　([参]L.22)

A.2

(1) ✕【疑問詞】When will you come here?　　　([参]L.15)
(2) ✕【SVOOからSVOへの書き換え】My father gave a present to me.　　　([参]L.05)
(3) ○【接続詞】　　　([参]L.19)
(4) ✕【現在完了】He hasn't eaten breakfast yet.　　　([参]L.24)
(5) ✕【分詞】I saw a woman sleeping on a bench.　　　([参]L.26)
(6) ○【関係代名詞(目的格の省略)】　　　([参]L.27)

正解数2以下

超×2初心者レベル。厳しいようですが、ゼロからのスタートです。
本書をまずは最初から最後までやり遂げる決意をしましょう。ここから全ては始まります。

正解数3 - 5

超初心者レベル。ほとんどゼロからのスタートに近い状態です。
全てをリセットして、最初から最後までしっかりと気合いを入れて読み進めていきましょう。

正解数6 - 8

普通の初心者レベル。まだまだ中途半端です。全てのレッスンに腰を据えて、しっかり取り組んでいきましょう。100% 理解している部分を広げていくことも意識してください。

正解数9以上

初心者卒業候補生レベル。大まかに基本ポイントは理解できているようですが、油断は禁物！本書では、総復習のつもりで弱点強化に努め、より高いレベルを狙いましょう！

Pre-Lesson 英語の素

本書で扱われる文法用語はたくさんありますが、その中から、まず押さえておくべき用語を事前にここでチェックし、より快適に解説を読み進めることができるようにしておきましょう！
1度でも目に触れるか触れないかで全然違いますよ。

語（単語）
基本的にアルファベット1つ1つには意味はなく（冠詞 a は例外）、2つ以上のアルファベットが規則的に組み合わさり、ある一定の意味を持つようになります。そうしてできたものを**語（単語）**と呼びます。
（例）　アルファベット　ａｂｃｄｅｆｇ……ｘｙｚ　　＊それぞれに意味はない
　　　　dog「犬」/ talk「話す」/ on「…の上」など　　＊それぞれに意味がある
2語以上になると**語句**と呼ばれます。cat（ネコ）は 語、a little cat（小さなネコ）は 語句。

品詞
英単語はそれ独自の意味のほかに、文型にあてはめて解釈するために、機能別に名詞・動詞・形容詞・副詞といった名前が付いています。同じ機能を持つ単語同士を効率よく分類するために、便宜上グループ名が付いているわけですが、このグループ名を**品詞**と呼びます。
〈品詞の例〉

名詞
世の中の人・物事全てに名前があります。その名前のことを文法では名詞と呼びます。
（例）　mountain（山）、America（アメリカ）、Hanako Yamada（山田花子）など

形容詞
人や物事の性質、状態、形、数量などを表現する言葉をまとめて形容詞と呼びます。
（例）　kind（親切な）、difficult（難しい）、round（丸い）、many（たくさんの）など

副詞
隠し味的な存在で、ある言葉や文章をより詳しく説明する言葉をまとめて副詞と呼びます。
おもに、場所、時、程度（頻度）、様態などを表してくれます。
（例）　very（とても）、always（いつも）、there（そこに）、then（その時）など

主語と動詞
1つの英文の中のメインキャラで、「ある動作・行動を起こす人や物」を表す言葉を**主語**と呼び、「は・が・も」が後に付いているのが特徴です。また、「主語がする動作や行動」を表す言葉を**動詞**と呼びます。

<u>主語</u> 山田君が <u>動詞</u> 結婚する。
<u>主語</u> 山田君も 日替わりランチ <u>動詞</u> を食べる。

1

全学年
共通レベル

Lesson01 英語の語順　SV 文型	p.14-
Lesson02 英語の語順　SVC 文型	p.20-
Lesson03 英語の語順　SVO 文型	p.26-
Lesson04 形容詞と副詞	p.33-
Lesson05 英語の語順　SVOO 文型	p.40-
Lesson06 英語の語順　SVOC 文型	p.47-
Communication Stage 1	p.54

Lesson01　英語の語順SV文型

今日のポイント！
次の英文を正しく並び替えて下さい。in the park　run　in the morning　you.
英語の語順感覚がある人は、2秒で解決！　英文に必要な最小限の部分を見抜いて、スパッと英文を組み立てられるテクニックを早速今日から学んで行きましょう。目からウロコです！

Input Stage

英語の語順

英単語は正確な語順に並べられて初めて情報として意味のあるものになります。

English	teach	you
英語	…を教える	あなたは

→

You teach English.
あなたは英語を教える。

文型とは英単語の語順パターン、言い換えれば**単語の並べ方ルール**のことです。
今日から早速、そのルールをたっぷりと勉強していきます。

5つの文型

表1

SV	SVC	SVO	SVOO	SVOC
第1文型	第2文型	第3文型	第4文型	第5文型

初心者には奇怪に思えるこの記号…。一度は見たことがありますよね？
英語は実に論理的にできていて、この記号をもとに、まるで化学式のようにキレイに単語を配列できます。

全部でたったの**5パターン**です！
この5パターンさえ押さえれば、**英文を大きくとらえる目を養い、どのような複雑な英文も、とても論理的に解釈することができる**のです。

> S/V/C/Oの記号で英文構造をクリアにする！

英文の最小単位SV

表1の記号をざっと比較してみてください。全てのパターンに共通する記号は何でしょうか。
SとVですね。まずはこの記号の意味を覚えてください。

> **S=Subject 主語、V=Verb 動詞**

Sは**主語**、Vは**動詞**です。そして主語になれるものは**名詞のみ**です。
今日のレッスンでは、このSとVのみを用いた**SV文型**を勉強します。
全ての英文には必ずS（主語）とV（動詞）があります！ これが英文を構成する**最小単位**！

例えば、「**僕は走る。**」を英語で考えてみましょう。

I	run.
S「僕は」	**V**「走る。」

どうでしょうか？
「**（誰）が、（何）する。**」という、最低限必要な情報が過不足なく揃っています。
SとVだけで、**話が完結**しています！
この1番シンプルな語順パターンが**SV文型**ということになります。

I walk.（僕は歩きます。）　　I sleep.（僕は寝ます。）
このような短い英文もSV文型の、立派な英文と言えます。

単語や文を詳しくする修飾語

I run.（僕は走る。）
確かに、これで完璧な英文と言えますが、でも実際にはどこか物足りない感じがしませんか？

そうです。**最低限の情報が与えられているだけ**だからです。
そこで、**ある単語や英文全体を****より詳しく説明する働きをする単語、「修飾語」が登場します。**

修飾語は記号**M**で表します。
Mになるものは2つ！ **副詞と形容詞**です。

> **M=Modifier 修飾語**

この2つの修飾語はこれから何度も登場します。詳しくは後のレッスンで学ぶことにして、まず「**Mは副詞か形容詞**」、ここを押さえてください！（[参] L.04で詳しく説明します）

SV+M

では、先ほどの例文 I run.(僕は走る。)に M を追加してみましょう。M は何個でも追加可能です。

I	run	in the park	on Sunday.
S（僕は）	V（走る。）	M（公園で）	M（日曜日に）

どうでしょうか？

I run ₘin the park ₘon Sunday.（僕は日曜日に公園で走る。）

英文に具体的な情報が盛り込まれ、豊かになりましたね。これが M の仕事です。

＊in the park や on Sunday は、2語以上からできているので、正確には「修飾語句」ですが、ここではわかりやすく「修飾語」と呼びます。

I walk ₘto school.（僕は歩いて学校に行く。）　I sleep ₘat school.（僕は学校で寝る。）

さて、ここで少し困った問題があります。
このように M がいくつもある英文は、構造が複雑で、文型を見極めづらいということです。そこで、ちょっと便利な英文解釈法を伝授したいと思います。修飾語の処理の仕方です。

修飾語の処理テク

ちょっと考えて下さい。M は S や V のように文型パターンを構成する主要素になりうるでしょうか？

実は、この便利な M は、文型を構成するための主要素ではありません。
先ほどの表1の記号をもう一度チェックしてみましょう。
どこにも M という記号はありませんよね？ S/V/C/O のみです！

主要素でないということは、英文中になくても文法上は問題ないということです。
そこで文型解釈の観点から M は除外することにします。M を（　　）でくくってみましょう！

I run (in the park) (on Sunday.)「僕は（日曜日に）（公園で）走る。」

そして（ ）部分を思い切って取ってしまうと…　➡　I run.「僕は走る。」

どうでしょうか？
英文の骨組みをとらえると頭の中がスッキリしませんか？ いい感じです。
この SV しかない英文も、文型として正しいということは、すでにさっき学びましたよね。
突然ですが、次の英文をご覧ください。

> I work at a restaurant from Tuesday to Thursday
> and sometimes you jog in the park in the early morning.

とっさに見ても「どこから手をつけてよいのやら…？」
そこで、この文の **SVのみをクローズアップしてみました**!!

> **I work** at a restaurant from Tuesday to Thursday
> and sometimes **you jog** in the park in the early morning.

「**僕は**火曜日から木曜日までレストランで**働き**、ときどき、**君は**早朝、公園で**ジョギングをします。**」

この文の最小限の構成は「**僕は働き、君はジョギングをします。**」です。
どうでしょうか？一見複雑に思える英文も、実に単純なSV文型! だったんですね。
こういった小さなテクニックをできるだけ早い段階で身に付け、コツコツ単語を覚えていくことで、英文解釈力は効率よく伸びていくんですね。

修飾語の並べ方

では、「今日のポイント!」の並び替え問題をチェックしておきましょう。
　in the park　run　in the morning　you.

まずはSVの語順を作りましょう　➡　You run.「君は走る」
そしてSVが決まれば、あとは残りの修飾語のカタマリをどのように料理するかですね。
では早速、SV以外の**修飾語の並べ方についてのポイント**をチェックしておきましょう。

> 修飾語の性質 →「**SV＋場所＋時**」の順番

この英語の性質を利用して並び替えるのがポイント!
You run 場所 in the park 時 in the morning.「**君は午前中、公園を走る。**」

簡単ですね。この修飾語の並べ方については、1つ簡単な例文で押さえておきましょう。
You come here every day.「**君は毎日ここに来る。**」 ＊here（場所）＋every day（時）

文型を利用すれば、この位置にはこの単語を使うという根拠がハッキリします。
自信を持って英作文や英会話で発言することができるようになりますし、また自分自身で間違いに気付くことができます。その結果、**英語を英語で理解する真の解釈力**が身に付いてくるんですね。

今まで出てきたMの"in the park" "to school" "on Sunday"などで見られる"in" "to" "on"などは、**前置詞**とよばれ、「**前置詞＋名詞**」で出来るカタマリを**前置詞句**といいます。「前置詞句はMになる」と覚えておきましょう。前置詞については後ほど詳しく勉強します。

Output Stage

Lesson01の演習問題

1 次の日本語を今日勉強したアルファベット1文字で表してみましょう。

(1) 動詞　　　　　(2) 修飾語　　　　　(3) 主語

2 修飾語の説明文として適切なものは何でしょうか。2つ選んで記号で答えましょう。

(ア) ある単語をより詳しく説明してくれるもの
(イ) 文型の中で必要不可欠なもの
(ウ) 動作を示してくれるもの
(エ) 時や場所などの情報を示してくれるもの

3 次の英文から主語・動詞・修飾語をそれぞれ下の　　　に移動させてみましょう。
ヒント：ここでは、主語と動詞以外の残り全てが修飾語であると考えましょう。

(1) I sit under the tree.
主語　　　　　　動詞　　　　　　修飾語

(2) You go to a bank in the afternoon.
主語　　　　　　動詞　　　　　　修飾語

(3) I sleep with my dog every night.
主語　　　　　　動詞　　　　　　修飾語

(4) You and I swim in the river on Wednesdays.
主語　　　　　　動詞　　　　　　修飾語

(5) We die some day.
主語　　　　　　動詞　　　　　　修飾語

4 次の( )内の語(句)を自然な意味になるように正しく並び替え、全文を書きましょう。
＊英作文ルールの頭は大文字、最後はピリオドを守りましょう。

(1) (listen / you / to the song / .)

(2) (we / in the village / live / .)

(3) (work / I / at an airport / .)

(4) (under the tree / stand / you / .)

(5) (in the morning / walk / we / to the office / .)

5 次の英文のうち語順が正しくないものが2つあります。
その英文の記号を　　　に記入し、横に正しく書き直してみましょう。

(a) You sleep early. 「あなたは早く寝ます。」
(b) You fast run. 「君は早く走りますね。」
(c) come I tonight here. 「僕は今夜、ここに来ます。」
(d) I walk to the park. 「僕はその公園に歩いて行きます。」

(1)

(2)

Evine's Words

Inputした知識は必ずOutputする！これが鉄則です！

Lesson02 英語の語順 SVC文型

今日のポイント！

次の英文を比較してみましょう。 (a) **He is a student.** (b) **He is in the library.**
この2文の文型は全く別物です。一体どう違うのでしょう？
その違いは動詞にあります！ 今日は動詞の本当の役割を勉強しましょう！

Input Stage

SV＋C

今日は2つ目の文型を勉強します。
前回のSV文型に今度は**Cがプラス**されました！ では早速、SVCの形をチェックしてみましょう。

You	are	pretty.
S（君は）	**V**（…です。）	**C**（可愛い）

SV文型は、SV以外をM（修飾語）として（　）でくくることが可能でした。

You walk (in the park) (every day). 「あなたは毎日公園を歩きます。」
→ You walk. はい、これでOK！

では、この英文はどうでしょう。SV以外の部分を（　）でくくってもOKですか？
You are (pretty). 「君は（可愛い）です。」
→ You are. 「君は…です。」??

あぁ、全然意味が分かりません…。これは**文法上、不完全**ということになります。
SVC文型は、Cを除外すると意味の通る文にはならないんですね。
つまり**Cは文型の骨組みとして必要な主要素**なのです！

> **C＝Complement 補語**

OKですか？ 記号Cは日本語で**補語**といいます。
そして、補語とは読んで字のごとく、**何かを補う単語**です。

では何を補うのか？
CはSを補うサポーターです。主語についての説明をするのが補語の仕事！
そして、Cになるのは**名詞か形容詞**です。

> 補語C → 名詞か形容詞

You are **Takashi**. （あなたはタカシです。）　名詞がSの説明をしている
You are **great**. （あなたは素晴らしいです。）　形容詞がSの説明をしている

このように、**名詞や形容詞がSを説明するために動詞の後ろに登場するパターンがSVC文型**です。

文型の決定権は動詞にあり！

では、ここで「今日のポイント！」に挙げた2文について考えてみましょう。

(a) He is a student.　　　(b) He is in the library.

SVは共通しています。Heとisです。
それに続く語句が異なりますが、見た目には大差ないようです。
でも文型としては完全に違うものなんです。では、一体どこがポイントになるのでしょうか？

実は**動詞が文型の決め手**！　動詞によりパターンが決定されるんです。
この例文で言えばisというbe動詞です。

> 動詞が文型を変える！

be動詞の基本的な意味は「**…です。**」ですが、これは
「…」の部分に何かを補わなくてはいけない動詞です。
つまり、**この「…です。」の意味において**be動詞は**補う語、つまりCを必要とする**わけです。
それが英文（a）の「彼は生徒です。」です。

一方、英文（b）のbe動詞は補語を必要としません。なぜでしょう？
それはbe動詞には**存在を示す**「**ある。いる。**」というもう1つの意味があるからです。

He is.　（彼はいます［存在します］。）

be動詞が存在を意味する場合、英語の**文型としてはSVで完結**します。
後に続くin the libraryは、L.01で勉強した単語や英文全体をより詳しく説明する**M（修飾語）**です。

He is. に「場所」を示すMを追加　➡　He is <u>in the library</u>. 「彼は図書館にいます。」

結局、英文（a）はC（a student）を必要とするSVC文型で、

英文（b）は後ろにM（in the library）のみのSV文型ということになります。

SVだけで完結するのか、あるいはSVCとなり補語を必要とするのかは、動詞により明確に決定されるというのがポイントだったのです。
（be動詞についてはL.07で詳しく学びます）

> このように、複数の異なる意味（機能）を持つ動詞は多い

SVC文型のルール

動詞の機能に注目すること以外に、SVC文型を見抜くもう1つのポイントがあります。
やはりいろいろな角度から文型を判断するほうが確実です。

SVC文型の特徴は「**S＝Cの関係**」です！
これが**文型を決定するための大きな判断材料**になります。

つまり、**動詞の両隣の単語が意味的にイコールの関係**であれば、**動詞の後ろにあるのはC**であると判断してもいいのです。
He is Satoshi.「彼はサトシです。」 ➡ He ＝ Satoshi

もう1つ見ておきましょう。 Satoshi is happy.「サトシは幸せだ。」
この英文も両隣がイコールの関係になっていればSVC文型です。どうでしょうか？

Satoshi ＝ happy（幸せ）と解釈可能ですね。
これで、この英文はSVC文型であると判断できました！

では、A cat likes a mouse.「ネコはネズミが好きである。」はどうでしょう？
動詞likesの両隣、catとmouseはイコールですか？ 違いますよね！
ネコがネズミであるわけないですよ〜！ ですからSVC文型とは言えません。

> **SVC文型はS＝Cの関係が成り立つ**

SV？ SVC？

では、ここでクイズです。次の英文はSVかSVCのどちらになるか分かりますか？
You are from Nagoya.

from NagoyaがMであればSV文型、CであればSVC文型です。
動詞が文型を決めるんでしたね。ここでは**be動詞がMかCのどちらを必要とするのか**がポイントです。

正解はSVC文型です。「あなたは名古屋出身です。」

fromは「…から」、「…出身」を意味し、from Nagoyaは「名古屋出身」となり、Sの説明をしていると判断し、S=from Nagoyaの関係が成立します。from NagoyaがCになっているんですね。
仮に、この文を無理やりSV文型で考えると、「あなたは名古屋から存在する」になり、意味が通らないことが分かると思います。

前置詞句（前置詞＋名詞）はMになるとすでに勉強していますから
from NagoyaをMと考え、SVにMが付いたパターンであると勘違いする人は多いと思います。
でも実は、**前置詞句は形容詞としてCになる場合もある**のです。（[参] L.04）
今は難しく感じても、今後のレッスンで徐々に慣れていけばそれでOKです。

SVC文型
I am _Cfrom Kobe. 「僕は神戸出身です。」

SV文型
I am _Min Kobe. 「僕は神戸にいます。」

では今日勉強した文型のイメージを図で示しておきましょう。

S ← V → C

SVC文型のVは、**SとCの橋渡し役**のイメージで覚えておきましょう！

補語を必要とする動詞

それでは、SVC文型を作る動詞をチェックしておきましょう。
① be動詞　　　The boy **is** Takeshi.「その男の子はタケシ君**です**。」（The boy = Takeshi）
② look　　　　The girls **look** poor.「その少女たちは貧しそう**に見えます**。」（The girls = poor）
③ become　　We **become** adults.「私たちは大人**になります**。」（We = adults）

Cになるのは名詞か形容詞でしたね。Takeshiとadultsが名詞、poorが形容詞なので、Cとなる条件を満たしています。何の問題もありません。

Output Stage

Lesson01の復習問題

1 日本語を参考にして、次の英文中にあるSとVに下線をひきましょう。

(1) We volunteer on the beach. 「私たちはビーチでボランティアをします。」
(2) I come to the city. 「僕はその町に来る。」
(3) You and I relax under the roof. 「君と僕は屋根の下でくつろぎます。」

2 次の日本語になるように、表にリストアップされた単語(語句)から1つずつ選んで英文を作ってみましょう。

(1) あなたは冬に、ここでスキーをします。

(2) あなたと私はキッチンで毎日料理をします。

here	cook	you and I	ski
in the kitchen	every day	in winter	you

Lesson02の演習問題

1 SVC文型について説明している文として正しいものには○を正しくないものには×を　　　に書いてください。

(1) SVC文型においてVとCはイコールの関係である。
(2) Cは日本語で補語を意味する。
(3) Cは主要素として解釈されない。
(4) Cは主語により必要かどうかが決まる。
(5) Cは形容詞か名詞である。

(1)　　　　(2)　　　　(3)
(4)　　　　(5)

2 次の英文はそれぞれ何文型でしょうか。　　　　に、SVとSVCのどちらか適切なものを書きましょう。

(1) I am from Osaka.
(2) You seem sad.
(3) I arrive at the farm in the afternoon.
(4) You start at eleven o'clock.   *at - o'clock …時に
(5) You become a teacher.

(1) ＿＿＿＿＿文型　(2) ＿＿＿＿＿文型　(3) ＿＿＿＿＿文型
(4) ＿＿＿＿＿文型　(5) ＿＿＿＿＿文型

3 次の( )内の語(句)をSVCパターンになるように並び替えてみましょう。

(1) (is / she / Rieko / .)
＿＿＿＿＿＿＿＿＿＿＿＿＿＿＿＿＿＿＿＿＿＿＿＿＿＿＿＿＿＿＿

(2) (from Okinawa / is / he / .)
＿＿＿＿＿＿＿＿＿＿＿＿＿＿＿＿＿＿＿＿＿＿＿＿＿＿＿＿＿＿＿

(3) (look / tired / you / .)   *tired 疲れた
＿＿＿＿＿＿＿＿＿＿＿＿＿＿＿＿＿＿＿＿＿＿＿＿＿＿＿＿＿＿＿

(4) (I / a student / here / am / .)
＿＿＿＿＿＿＿＿＿＿＿＿＿＿＿＿＿＿＿＿＿＿＿＿＿＿＿＿＿＿＿

(5) (kind / are / you / .)
＿＿＿＿＿＿＿＿＿＿＿＿＿＿＿＿＿＿＿＿＿＿＿＿＿＿＿＿＿＿＿

4 次の英文(ア)(イ)のうちSVCであるほうに○をしましょう。

(1) (ア) You start at 7 o'clock.　　(イ) You are from China.
(2) (ア) Ayako is in Kyoto now.　　(イ) Ayako is my wife.
(3) (ア) You look unhappy.　　(イ) You work hard.

Evine's Words

定着させるために、復習は絶対に欠かせません。

Lesson02　英語の語順　SVC文型

Lesson03 英語の語順 SVO文型

今日のポイント！

(a) I like Kenta. (b) I am Kenta.
下線部Kentaは文型解釈上、その役割が異なります。
今日は動詞の力に注目し、文型構築のプロセスを勉強しましょう！

Input Stage

SV＋O

さあ、文型パターンの3つ目です。3つ目のパターンも当然SVまでは一緒です。この基本は忘れてはいけません。今日はSVに**Oがプラスされる**パターンです。

O＝Object 目的語

よろしいですか？ 記号Oは**目的語**を意味します。
早速、SVOの英文をチェックしてみましょう。

You	play	volleyball.
S（あなたは）	V（…をする。）	O（バレーボール）

さて、ここでいきなりですが、Oを（ ）でくくってみましょう！
You play (volleyball.)「あなたは（バレーボール）をする。」 ➡ You play.「あなたは…をする。」

Oを省略してしまっては意味がさっぱり分かりません！
OもCと同じく文型解釈において主要素ですから消してしまうとまずいんですね。

SVCとSVOの見分け方

CもOも、英文では欠かせない存在…。このへんの区別で頭がパニックになる人もいます。
では、SVC文型とSVO文型はどうやって見分ければいいのでしょうか？

区別はとても簡単です！
SVCならばS＝Cルールを使えばいいのです。（[参] L.02）

SVOは、S=Oなんてことにはなりません！ S≠Oです。
You play volleyball.　　You ≠ volleyball

> S=C、S≠O

では、もう少し違う角度からチェックします。　**Cになるのは形容詞か名詞**でした。
一方、**Oになるのは名詞のみ**なんです！　形容詞がOになるなんてことはありません！

> 目的語Oは名詞のみ！

では次の2つの英文を比較してみましょう。
You look rich.（あなたは裕福そうに見える。）　You love soccer.（あなたはサッカーを愛している。）

richはC、soccerはOです。両者の根本的な違いは何でしょうか？

結論から言えば、**補語richは主語（You）の説明、目的語soccerは動詞（love）の対象です**。言い換えると、**CはSと、OはVと、それぞれ結び付く**わけです。

You look rich.　　＊richはYouと結び付く
You love soccer.　＊soccerはloveと結び付く

他の例も見ておきましょう。

You are my father.（あなたは僕の父です。）　＊my fatherはYouと結び付く　→　my fatherはC
You want a dog.（あなたは犬を欲しがっています。）　＊a dogはwantと結び付く　→　a dogはO

> **C（補語）はS（主語）、O（目的語）はV（動詞）と結び付く**

前回と同様、今日勉強した文型をイメージ図で示しておきましょう。

S **V** → **O**

SVOパターンのVは**Oに働きかける**イメージで覚えておきましょう！

自動詞と他動詞

「文型は動詞が決める！」と前回勉強しました。
今日は動詞をクローズアップします。頑張りどころですよ～！

文型解釈上、動詞は大きく**自動詞**と**他動詞**に分かれます。
自動詞は**それ単体で存在できる動詞**です。（これを**完全**自動詞と呼びます。）
一方、他に何かを、つまり**動詞の対象を示す目的語を必要とする動詞**が他動詞なんです。

他動詞 → O

（完全）自動詞には何も必要なし、他動詞にはOが必要

不完全自動詞

次の3つの英文を動詞とその後ろに注目して、比較してみましょう！

(a) You walk to school every day.（あなたは毎日、歩いて学校に行く。）
(b) You look old for your age.（あなたは、年の割りには老けて見える。）　＊for one's age 年の割には
(c) You watch baseball games by the sea.（あなたは海のそばで野球の試合を見る。）

(a) 動詞walkは「歩く」という意味で完結し、後ろに何もなくても文の意味は通ります。
後ろに続く、to schoolも、every dayも（　　）でくくっても問題ありません。
つまりSV文型ですね。

(b) 動詞lookは補語を必要としましたね？（[参] L.02）
補語 old がなければ成り立ちません。「あなたは…に見える。」の「…」の部分をoldが補うわけです。
つまりSVC文型です。

(c) 動詞watchは「…を見る」という意味でbaseball gamesという見る対象を示すものがなければ、
何を見るのか分からず不完全です。目的語が必要なわけです。
つまりSVO文型ですね。

では今チェックした動詞の特徴をまとめてみましょう！

動詞の種類	特徴	文型
(a) 自動詞	Vの後ろはMのみ	SV(M)
(b) 不完全自動詞	Vの後ろにCを必要とする	SVC
(c) 他動詞	Vの後ろにOを必要とする	SVO

よろしいでしょうか？　文型に応じて、動詞の種類に名前が付いているわけです。
ちなみにwalkが自動詞、lookが不完全自動詞、そしてwatchが他動詞ですね。

さて、自動詞と他動詞以外に、もう1つ不完全自動詞という言葉が出てきました。難しく考える必要はありません。まずは他動詞と自動詞の違いを完全に頭に叩き込んだ上で、不完全自動詞は自動詞の例外と押さえることです！

不完全自動詞 → 自動詞の例外

(b) の文のlookのように補語を必要とする動詞、つまりL.02で勉強したSVC文型を作る動詞を不完

全自動詞と呼ぶんです。

```
不完全自動詞 → C
```

他動詞も不完全自動詞も**後ろに他の主要素が必要**な点は同じ！
でも**必要とするものがまったく異なる**のがポイント！

> 不完全自動詞は**C**、他動詞は**O**が必要！

ではここで「今日のポイント！」に挙げた例文を比較しましょう。
(a) I like Kenta.　(b) I am Kenta.

like は他動詞で、am はこの場合不完全自動詞であると判断できれば
(a) の Kenta は **O**、(b) の Kenta は **C** と分かります。
動詞により Kenta の文法的解釈が変化するというのがポイントでした！ 面白いですねぇ～！

マルチな動詞

実は、動詞には**自動詞と他動詞の両方の機能を備えるマルチなもの**も多く存在します。

例えば、次の SVO パターンの英文を見てみましょう。
　ₛYou ᵥeat ₒlunch.　（あなたは昼食を食べる。）

lunch が O になっているわけですが、O は主要素であり、削除すれば意味不明になるはずですが、
鋭い方は、You eat.（あなたは食べる。）でも意味が通じるので、
「**O を省略しても意味はちゃんと通じるのでは？**」と疑問に思われるかもしれません。

まさにその通り！ You eat. でも実際成り立ってしまうんですよね。
例えば、You eat a lot.（君は大食いだ。）の a lot（たくさん）は M で、**文型は SV＋M** です。SVO ではありません。

つまり eat には**他動詞と自動詞の両方の機能**がもともとあるんですね。
このように 1 つの動詞には 1 つの機能しかないとは限りません。

ただし、この You eat lunch. の lunch は M ではありませんよ。何故でしょうか？
それは、**M になるのは形容詞か副詞**だから。裏を返せば、**名詞は M にはならない**からですね（[参] L.01）。lunch は昼食という意味の**名詞**で、eat の対象です。
動詞の後に来る単語の性質をつかめば、その動詞が自動詞なのか他動詞なのかが分かる、というわけですね。

Output Stage

Lesson02の復習問題

1 次の英文の中からSVC文型であるものを3つ選び記号で書きましょう。

(ア) You are new here.
(イ) You come to my room.
(ウ) You are a king.
(エ) You look hungry.
(オ) I walk to the hospital in front of the kindergarten.

＊in front of …の前

2 次の（　）内の語(句)を自然な意味になるように正しく並び替えましょう。
　＊英作文ルールの頭は大文字、最後はピリオドを守りましょう。

(1) (today / swim / in a pool / we / .)

(2) (look / you and I / strange / .)

＊strange 奇妙な

(3) (stay / you / in the classroom / .)

Lesson03の演習問題

1 SVO文型について説明している文として正しいものには○を正しくないものには×を　　　に書きましょう。

(1) SVO文型においてSとOはイコールの関係である。
(2) Oは動詞により必要かどうかが決まる。
(3) Oは形容詞か名詞のどちらかである。

2 次の英文はそれぞれ何文型でしょうか。　　　　に、SV/SVC/SVOのいずれか適切なものを書きましょう。

(1) I am in a trade company.　　　　　　　　　　　　　＊trade company 貿易会社
(2) I finish my job at five.
(3) I am your brother.
(4) I answer the question.
(5) I become a member.

(1) 　　　　　　　文型　　(2) 　　　　　　　文型　　(3) 　　　　　　　文型
(4) 　　　　　　　文型　　(5) 　　　　　　　文型

3 次の下線部は、S / O / Cのうちどれになるでしょうか。　　　に書きましょう。

(a) You like Naoko.　(b) Naoko is your sister.　(c) Your sister is Naoko.

(a) 　　　　　　　　　(b) 　　　　　　　　　(c)

4 英文 (a) (b) を比較し、動詞が他動詞として使われているほうの記号に○をしましょう。

(a)　I see. 「わかりました。」　　(b)　See you later. 「また後でね。」

5 次の英文の下線部は文法的に正しくありません。その理由を簡単に答えてみましょう。

You have happy.

6 次の日本語になるように、次のページの表の中の語(句)を使い適切な英文を作ってみましょう。

(1) 私たちは図書館で、音楽を勉強します。

(2) 私は消しゴムを使います。

(3) あなたはミュージシャンになります。

＊同じ語句は使えません。

study	you	use	I	a musician
we	an eraser	become	music	in the library

7　次の( )内の語(句)をSVO文型になるように並び替えてみましょう。

(1) (study / I / in the evening / English / .)　　　　　　　　＊in the evening 夕方に

(2) (a Japanese festival / enjoy / in summer / I / .)　　　　　　　＊festival お祭り

Evine's Words

あれもこれもと考えずに、まずはこの１冊に絞って
ボロボロになるまで読んでください。

月　　日　1☐　2☐

Lesson04　形容詞と副詞

今日のポイント！
次の英文を比較してください。(a) **A test is hard.** (b) **You work hard.**
同じ単語ですが、一方は形容詞で、もう一方は副詞です。この違いが分かりますか？
今日は形容詞と副詞の見分け方をマスターしましょう！

Input Stage

形容詞と副詞の違い

形容詞と副詞を**見た目や感覚などで判断するのは難しい**し、**時間がかかります**。でも、**文法的解釈に基づけば、規則的に見分けることが可能になります。**

まず**両者には共通点があります**。それはどちらも**修飾語M**だということです。
[形容詞] This is a <u>nice</u> car. （これは**素敵な**車です。）　＊niceがcarを修飾
[副詞]　 I study English <u>hard</u>. （僕は**一生懸命に**、英語を勉強する。）　＊hardがstudyを修飾

逆に、形容詞と副詞の異なる点は2つあります。

① **修飾（説明）するものが違う**
例文では、**形容詞は名詞**、**副詞は動詞**と、**それぞれ異なるものを修飾**していますよね。

② **形容詞はCにもなれるが、副詞はなれない**
副詞は**M専門**でありCにはなれませんが、形容詞は**CとMの兼業が可能**です！
That house is big. （あの家は大きい。）　＊形容詞bigはCでSとイコール関係

> 修飾語 → ある単語をもっと詳しくしてくれる単語

何を修飾するのか？

もう少し形容詞と副詞の違いを詳しくチェックしましょう。
形容詞、副詞がそれぞれ**どの言葉を詳しく説明する（修飾する）のか**、よ〜く見てください！

[形容詞]　I have a big car.（僕は大きな車を持っている。）

形容詞bigは名詞carのサイズを伝えてくれています。
つまり**形容詞は名詞**を詳しく説明してくれるMなんですね。

[副詞]　I have a very nice car.（僕はとても素敵な車を持っている。）

副詞very は形容詞nice を詳しく説明しています。どの程度niceなのかを伝えてくれているんですね。

では、**副詞は形容詞のように名詞に直接つなげることはできるでしょうか？**
結論から言えばできません！
試しに、形容詞niceを取って、**副詞と名詞だけにして英文が成立するか**チェックしてみましょう！
（×）I have a very car.（僕はとても車を持っている。）
「とても車」……??
これは文法上、絶対にダメ！　**副詞は名詞と絶対につながらない**のです！

| 形容詞 | → | 名詞を修飾 | | 副詞 | → | 名詞以外を修飾 |

修飾するものが異なるのでI have a very nice car.のように**形容詞と副詞の両方がMとして存在することも可能**です。

> 形容詞と副詞は修飾するものが異なる！

ところで、Mがあれば英文はより豊かになり、相手に**具体的なイメージを伝えることが可能になる**わけですが、英文解釈上、骨組みだけをとらえる場合には邪魔になります。

そこで便利なテクニックが、大胆に「**Mは（　）でくくってしまうこと**」でしたね。
I have a (very) (nice) car.（僕はとても素敵な車を持っている。）
→ I have a car.（僕は車を持っている。）　＊副詞「とても」形容詞「素敵な」を省略

I study French (very) (hard).（僕はとても熱心にフランス語を勉強する。）
→ I study French.（僕はフランス語を勉強する。）　＊副詞「とても」と「熱心に」を省略

Mが少し減るだけでも、スッキリしませんか？
実際の英文ではもっともっとMが増えるわけですから、英文読解にはこのような小技があるかないかで効率が随分変わってくるはずです。

形容詞は補語にもなる

さきほどチラッと触れましたが、**形容詞はMとCを兼業しているマルチな単語**です。
ここで副詞との違いをさらに明確にするために、詳しくチェックしておきましょう。

[補語C]　　Your sister is <u>tall</u>. （あなたのお姉さんは背が高いです。）
[修飾語M]　You have a <u>tall</u> sister. （あなたには背の高いお姉さんがいます。）

どうですか？　不思議ですよねぇ。**同じtallでも英文によって役割が異なり、何かを説明するMになっ**たり、**主語とイコールの関係になるCになったりするのです。**
ではここで、hardの3つの例を挙げてみましょう。3つのhardの違いが分かりますか？

(a) A test is very <u>hard</u>. （テストはとても難しい。）
(b) I like a <u>hard</u> test. （僕は難しいテストが好きだ。）
(c) You work <u>hard</u>. （あなたは一生懸命に働く。）

(a)(b)のhardは**形容詞**です。(a)ではtestとイコール関係のCとして、(b)ではtestを説明するMとして働いています。では(c)のhardは何でしょうか？

これが副詞なんです！　最初に言ったように、見た目では分かりませんよね！
さあ、ここで**文法知識を利用**しましょう。
hardは動詞workを詳しく説明しています。
今日の文法知識を早速利用すれば、「**形容詞であれば動詞を修飾できない。副詞なら名詞以外を修飾できるから(c)のhardは副詞だ！**」と、スッキリ納得できるのではないでしょうか？

このように**同じつづりで形容詞と副詞の両方の意味を持つ単語は多い**ので注意しましょう。
earlyもそのような単語の1つです。

[形容詞] You are <u>early</u> today. （今日は早いねぇ。）　＊Cとして機能
[副詞]　You sleep <u>early</u>. （あなたは早く寝ますね。）　＊Mとして動詞sleepを修飾

数・量を表す形容詞

形容詞には**名詞の数や量を示す**重要な単語がたくさんあります。ぜひ覚えてください！

	数えられる名詞	数えられない名詞	使用例
全ての	all		all books / all money
たくさんの	many	much	many dogs / much water
	a lot of		a lot of cats / a lot of food
いくつかの	some（疑問文・否定文でany）		some(any) ants / some(any) milk
少しの	a few	a little	a few students / a little money
ほとんどない	few	little	few boys / little water
まったくない	no		no girls / no food

＊数えられる名詞（可算名詞）や数えられない名詞（不可算名詞）に関しては、L.08で詳しく説明します。
＊「提案」「申し出」などの場面では、疑問文でもsomeをよく用います。

I have **a few** 数えられる名詞 friends.（私には数人の友達がいます。）
You need **a little** 数えられない名詞 information and advice.（君には少しの情報とアドバイスが必要だ。）

頻度を表す副詞

次に副詞で**頻度を示す**重要なものをまとめておきましょう。形容詞と共に全て覚えてください！

いつも	always	ときどき	sometimes
ふつう、たいてい	usually	めったに…ない	seldom
しばしば、よく	often	1度も…ない	never

You **seldom** use a telephone.（君はめったに電話を使わない。）

形容詞と副詞の位置

形容詞と副詞では修飾する言葉が違いますので、**英文中の位置もそれぞれ異なります**。適当に転がしておいていいものじゃないんですよ。

You take a 形容詞 **good** 名詞 picture.（君は**素敵な**写真を撮ります。）
人や物の様子・状態などを説明する形容詞は名詞のみを修飾しますから、**名詞の直前！**

[形容詞] [名詞]

You _{副詞}**always** play basketball _{副詞}**well**. （あなたは**いつも上手に**バスケットボールをします。）

alwaysのような「**頻度**」**を示す副詞**は**一般動詞なら前、be動詞なら後**に置き、wellのような「**程度**」**を示す副詞**は**動詞または目的語の後**に置かれます。（be動詞や一般動詞についてはL.07で学びます。）

| be動詞 | 頻度を表す副詞 | 一般動詞 | 目的語 | 程度を表す副詞 |

形容詞とは異なり、**副詞は修飾語のプロフェッショナル**で、**自由度が高く、色んなところに移動**しますので、ここで挙げたポイントはあくまでも原則として最低限押さえておきましょう。

前置詞句　＝　形容詞 or 副詞

L.02で触れましたが、前置詞＋名詞でできる**前置詞句**は、Mとして機能しますので、**形容詞や副詞の同業者**であると言えます。

The book **on the desk** is mine. （机の上の本は僕のです。）　＊bookを説明する形容詞の働き
They run **on the island**. （彼らはその島の中を走る。）　＊runする場所を説明する副詞の働き

形容詞として働く前置詞句を**形容詞句**、副詞として働く前置詞句を**副詞句**といいます！

ただ、前置詞句が形容詞句となりCになることもあるので注意しましょう。（[参] L.02）
You are **from Osaka**. （あなたは大阪出身です。）　　（○）SVC文型　（×）SV＋M文型

Output Stage

Lesson03の復習問題

1 次の英文を見てSVまたはSVOのどちらか適切なほうを　　　に書きましょう。

(1) You study hard on a daily basis.　　　　　文型　　＊on a daily basis 日常的に
(2) I study social studies very hard.　　　　　文型　　＊social studies 社会科
(3) You eat dinner every day.　　　　　文型
(4) You eat slowly.　　　　　文型
(5) I always walk to school.　　　　　文型

2 次の（ ）内の語(句)を自然な意味になるように正しく並び替え、全文を書きましょう。
＊もちろん、英作文ルールの頭は大文字、最後はピリオドを守りましょう。

(1) (after school / play / you / tennis / .)　　　　　＊after school 放課後

(2) (a movie / I / on Sunday / watch / .)

Lesson04の演習問題

1 次の英文の中から形容詞と副詞をそれぞれ抜き出して書いてみましょう。

(1) We never tell a bad joke.　　　　　＊joke 冗談、ジョーク

形容詞　　　　　副詞

(2) You usually speak good Japanese.

形容詞　　　　　副詞

(3) I seldom visit old friends.

形容詞　　　　　副詞

(4) You are a very nice person.　　　　　＊person 人

形容詞　　　　　副詞

Lesson 04 形容詞と副詞

2 次の英文にはMが必ず1つずつあります。Mと、Mが<u>修飾（説明）</u>している単語を_____に抜き出してみましょう。

(1) She is very tall.　　　　M _____ が _____ を修飾
(2) You are a good parent.　　M _____ が _____ を修飾　　＊parent 親
(3) I have a pink car.　　　　M _____ が _____ を修飾

3 次の3つの英文で使われているfastはそれぞれ文法的に異なるものです。該当する説明の_____に英文の記号で答えましょう。

(a) You are very <u>fast</u>.　　(b) You swim so <u>fast</u>.　　(c) This is a <u>fast</u> train.

形容詞のM _____　　形容詞のC _____　　副詞 _____

4 次の英文の下線部のうち、Mであるものを選んで記号で答えましょう。

(1) ア<u>Ayako</u> is イ<u>really</u> ウ<u>lucky</u>.　_____
(2) You ア<u>have</u> a イ<u>red</u> ウ<u>bike</u>.　_____
(3) ア<u>Satoshi</u> イ<u>is</u> ウ<u>in my room</u>.　_____
(4) You ア<u>look</u> イ<u>very</u> ウ<u>tired</u>.　_____

5 次の（　）内の語（句）を<u>副詞や形容詞の位置</u>に注意して、自然な意味になるように並び替えてみましょう。

(1) (a lot of / I / food / often / eat / .)
_____

(2) (sometimes / speak / you / well / English / .)
_____

(3) (has / brother / a little / my / money / .)
_____

Evine's Words

効率のいい勉強方法を考えている時間が非効率的です。

Lesson 05 英語の語順 SVOO文型

今日のポイント！

次の英文は何文型でしょうか？ **I give you some money.**
giveの目的語がyouだからSVO？ じゃあ、some moneyは何？
今日は他動詞の新しい機能に注目です！

Input Stage

目的語が2つ？

今日も新しい文型を1つ学びますが、これまで学んだ**SV/SVC/SVO文型があくまでもベース**になります。あとの文型はそれらの発展バージョンです。**もう新しい記号を覚える必要はありません！**

さあ、SVOに**もう1つOをプラス**したパターンを早速始めましょう！
SVOO文型は、見て分かるように、**なんと目的語が2つも登場**します。ここをまず押さえてください！
目的語が連続して2つ並ぶのです！

likeやstudyのように**目的語を必要とする動詞を他動詞**と呼びました。実はこの他動詞の中には、**Oを2個まで置くことのできる特別な他動詞がある**のです。＊授与動詞とも呼ばれます。

[普通の他動詞] → O   [特別な他動詞] → O O

間接目的語と直接目的語

次の英文を比較しましょう。
(a) I teach English.（SVO文型）　(b) I teach you English.（SVOO文型）

どちらも正しい英文です。**同じteachという動詞なのに2パターンの文型**が作れるわけです。
teachはOを2つ続けることのできる他動詞なんです。

teachのような他動詞は、単純に**SVOを作る場合**と、**SVOOを作る場合の2パターンある**んです。

SVOOを**SVO₁O₂**とします。2つのOにはそれぞれに名前がありO₁を**間接目的語**、O₂を**直接目的語**と呼びます。

> **O₁（間接目的語）、O₂（直接目的語）**

訳し方も見ておきましょう。
(a) I teach ₀目的語 **English.** （僕は英語を教えます。）
(b) I teach ₀₁間接目的語 **you** ₀₂直接目的語 **English.** （僕はあなたに英語を教えます。）

> **O₁「(人)に」、O₂「(物)を」**

よろしいでしょうか？
原則として、「誰々（O₁）に、何々（O₂）を…する」と押さえておけばOK!

では、ここで今日勉強したSVOOパターンをイメージで押さえておきましょう。

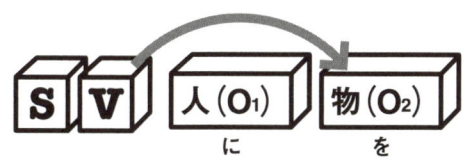

[S][V] [人(O₁)]に [物(O₂)]を

他動詞と**直接つながるのはO₂**であり、**O₁は間接的に挿入されたもの**と覚えてください。

🐕 SVOO文型 ↔ SVO＋M文型

次の英文はどちらも「あなたは彼女にドレスをあげる。」という意味の英文ですが、それぞれ何文型になるでしょうか？

(a) You give her a dress.　　(b) You give a dress to her.

(a)は**SVOO**文型、(b)のto herは**前置詞＋名詞**で**前置詞句**。前置詞句は**M**と見なされますから、You give a dress (to her). で**SVO＋M**、つまり**SVO**文型になります。同じgiveを用いた同じ意味の英文なのに、文型が違うのは**一体なぜでしょうか？**

それは、SVOO文型は**前置詞を使ってSVO文型に書き換えることが可能**だからなんです。

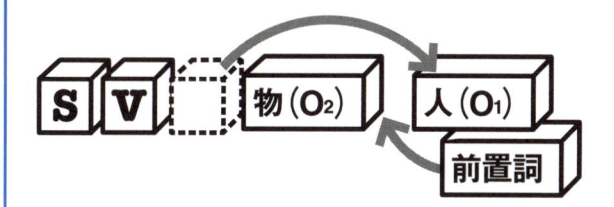

[S][V] [物(O₂)] [人(O₁)] [前置詞]

それでは、実際に他動詞を使ってSVOO ↔ SVOの書き換えをいくつかチェックしておきましょう。

I give $_{O_1}$ you $_{O_2}$ a necklace. （私はあなたにネックレスをあげます。）
↔ I give $_{O_2}$ a necklace to $_{O_1}$ you.

I buy $_{O_1}$ you $_{O_2}$ a wedding ring. （私はあなたに結婚指輪を買います。）
↔ I buy $_{O_2}$ a wedding ring for $_{O_1}$ you.

I teach $_{O_1}$ you $_{O_2}$ Japanese. （私はあなたに日本語を教えます。）
↔ I teach $_{O_2}$ Japanese to $_{O_1}$ you.

他動詞に続くO_1（間接目的語）とO_2（直接目的語）の順番を**ひっくり返した**場合に、**SVO_2＋前置詞句（M）**となるのがポイント！

$$SVO_1 O_2 \leftrightarrow SVO_2 + to/for\ O_1$$

SVOO文型　I give you some money. （私は君にいくらかお金をあげよう。）

you ↔ some money　　O_1とO_2を交換

SVO文型　I give some money to you. （私はいくらかお金を君にあげよう。）

この書き換えはストレスなくできるように何度も練習しておく必要があります。
目だけで追っても仕方がありません。実際にノートなどに書いてみることが大切です。

to と for の使い分け

SVOO ↔ SVO＋Mの書き換えで使う前置詞toやforは適当に割り当てられたわけではありません。ある程度、**他動詞と前置詞との相性があります**から、そこを押さえて記憶の助けにしましょう。

[**to**を使う他動詞]
toは「…に」という「**方向・到達点**」を示す前置詞で、**相手に情報や物を送り届ける（伝える）ニュアンス**のある他動詞と一緒になります。その代表的な他動詞を挙げておきましょう。

give / show / teach / tell / send / write など

You show a beautiful landscape to me. （あなたは私に美しい景色を見せてくれます。）
I tell a fantastic story to you. （私はあなたにとても素晴らしい物語を話します。）
You send a postcard to me. （君はハガキを僕に送ってくれる。）
I write a letter to you every day. （僕は毎日、君に手紙を書きます。）

[**for**を使う他動詞]
forには「…のために」という「**気持ち**」が込められており、**相手に利益を与えるニュアンスのある他**

動詞と一緒になります。その代表的な他動詞を挙げておきましょう。

buy / **make** / **find** / **cook** / **sing** など

You make breakfast for me. （あなたは私に朝食を作ってくれます。）
You find a nice teacher for me. （君は素敵な先生を僕に見つけてくれる。）
I cook grilled chicken for you. （私はあなたにグリル・チキンを料理します。）
I sing a beautiful song for you. （僕は君に美しい歌を歌います。）

SVOO ↔ SVO+M 書き換えの利用価値

SVOOからSVOの書き換えで、注意しなければいけないことがあります。
giveを例に挙げてみましょう。

(a)（○）I give you a pen. （私はあなたにペンをあげます。）
(b)（×）I give you it. （私はあなたにそれをあげます。）

例文（b）は誤文です。
実は、SVOOの文型では、**O_2の部分には物を示す代名詞のitを置くことはできないというルール**があるんです。
＊代名詞に関してはL.08で詳しく説明します。

このような問題に対応するために、今日勉強したSVO＋Mパターンを活用するんです。
（○）I **give it to** you. （私はそれをあなたにあげます。）
（○）I **buy it for** you. （私はそれをあなたに買います。）

SVOOとSVO＋M、どちらの書き方もスムーズにできるようにしておきましょう。

Output Stage

Lesson04の復習問題

1 次の英文に [ ] 内の語を入れる場合、どの位置が適切でしょうか。記号で答えましょう。

(1) I （ア） come （イ） home at 5 o'clock （ウ）. [usually]
(2) You （ア） have （イ） cars （ウ）. [many]

(1) _____   (2) _____

2 次の□で囲まれた語(句)の中でMとして機能しているものを抜き出し _____ に書いてみましょう。

(1) |Tom| |is| |in the library|.
(2) |The boy| |in the classroom| |is| |Kenta|.

(1) _____   (2) _____

3 次の英文には誤りがあります。訂正して正しく書き直しましょう。

(1) You like a cute very girl.
_____

(2) I luxury want a car very much.　　　　　　　　　　　　　＊luxury 高級な
_____

(3) You have many books interesting.
_____

Lesson05の演習問題

1 次から、SVOO文型の英文を3つ選び、記号で答えましょう。

(a) You show a good actress to me.   *actress 女優
(b) I send you a useful dictionary.
(c) I make you lunch at home.
(d) You teach math to me.
(e) I write you a letter.

選択記号 [　　　] [　　　] [　　　]

2 次の英文をSVO＋Mの形に書き換えてみましょう。

(1) You cook me an omelet.   *omelet オムレツ

(2) You write me a letter.

(3) I teach you English.

(4) I sing you a song.

3 次の(　)内の語(句)を日本語の意味になるように並び替えてみましょう。

(1) (teach / you / I / today / Japanese / .)
「私は今日、あなたに日本語を教えます。」

(2) (me / show / you / pictures / nice / .)
「あなたは僕に素敵な写真を見せてくれます。」

(3) (buy / you / for / it / me / .)
「あなたは私にそれを買ってくれます。」

(4) (sometimes / a story / you / tell / me / .)
「あなたは僕にときどき物語を話してくれます。」

(5) (you / to / I / often / a letter / send / .)
「私はよくあなたに手紙を送ります。」

(6) (I / you / for / make / dinner / .)
「僕はあなたに夕食を作ります。」

Evine's Words

「信じる者は救われる」レッスンに書かれていることを信じて最後まで頑張って下さい。

Lesson06 英語の語順 SVOC文型

今日のポイント！
次の英文を正しく訳してみましょう。　**You make Satoshi quiet.**
quiet が邪魔?!　消しても意味が分からない?!
今日は、全ての動詞パターンを整理し、英文解釈の土台を完成させてしまいましょう。

Input Stage

不完全他動詞

さあ、いよいよ最後の文型です。もう一息頑張りましょう！
すでにご存じの通り、動詞には文型解釈においていくつかタイプがありました。覚えていますか？

SVだけで完結できる**自動詞**、補語を必要とする**自動詞の例外（不完全自動詞）**、そして目的語を1つ、あるいは2つ取る**他動詞**がありました。ちゃんと頭の中で整理整頓できていますか？

今日勉強する**SVOC文型**は動詞の後ろに**目的語と補語**があるパターン！
OとCの両方を必要とする動詞を**不完全他動詞**と呼び、SVOやSVOOのように目的語だけを必要とする**他動詞の例外**として押さえてください！　他動詞にも自動詞のように**2種類のタイプ**があった、というわけです。

よろしいですか？　**他動詞はOのみ、不完全他動詞はOとCが1つずつ！**
[SVO]　　I watch $_O$ TV.（僕はTVを見る。）
[SVOO]　I show $_{O1}$ you $_{O2}$ my private room.（君に僕のプライベートルームを見せよう。）
[SVOC]　I call $_O$ you $_C$ Tom.（僕は君をトムと呼びます。）

不完全＋補語

頭を整理すると、結局**補語**が登場するのは**SVC文型とSVOC文型の2つ**になります。
この2つの文型には共通点があります。
SVCの動詞は**不完全自動詞**、SVOCの動詞は**不完全他動詞**です。**不完全つながり**です！
どちらも**Cがなくては不完全**というわけです。

動詞が不完全であれば、**完全にするために補う語、つまり補語が必要になる**んですね。

不完全な動詞 → C

不完全だから、補語がある

S=CとO=C

SVC文型ならば「S=C」というルールを少し前に勉強しました。覚えていますか？

[SVC]　Your name is Tomoko.（あなたの名前はトモコです。）
（ **Your name = Tomoko** ）

実は、SVOC文型にもあるんです！
SVOC文型であれば **O=Cの関係** が成り立ちます。SVC文型と区別して押さえておきましょう！

[SVOC] I call $_O$ you $_C$ Tom.（私はあなたをトムと呼ぶ。）
（ **you = Tom** ）

SVC は **S=C** の関係、**SVOC** は **O=C** の関係

補語は何かを補う単語です。
SVC文型の場合はSを、そして今回のSVOC文型の場合はOを補語がガッチリサポートします。

SVOCを作る動詞

ではSVOC文型を作る動詞を数個チェックしておきましょう。
make / call / name

(a) You **make** Satoshi quiet.（君はサトシ**を**静か**にさせる**。）（ Satoshi = quiet ）
(b) I **call** the boy Kan-kun.（僕はその男の子**を**カン君**と呼ぶ**。）（ the boy = Kan-kun ）
(c) I **name** the robot Taro.（僕はそのロボット**を**タロウ**と名づける**。）（ the robot = Taro ）

「今日のポイント！」で挙げた英文（a）をチェックしておきましょう。
makeは「…を作る」という他動詞でおなじみです。
初心者の方々の多くは初めてこの英文に出会うと「**あなたはサトシを静かに作る。**」というスーパー誤訳をあみ出してしまうのです。完全にSVOパターンで解釈してしまったわけですね。

他動詞makeはSVOだけでなくSVOCパターンを作るということを押さえておけばこのようなミスは起こりません。**パターンに応じた訳し方があります**から、1つ1つ覚えておかなければならないわけですね。

SVOCでは、makeは「OをCにする」という訳し方になります。
これに当てはめると「君はサトシを静かにさせる。」という正しい解釈ができるわけです。

また英文（a）〜（c）はO＝Cの関係がきちんと成立していることを押さえてください。
「OはCです。」という日本語が成り立つかどうかで、SVOC文型を判別することができます。
I keep $_O$ you $_C$ quiet.（私はあなたを静かにさせておきます。）　→　（あなたは静かです。）OK!
I give $_{O1}$ you $_{O2}$ a dog.（私はあなたに犬をあげます。）　→　（あなたは犬です。）?? NO!

では今日勉強したSVOC文型のパターンを図で示しておきましょう。

SVOC文型は**OとCの強い結びつき**が大きなポイント！
Vが不完全だからOがCのサポートを必要とするわけです。

SVOOなのかSVOCなのか…？

では実力チェックです！　次の英文を比較し、それぞれ何文型になるのか考えてみましょう。

(a) You **make** me a good actor.　(b) You **make** me salad.

英文（a）は、makeに注目すると、後ろに続くme（私）とa good actor（良い俳優）の間にイコール関係が成立しそうです。試しにSVOCパターンの「OをCにする」で訳してみましょう。
「あなたは私を良い俳優にさせる（してくれる）。」 これでいいですね？　問題ありません。英文（a）は**SVOC**文型です。

一方（b）のmakeはSVOで考えるとsalad（サラダ）が余ってしまいますし、SVOCで考えるとme＝salad？　そんなワケありませんね。では、
ほかのパターンで考えると、makeにはSVO$_1$O$_2$パターンがあります。「O$_1$にO$_2$を作る」です。
さあ、これに当てはめてみましょう。
「あなたは私にサラダを作ってくれる。」
バッチリです。英文（b）は**SVOO**文型です。

このように**同じ動詞でも複数の異なる文型**をとることがあります。そんな時、今までのレッスンで勉強してきたことを総動員すれば、適切な文型に気付き、適切な訳を考えることができるんです。
英文解釈に行き詰まった場合は、動詞を意識し、他のパターンで訳せないかどうか辞書でチェックすることが大切です。

文型の整理整頓

では最後に、文型に応じた動詞の機能を整理してまとめておきましょう。

SV	主語＋自動詞（＋修飾語） ＊完全自動詞とも呼ばれますが自動詞で押さえてください。
	You fight.「あなたは戦う。」　You fight in a war.「あなたは戦争で戦う。」
SVC	主語＋不完全自動詞＋補語
	You are safe.「あなたは無事です。」
SVO	主語＋他動詞＋目的語 ＊完全他動詞とも呼ばれますが他動詞で押さえてください。
	You play the guitar.「あなたはギターを弾きます。」
SVOO	主語＋目的語を2つとる他動詞＋間接目的語＋直接目的語
	You tell me a lie.「君は僕にウソを言います。」 ⇔ You tell a lie to me. SVO+Mに書き換え可能
SVOC	主語＋不完全他動詞＋目的語＋補語 ＊SVOCのCはSVCと比較して目的格補語と呼ばれます。（SVCのCは主格補語）
	You leave me alone.「あなたは僕を1人（孤独）にする。」

SやOは**名詞のみ**、Cは**形容詞か名詞**、そしてMは**形容詞か副詞**であることも重要でしたね。

なぜ5文型?!

「なぜ文型を知る必要があるのか？」という**疑問**を持っている方も実際に多いでしょう。
では、ここで**文型を学ぶ価値**を実感していただくために、こんな英文を挙げてみましょう。

You are very brave and you like difficult.

どうでしょうか？　実は、この英文には文法的に絶対に許されないミスがあるんです。
一瞬でその間違いに気付かれた方は、これまでのレッスンで実力をシッカリと磨かれた方です。
likeの後ろは目的語であるはずで、**目的語となるのは名詞のみ**です。
ところがdifficultは**形容詞**です！　ですから**名詞のdifficulty**にしなければ誤りなのです。

（○）You are very brave and you like difficulty.「君はとても勇敢で困難を好む。」

このような**間違いに全く気付かないまま、平気で話す日本人は多い**ものです。
5文型を勉強すると、**名詞、形容詞、副詞**、そして**動詞**などの働きにとても敏感になり、最終的には**自分で自分の間違いに気付けるようになります**。
「自分の間違いに気付くこと」は語学上達の重要なポイントです。

Output Stage

Lesson05の復習問題

1 次の日本語に合うように( )内の語句を正しく並び替えましょう。

(1) (a vacation / you / give / I / .)「私はあなたに休暇をあげます。」

(2) (you / buy / I / some onions / for / .)「私はいくつかの玉ねぎをあなたに買います。」

(3) (teach / to / science / me / you / .)「あなたは理科を私に教えてくれる。」

(4) (you / a list / we / show / .)「私たちは君にリストを見せます。」

2 次の英文はそれぞれ何文型になるでしょうか？
　　に、SV/SVC/SVO/SVOOのうちいずれか適切なものを書きましょう。

(1) You teach English at elementary school.
(2) You become a father.
(3) I show you a homemade apple pie. 　　　　　　　　　　　＊homemade 自家製の
(4) I am in the kitchen.
(5) I teach you English.

(1) _____ 文型　(2) _____ 文型　(3) _____ 文型
(4) _____ 文型　(5) _____ 文型

Lesson06の演習問題

1 次の英文(a)(b)のうち文法的に正しいほうの記号を　　　に書きましょう。

(1) (a) I make very happy you.　　(b) I make you very happy.
(2) (a) We are very good players.　(b) We are players very good.

(3) (a) You want a lot of interesting.　　(b) You want a lot of fun.

(1) _____　　(2) _____　　(3) _____

2　次の英文はSVOOまたはSVOCのどちらの文型でしょうか。_____に書きましょう。

(1) I find you a nice house.
(2) I find you very interesting.
(3) You usually make me so angry.
(4) I sometimes give you a call.
(5) You always keep your room clean.

＊give a call 電話をする

(1) _____文型　(2) _____文型　(3) _____文型
(4) _____文型　(5) _____文型

3　次の（　）内の語(句)を自然な意味になるように並び替えてみましょう。また完成した英文の文型も答えましょう。

(1) We (many / to / languages / teach / you / .) …… _____文型

_____

(2) You (me / always / make / sad / .) …… _____文型

_____

4　次の英文から主要素のみを抜き出し、それぞれ下の_____に書きましょう。その英文にはない主要素の_____には×を書きましょう。また英文の文型も記号で答えましょう。

(1) You name the machine Mr. Big. …… _____文型

S _____　　V _____　　O_1 _____
C _____　　O_2 _____

(2) I sometimes call you Momo. …… _____文型

S _____　　V _____　　O_1 _____
C _____　　O_2 _____

(3) I always show you the right way. …… _____ 文型　　*right way 正しい道

S _____　　V _____　　O₁ _____

C _____　　O₂ _____

(4) You never tell me the address. …… _____ 文型　　*address 住所

S _____　　V _____　　O₁ _____

C _____　　O₂ _____

Evine's Words

覚えるべきものは素直に覚えましょう。
無駄な努力ではありません。

Communication Stage 1

ここまで学んできたことを使って、Mr. Bryanとの会話にチャレンジ！
Hint! の中の単語を並び替えて、会話表現を作ろう。

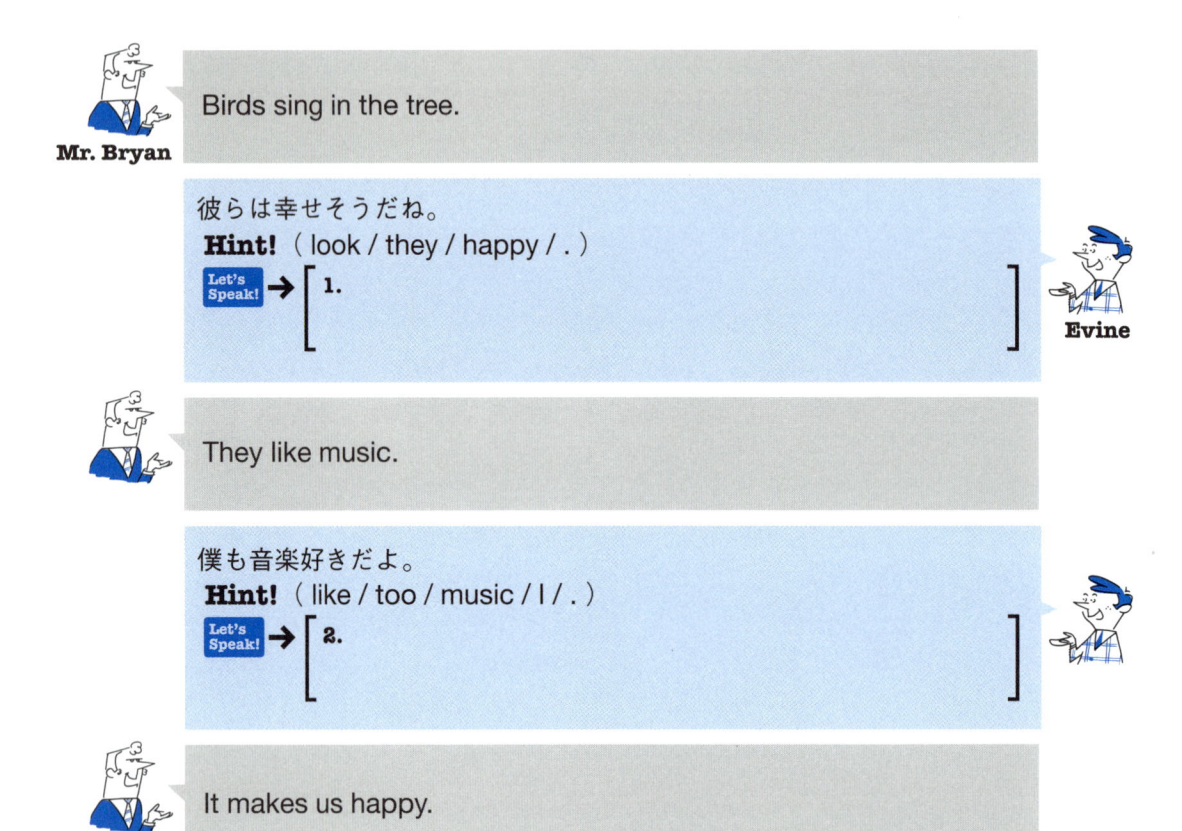

Mr. Bryan: Birds sing in the tree.

Evine: 彼らは幸せそうだね。
Hint! (look / they / happy / .)
Let's Speak! → 1.

Mr. Bryan: They like music.

Evine: 僕も音楽好きだよ。
Hint! (like / too / music / I / .)
Let's Speak! → 2.

Mr. Bryan: It makes us happy.

Evine's Column

この短いやりとり、「ちょっと物足りないなぁ…。」と感じた方も多いかもしれません。
でも5文型を勉強する前は、「物足りない」なんて感じるより「これで本当にあってるの…?」という不安でいっぱいだったはず。ここまでのレッスンで「英単語を使ってみる」気持ちが少し芽生えたのではないでしょうか？
単語をパズルのように5文型に当てはめるだけで、基本的な会話なら問題なくできるんです！まだ始まったばかりですが、コミュニケーション力を磨くプロセスを最後まで楽しんでいきましょう！

2 中学1年レベル

Lesson07 主語と動詞	p.56-
Lesson08 名詞と代名詞	p.63-
Lesson09 否定文と疑問文	p.70-
Lesson10 過去形	p.76-
Lesson11 冠詞と名詞	p.82-
Lesson12 進行形	p.88-
Communication Stage2	p.94

Lesson07　主語と動詞

今日のポイント！

I am like America. この英文は見る人が見れば明らかに誤文ですが、実際に多くの初心者がやってしまうミスです。be動詞と一般動詞との違いが実はまだよく理解できていないのが原因です！今日のレッスンで、あいまいだった両者の違いを明らかにしましょう。

Input Stage

be動詞と一般動詞

動詞には **be動詞** と **一般動詞** の2種類があります。

be動詞は名前の通り、原形（もともとの形）は **be** で、これ1個だけ。そして、一般動詞は **be以外の全ての動詞**（play, eat, studyなど）のことで、**人や物のあらゆる具体的な動作** を表します。

いずれにしてもbe動詞も一般動詞も同じ、**動詞の仲間** であることを押さえておきましょう。

be動詞の形

be動詞の **原形（もともとの形）** はbe1個だけですが、be動詞は **主語（S）によって3パターンの変化** をします。

am / is / are の3つです。この変化を覚えるために、まず始めに主語についてチェックしていくことにしましょう。

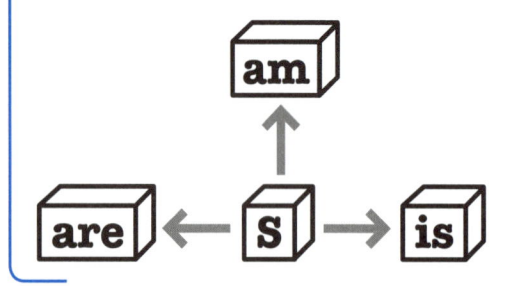

```
              am
              ↑
    are ← S → is
```

主語の形（主格の代名詞）

主語になれるのは**名詞**です。（[参] L.08）
名詞は、**代名詞というもう1つの呼び方**によってうまくグループ分けすることができます。下の表をチェックしてみましょう。

主格の代名詞　　　　　　　　　　　　　　　　　　　　　　　　　　　＊主格：主語に相当する語

主語グループ	代名詞（単数形：1人、1つ）	代名詞（複数形：2人、2つ以上）
1人称（自分）グループ	I（私は）	We（私たちは）
2人称（相手）グループ	You（あなたは・あなたたちは）	
3人称（その他）グループ	He/She/It（彼は・彼女は・それは）	They（彼らは・彼女らは・それらは）

＊単数形や複数形については、L.08で詳しく勉強します。

Rieko is a teacher. （リエコは先生です。）
→ She is a teacher. （彼女は先生です。）
単数形か複数形かで形が異なることも大切なポイント！
[単数形]　A book（本1冊）= It　　　[複数形] Books（本が複数）= They

OKですか？　**もともと主語であった名詞**を言い換えたものが**主格の代名詞**です！
例えばA book is on the desk. （本が机の上にあります。） を代名詞で言い換えると…
It is on the desk. （それが机の上にあります。） となるわけです。

主格の代名詞とbe動詞の関係

では、今チェックした**主格の代名詞**によってbe動詞の形がどう変化するのか見てみましょう。

be動詞　変化パターン

主格の代名詞	be動詞	短縮形	例文
I	am	I'm	I am (=I'm) your leader.（私は君の指導者です。）
He / She / It	is	He's	He is (=He's) wild.（彼は野蛮です。）
その他すべて	are	You're	You are (=You're) late.（あなた達は遅刻です。）

Sが単数であればamかis、Sが複数であればareになります。
主格の代名詞とbe動詞の形をセットで完全に頭の中にインプットしてしまいましょう！

一般動詞の形

be動詞は主語によりam / is / areのようにガラリと形が変わりましたが、**一般動詞は主語により語尾だけが変化**します（例外あり）。それではまず変化パターンをチェックしておきましょう。

一般動詞　語尾変化パターン

	原形の例	語尾変化	変化ポイント
パターン1	eat, play	eat**s**, play**s**	語尾に**s**を付ける
パターン2	wash, go	wash**es**, go**es**	語尾が**ss/sh/ch/x/o**の動詞は**es**を付ける
パターン3	study, carry	stud**ies**, carr**ies**	語尾が**子音＋y**の動詞は**y**を**ies**にかえる
パターン4	have	has	**不規則**に変化（特別な形）

＊子音とは母音 [a]、[i]、[u]、[e]、[o] 以外の全ての音を指します。

主語と一般動詞の関係

さて、一般動詞の語尾が**変化するのかしないのか**を知るには、be動詞で勉強した知識を利用します。**be動詞がisとなる主語**であれば一般動詞は**語尾変化がある**と判断しましょう！

You play the trumpet.（あなたはトランペットを吹きます。）
主語をSheに変えてみると……
→ She play**s** the trumpet.（彼女はトランペットを吹きます。）

> **be動詞がisとなるS → 一般動詞は4パターンで変化する**

be動詞の役割

be動詞と一般動詞の違いをマスターするには、まずbe動詞の特徴を先に押さえてしまうことです。L.02ですでに勉強したように、be動詞には2つの用法があります。

① **SV文型を作るbe動詞**

$_S$It $_V$is $_M$at the pet shop.（それはペットショップにいます。）
$_S$He $_V$is $_M$in the room.（彼はその部屋にいます。）

この場合、be動詞は「いる、ある」という「存在」を示し、後ろにはM以外何も必要のないSV文型を作ります。「場所」を示す前置詞句と一緒になることが多いのも特徴です。

② SVC文型を作るbe動詞
$_S$He $_V$is $_C$interesting. （彼は面白いです。）
$_S$They $_V$are $_C$good dictionaries. （それらは良い辞書です。）

この英文ではinterestingやgood dictionariesはSとイコールの関係です。
He = interesting　　They = good dictionaries
イコールの後ろには補語となる**名詞か形容詞**が続き、SVC文型になります。

be動詞と一般動詞の違い

ではいよいよbe動詞と一般動詞の違いにポイントを絞っていきましょう。
先ほど挙げたbe動詞の特徴をしっかりと押さえた上で、一般動詞との違いを明確にしていきます。

次の日本語を英語に直してください。
(a)「マイクは背が高い。」　(b)「マイクは納豆を食べる。」

日本語を要素ごとに分けて、そのまま英語に当てはめてみましょう。
(a)　（マイクは）（背が高い）　　　→　Mike tall.
(b)　（マイクは）（を食べる）（納豆）　→　Mike eats natto.

どうでしょうか？ (a) の英文は何か足りませんね？

そうです。(a) には**動詞に当たるものがなく**、(b) には**動詞がきちんとある**んです。
これではマズイ！ 英語において**動詞の欠如はタブー**で、**必ずSVが必要**でした！

でも (a) は「背が高い」と言いたいだけで、具体的動作がないので一般動詞は使えません。
そこで**be動詞の登場**！

(✗) Mike tall.　→　be動詞を投入　→　(○) Mike is tall.
これでSVC文型の**文法的にパーフェクトな英文**が完成！

日本語は動詞がなくても文が成立するんです！ ここに**日本語と英語の大きなギャップ**があるんですね。

> 「話す」「寝る」など**具体的な動作を示せば一般動詞**、
> そして**具体的な動作を示さない場合はbe動詞**！

She **talks** fast.（彼女は速く**話します**。）　They **sleep** well.（彼らはぐっすり**寝ます**。）
I **am** happy.（僕は幸せ。）　They **are** busy.（彼らは忙しい。）　He **is** a waiter.（彼はウェイター。）

be動詞は「です」ではない！

では、「今日のポイント！」でチェックしたこの誤文をみてみましょう。
I am like America.

間違いの原因は何か？ 問題はbe動詞の訳し方にあります。
I（私は）、America（アメリカ）、like（…が好き） ×am（です）

「…です」とあればすぐbe動詞と直結してしまうのが初心者のミスです。
いままでのレッスンでも便宜上、be動詞を「…です」とした個所はありましたが、実は**be動詞の本当の役割は、一般動詞がない場合の応急処置**です。
上の例文ではlike（…好き）という一般動詞がありますね。この一般動詞を使えば、もう**be動詞は不要**！
（○）I like America.　→　**be動詞amが余分**だった！

これを機会に、be動詞＝「…です」という発想をやめ、be動詞は単順に
① "＝"（イコール）　……　SとCをつなぐ役割
②「いる、ある」　……　完全自動詞として、それだけで成り立つ
のどちらか、と覚えましょう。

　　　　　　　　　　一般動詞が使えるのであれば、**be動詞は無用！**

It ≠ それ？（仮の主語）

今日は主語を言い換える代名詞と主語と動詞の関係を勉強しましたが、最後にちょっと変わった主語をご紹介しましょう。
［天気］　It rains a lot here.（ここではたくさん雨が降る。）＊rain 雨が降る
［時］　　It is 8 o'clock.（今8時です。）
天候や**時間**などを表現する際には主語を**It**にするんです。表現したい事柄の中に、具体的**動作をする人（物）がいない**ため、仮にitを主語にする、という感じです。It（それ）がなにかをするわけではないので、このItは「それ」とは訳しません。**このようなitを仮の主語といいます。**

Output Stage

Lesson06の復習問題

1 次の( )内の語（句）を文法的に正しくなるように並び替えてみましょう。また完成した文型も答えましょう。

(1) He (you / a key / gets / .) …… _____ 文型

(2) She (kind / finds / you) . …… _____ 文型

2 次の英文の中から同じ文型ペアを4組見つけて、ペアとなるものを記号で_____に書き、さらに文型も答えましょう。ただし、ペアとならない英文が1つだけあります。

(a) We show you our garden.
(b) He is in the factory.
(c) She sometimes makes me tired.
(d) He is Takashi, too.
(e) She teaches math at school on Saturday.
(f) He also buys me a pair of pants.
(g) You get busy soon.
(h) They call me Dai-chan.
(i) He calls me every night.

(1) _____ と _____ …… _____ 文型
(2) _____ と _____ …… _____ 文型
(3) _____ と _____ …… _____ 文型
(4) _____ と _____ …… _____ 文型

3 次の英文中の下線部の動詞は何動詞でしょうか？ 適切なものを選び記号で答えましょう。

(1) We call you Morimori.　(2) They are in the garage. ＊garage 車庫、ガレージ
(3) I call you at 8 o'clock.　(4) She is from Australia.

(a) 自動詞　(b) 他動詞　(c) 不完全自動詞　(d) 不完全他動詞

(1) _____　(2) _____　(3) _____
(4) _____

Lesson07の演習問題

1 次の日本語を英語に直すとき、be動詞が必要である文の記号に○を付けましょう。

(ア) その男性は有名だ。　　　　　　(エ) その問題は簡単です。
(イ) 私はあなたを知っています。　　(オ) 6月はたくさん雨が降ります。
(ウ) 私は君を理解しています。　　　(カ) あなたと私はとても良い友達です。

2 次の英文には誤りが1つずつあります。日本語を参考に全文を書き直しましょう。

(1) It rainy today. 「今日は雨です。」　　＊rainy 雨降りの

(2) I different from you. 「僕はあなたとは違います。」

(3) They are love sports. 「彼らはスポーツが大好きです。」

3 次の名詞を主格の代名詞に変えてみましょう。

(1) A pencil 　　　　　(2) Students
(3) You and I 　　　　(4) Tomoko and you

4 次の英文のSを( )内の代名詞に代えて全文を書き直しましょう。

(1) We carry heavy bags every day. (She)　　＊heavy 重い

(2) I am from New Zealand. (He)　　＊New Zealand ニュージーランド

(3) My grandfather washes the car in the morning. (You)

Evine's Words

何一つ無駄な用語や解説はありません。
覚える気になればなんとかなるものです。

Lesson08 名詞と代名詞

今日のポイント！
次の英文を品詞に分解します。**Tom sings her a song**.「名詞＋他動詞＋代名詞＋名詞」なんと動詞以外は全て名詞（代名詞）なんです！文型解釈において非常に重要な役割をしてくれる、名詞と代名詞に今日は注目してみましょう！

Input Stage

名詞

名詞は**S/C/Oになるマルチな単語**ですから、英文解釈では絶対に押さえておくべき存在です。
英語では、名詞の扱い方で日本人が普段意識しない2つのポイントがあります。

① 数えられるのか、数えられないのか
名詞は大きく**可算名詞**と**不可算名詞**に分けられます。
日本人が全く意識しない概念ですが、**抽象的で形のないイメージ**を持つ名詞を**数えられない名詞（不可算名詞）**とし、その逆を**数えられる名詞（可算名詞）**と、2つに分けて考えなければなりません。

［可算名詞］　　dog / cat / pen / desk / CD / book / car / hand　　など
［不可算名詞］　milk / water / money / baseball / tennis / music　　など

② 1なのか、2以上なのか
英語は、ものすごく**数を気にする言語**です。
名詞が**可算名詞である場合**、その名詞は必ず、1つを表す**単数形**か、2つ以上を表す**複数形**か、必ずどちらかの形にしなければなりません。**不可算名詞の場合、そのままの形で変化はありません。**

日本語では「犬」が数匹いてもわざわざ「犬たち」とは言いませんが、英語では、犬が2匹以上いるならdogの後ろにsを付けて、「犬が2匹以上いますよ！」ということをdog**s**で示さなければならないんです。それでは複数形のパターンをチェックします。

Lesson 08 名詞と代名詞

名詞の複数形のパターン

	単数形の例	複数形	変化ポイント
パターン1	dog	dog**s**	基本は語尾に**s**を付ける
パターン2	box	box**es**	**ch,sh,s,ss,x,z**の語尾には**es**を付ける
パターン3	city	cit**ies**	**子音字＋y**の語尾には**y**を消して**ies**にする
パターン4	leaf	lea**ves**	原則、**f/fe**の語尾には**f/fe**を消して**ves**にする
パターン5	child	children	**不規則**に変化する

普通は**複数形の前**に**数字などの数を示す修飾語**が付きます。
You write **two letters**.（あなたは2通の手紙を書きます。）
You have **some notebooks**.（あなたは数冊のノートを持っています。）

不可算名詞は数えられないので、**複数形にはできません**。
その代わりに**直前に修飾語を置く**ことで**量を加減することが可能**になります。L.04で勉強した**some**や**a lot of**などがそうですね。これ以外に重要な表現として以下のようなものがあります。

We need **a glass of** water.（私たちは**コップ1杯**の水が必要です。）
I want **a cup of** coffee.（私は**1杯**のコーヒーがほしい。）
They use **a sheet [piece] of** paper.（彼らは**1枚**の紙を使います。）
He eats **a slice of** bread for breakfast.（彼は朝食に**1切れ**のパンを食べます。）

waterも**a glass**（コップ）などの**容器に入れば数えることができるようになる**というわけですね。
aは「**1つの**」を意味する単語であり、この部分を**他の数字に変えてやる**と量を増やすことが可能です。

two glass**es** of water「2杯の水」　　　　**five** slices of toast「5切れのトースト」

glassやsliceは可算名詞ですから、2以上になれば後ろの**glass**や**slice**などの名詞は**複数形になる**ことも要チェックです！とにかく英語は**数の変化に敏感な言葉**なんですね。

英語は数に敏感！

目的格と所有格の代名詞

名詞を言い換えたものを代名詞と呼びました。前回は主格の代名詞を勉強しましたね。
今日は違う形の代名詞をチェックしましょう。次の英文の下線部を代名詞にするとします。

(a) **Yuki** calls **Hiroshi** at night.　（ユキは夜、ヒロシに電話をします。）

YukiはSheで問題ありませんが、HiroshiはSではなく、この英文ではOですね？　ということは**主格の代名詞は使えません**！
もとの名詞が目的語である場合は目的格の代名詞を使います。それではチェックしましょう。

目的格の代名詞　　　　　　　　　　　　　　　　　　　＊目的格：目的語に相当する語

グループ	単数形	複数形
1人称	**me**（私に・を）	**us**（私たちに・を）
2人称	**you**（あなたに・を、あなたたちに・を）＊単複同形	
3人称	**him / her / it** （彼に・を / 彼女に・を / それに・を）	**them** （彼らに・を / 彼女らに・を / それらに・を）

Yuki calls Hiroshi at night. ➡ 主格 She calls 目的格 him at night.（**彼女**は夜、**彼に**電話します。）
主語Yukiは主格の代名詞Sheに、目的語Hiroshiは目的格の代名詞himになります。

(b) **Hiroshi's** brother bakes cookies in an oven.（ヒロシの弟はオーブンでクッキーを焼きます。）

人の名前＋'sで「（人）**の…**」という意味になり**所有を表現**することができますが、
この所有を表現する名詞を代名詞にしたものを**所有格の代名詞**と呼びます。

所有格の代名詞

グループ	単数形	複数形
1人称	**my**（私の）	**our**（私たちの）
2人称	**your**（あなたの、あなたたちの）＊単複同形	
3人称	**his / her / its** （彼の／彼女の／その）	**their** （彼らの、彼女らの、それらの）

Hiroshi's brother bakes cookies in an oven.
➡ **His** brother bakes cookies in an oven.（**彼の**弟はオーブンでクッキーを焼きます。）

Helen's dad trusts you very much.
➡ **Her** dad trusts you very much.（**彼女の**お父さんは君をとても信頼しています。）

また所有格と一緒に覚えておきたいのが**指示代名詞**です。
所有格と同じように名詞の前に置いて、**その名詞を特定のものに**します。

指示代名詞

単数形	複数形
this （この、これは）	**these** （これらの、これらは）
that （あの、あれは）	**those** （あれらの、あれらは）

This desk is new.（**この**机は新しいです。）　この英文は次のように言い換えることが可能です。
↔ **This** is a new desk. （**これは**新しい机です。）＊指示代名詞が直接Sになり動詞が続く

所有代名詞

この英文を見てください。 This desk is **my desk**.（この机は私の机です。）

ここで注目したいのが**my desk**です。deskが2つ繰り返され、ちょっとくどい感じがしませんか？
これを解消する便利な代名詞が**所有代名詞**です。

所有代名詞を使うと、my deskのような「**所有格の代名詞＋名詞**」を1つに言い換えることができます。

所有代名詞

グループ	単数形	複数形
1人称	**mine**（私のもの）	**ours**（私たちのもの）
2人称	**yours**（あなたのもの、あなたたちのもの）＊単複同形	
3人称	**his**（彼のもの） **hers**（彼女のもの）	**theirs**（彼らのもの、彼女らのもの）

This desk is **my desk**. → 主格 This desk is 所有代名詞 **mine**.（この机は**私のもの**です。）

代名詞の変化表まとめ

代名詞は便利ですが、数が多くて大変ですね。これまで挙げたもの以外にもありますが、今後のレッスンを通して、少しずつ覚えていくことにしましょう。

では、ここで一度、代名詞の活用をまとめてチェックし、頭の中を整理してください！

代名詞の活用表

単数形				複数形			
主格 (…は・が)	所有格 (…の)	目的格 (…に・を)	所有代名詞 (…のもの)	主格 (…は・が)	所有格 (…の)	目的格 (…に・を)	所有代名詞 (…のもの)
I	my	me	mine	we	our	us	ours
you	your	you	yours	you	your	you	yours
he	his	him	his	they	their	them	theirs
she	her	her	hers				
it	its	it					

ここで問題！次の下線部の名詞をそれぞれ代名詞に変えてみましょう。

<u>Ryota's</u> father likes <u>dogs</u>.　<u>Ryota</u> likes <u>a cat</u>.

では正解。

所有格 **His** father likes 目的格（複数）**them**.　　主格 **He** likes 目的格（単数）**it**.

まずは代名詞に変える前に、その名詞が**英文中においてSなのかOなのか、あるいは所有を示しているのかを判断**し、さらに**単数か複数かで最終的な形が決定**するんですね。

代名詞が何を示すのか?

一度登場した名詞は、基本的に、どんどん代名詞に変えられていきます。
ですから英文解釈において、代名詞が何を指しているのかを判断しながら読み進めることが重要です。

I have two poodles. (ア) **They** are so cute.
Some friends never touch (イ) **them**. (ウ) **They** are really scared of dogs. ＊be scared of …を恐れている

上の（ア）〜（ウ）の代名詞は何を指していますか？

では、正解……
（ア）two poodles　（イ）two poodles　（ウ）Some friends

初心者の方の多くはtheyと言えば「彼ら」と結びつくようで、その固定観念のために誤った解釈をよくします。
実際には、**they は人間以外を示すことも多いので、慎重に 前後関係から判断 しましょう！**

（僕は2匹のプードルを飼っています。2匹はとても可愛いです。何人かの友だちは決して触りません。彼らは本当に犬を怖がっているんです。）

Lesson 08　名詞と代名詞

Output Stage

Lesson07の復習問題

1 次の英文が自然な意味になるように(ア)・(イ)のうち正しい方に○を付け、適切な形に直して ___ に書きましょう。

(1) You and I { (ア) be (イ) speak } good students.
(2) Misaki { (ア) watch (イ) be } a music program on TV.
(3) Your car { (ア) be (イ) stop } very old.

2 次の英文中の主語を( )内の代名詞に変えて、全文を書き直しましょう。

(1) I'm a famous doctor. (Your sister)

(2) You get sleepy easily. (Your brother)   *sleepy 眠い

(3) He carries knives and forks quickly. (You)   *knives knifeの複数形 *quickly 素早く

3 日本語に合うように、( )内の語句を並び替えましょう。ただし、必要のないものが1つあります。

(1) (love / concerts / are / we / .) 「私たちはコンサートが大好きです。」

(2) (a question / are / easily / they / answer / .) 「彼女たちは質問に簡単に答えます。」

(3) (always / very / she / becomes / is / rude / .) 「彼女はいつもとても失礼です。」

(4) (the mountain / he / is / climbs / .) 「彼はその山に登ります。」

Lesson08の演習問題

1 （　）内の代名詞のうち正しいものを1つ選び、○を付けましょう。

(1) (They / He / Their / His) sometimes play soccer after school.
(2) She has a dog. (Her / It / Its) name is Ponta.
(3) My aunt is very kind to (their / them / they).　　＊be kind to　…に親切である
(4) You have a new bike. (Mine / My / I / Me) is really old.

2 次の英文の下線部を、代名詞1語にして　　　に書き出しましょう。

(1) Tom's son asks a lot of questions.
(2) Eriko's daughters enjoy TV programs every night.
(3) I know Kumiko's family.
(4) Her father plants trees.
(5) That picture is yours. This picture is his picture.

3 （　）内の指示に従って英文を書き直しましょう。

(1) This marker is hers.（下線部の名詞を複数形に）

(2) I often notice your mistakes.（2つの下線部の代名詞を入れ替える）

(3) We arrive at a port in Kobe.（下線部をOur shipに）　　＊port 港

4 次の名詞を複数形にしましょう。

(1) glass　(2) baby　(3) man　(4) egg　(5) child　(6) box

(1)　　　　　(2)　　　　　(3)
(4)　　　　　(5)　　　　　(6)

Evine's Words

やれないというよりも、やらないという人のほうが
はるかに多いものです。

Lesson09　否定文と疑問文

今日のポイント!

You not study English.　Are you eat breakfast?　下線部は完全に間違いです。
皆さんは、このような間違いをしたことはありませんか？ be動詞と一般動詞の否定文と疑問文の方法がゴチャマゼになっていた方、今日のレッスンで矯正しましょう！

Input Stage

be動詞の否定文

これまで目にしてきた英文は「〜は…です」といった、いわゆる**普通の文**でしたね。
これを**肯定文**と呼びます。

今日は応用編、**否定文**と**疑問文**をマスターしてしまいましょう。
否定文は「…ない、…しない」という**打ち消しの文**、**疑問文**は「…ですか、…しますか」と**尋ねる文**です。
さて、まずは**be動詞の否定文**からスタートします。本当に簡単です。**be動詞の後ろにnot**を付けて下さい。これだけです！

肯定文	He	is		Tom.	（彼はトムです。）
否定文	He	is	not	Tom.	（彼はトムではありません。）

notは「…でない」という**打消しの意味**があり、否定文で大活躍します。
be動詞とnotの短縮形も重要ですので押さえておきましょう。
[否定の短縮形]　is not → isn't　　are not → aren't
amにはamn'tという形はなく、**I'm not**というふうに**主語とamの短縮形**を使います。（[参] L.06）

> be動詞 + not で否定文！

be動詞の疑問文

さて、次は**be動詞の疑問文**ですが、これもラッキー、とても簡単です！　**be動詞そのものを文頭に移動**するだけでOK!

肯定文		He	is	Tom.	（彼はトムです。）
疑問文	Is	he		Tom?	（彼はトムですか？）

> be動詞を文頭移動して疑問文！

会話は言葉のキャッチボールですから返事の仕方もしっかりと押さえておきましょう。
Is Mr.Komatsu friendly and hard-working? （コマツ氏は愛想が良くて、働き者ですか？）
Yes, he is. （はい、彼はそうです。）
No, he isn't. （いいえ、彼はそうではありません。）

疑問文の主語が**名詞**であれば、返事をする場合は**代名詞に変わる**のがポイントですね。

一般動詞の否定文

では、次に**一般動詞の否定文**です。be動詞と同じ感覚で一般動詞の後ろにnotを付けて、He like not her. のようにしてはいけませんよ！ 少し勝手が違うので注意が必要です。

一般動詞の否定文は **do / does not** を**動詞の前**に付けます。

do / does not ＋ 動詞の原型　これが**一般動詞の否定形**!

肯定文	I		like	her.	（私は彼女が好きです。）
否定文	I	do not	like	her.	（私は彼女が好きではありません。）

普通はこのように、短縮形を用います。
I don't like her.
［否定の短縮形］　do not → don't　　does not → doesn't

ここで注意点があります。**否定文にすると一般動詞は原形に戻る**ということです。

肯定文	He		likes	her.	（彼は彼女が好きです。）
否定文	He	doesn't	like	her.	（彼は彼女が好きではありません。）

> 肯定文の場合だけ一般動詞にsがある

ではここで、否定形のdon't / doesn't の使い分けを押さえておきましょう！
主語が**He/She/It**となるものであれば**doesn't**!　それ以外は**don't**です。

ではこの英文を否定にしてみましょう。don'tですか？ doesn'tですか？

She travels around the world.（彼女は世界中を旅します。） ＊around the world 世界中を

(○) She **doesn't** travel around the world.（彼女は世界中を旅しません。）
(×) She **don't** travel around the world.

一般動詞の疑問文

一般動詞の疑問文も否定文と同じく、do / does を使います。そして一般動詞は原形に戻ります。

肯定文		He	likes	her. |（彼は彼女が好きです。）
疑問文	Does	he	like	her? |（彼は彼女が好きですか？）

be動詞のように動詞自体の移動はなく、文頭にDo/Doesを置きます。
Do/Doesの区別は否定文と同様、主語がHe/She/ItとなるものであればDoesを使い、それ以外はDoになります。

> 一般動詞の否定文・疑問文は **do / does** を使う！

では疑問文に対する返事の仕方も見ておきましょう。
Does Kazuto spend much money? （カズトはたくさんのお金を費やしますか？）
Yes, he does.

Do Maki and Emi learn a lot of gestures for communication?
（マキとエミは意思疎通のために、たくさんのジェスチャーを学びますか？）
No, they don't.
返事の文ではこのように疑問文の主語を代名詞にして答えます。
ただし主語がyouの場合は要注意！
Do you need sugar and salt?（あなたは、砂糖とお塩が必要ですか？）
(○) Yes, I do. （はい、必要です。）
(×) Yes, you do.

当然ですが、相手（you）から自分（I）に尋ねられたものですから答えは「私は…」となります。また、youは「あなたは」以外に複数の「あなたたちは」という意味もあるため、返事の仕方は2パターンあります。どちらになるのかは文脈に応じて判断してください。

Are you ready for the interview?（君たちはインタビューの準備はできていますか？）
Yes, we are.（はい、できています。）/ No, we aren't. （いいえ、できていません。）

命令文

これまで英語の**最小単位はSV**であると述べてきましたが、今日は**例外**も学んでいただきます。
それは**命令文**です！ **命令文ではSが省略**されます。日本語でも同じですよね。

普通の文 「あなたは夕食を食べる。」 日本語でこれを命令調にするとどうなりますか？
➡ 「**夕食を食べろ！**」になるのが自然ですよね。つまり、**主語が脱落**するわけです。
英語も同じで、命令文になると、**主語が省略され動詞の原形から始まります**。

肯定文	You	practice	magic	every day.	（あなたは毎日手品を練習する。）
命令文		Practice	magic	every day.	（毎日、手品を練習しなさい。）
肯定文	You	are	quiet	here.	（あなたはここでは静かです。）
命令文		Be	quiet	here.	（ここでは静かにしなさい。）

＊areは原形のbeになる。

とにかく**動詞の原形から始まる**のがポイント！ **主語がないので動詞は変化しません！**
さらに、**文頭にDon't**を付けると**禁止**の表現になります。

Don't worry about me.（私のことは心配**しないで**。）
Don't be afraid.（恐れ**ないで**。） ＊be動詞でも例外的にDon'tを付ける

[丁寧な命令文] **Please** follow me. （どうぞ私の後について来て**ください**。）
pleaseは**文頭でも文末でも可能**です。

ただし、文末の場合は直前にコンマをつけましょう。
Follow me, **please**.

Output Stage

Lesson08の復習問題

1 次の( )内の語(句)を自然な意味になるように正しく並び替え、全文を書きましょう。

(1) They (uniforms / her brothers / give / to / their / .)

(2) (is / car / that / father's / his / .)

2 次の( )内の代名詞を正しい形に直して ___ に書きましょう。

(1) She knows (it) relationship. ___　　＊relationship 関係

(2) You never tell (we) the truth. ___　　＊truth 真実

(3) I send ア(they) clothes to イ(he). ア___ イ___　　＊clothes 衣服

(4) This isn't yours. It's (they). ___

3 次の英文(a)と(b)がほぼ同じ内容になるように、___ を埋めましょう。

(1) (a) That is our building.　(b) That ___ is ___ .

(2) (a) It has blue eyes.　(b) ___ eyes ___ blue.

4 次の英文を( )内の指示に従って書き直しましょう。

That picture has its title.（picture を複数形に）　　＊title 題名、タイトル

Lesson09の演習問題

1 次の英文が正しくなるように、___ に適切なものを表から選んで書きましょう。ただし、不要なものが3つありますので注意しましょう。

(1) Mr. Black ___ support his family.

(2) ___ you Ms. Nakayama?

(3) ___ Chika and Nao go fishing on Mondays?

(4) You and I ___ like the cave very much.

(5) Your mother _____ very tired.

| don't | doesn't | do | does | am | are | isn't | aren't |

2 次の英文には誤りが1つずつあります。訂正して全文を書きなおしましょう。
＊ただし、下線部は正しいものとします。

(1) <u>You</u> not have any hats.　　　　　　　　　　　　　　　　＊not … any 全く…ない

(2) Are <u>your doctor</u> kind to you?

(3) <u>My dogs</u> doesn't eat vegetables.

3 次の( )内の語を自然な意味になるように正しく並び替え全文を書きましょう。

(1) (his / play / brothers / do / soccer / ?)

(2) My (don't / students / their / respect) parents.　　　＊parents（複数形で）両親

4 次の英文を命令文に直しましょう。ただし(2)は禁止の表現にしてください。

(1) Keita studies music every night.

(2) You are crazy about him.（禁止の文に）　　　　　　　＊be crazy about …に夢中になっている

Evine's Words

「ここまでやる必要があるのか？」
という疑問を抱えている時間がもったいない。

Lesson 10　過去形

今日のポイント！
今日から時の流れをうまく表現する方法を学びます。英語は「時」を示すために、語形変化（時制）が起こりますが、これが苦手な人が多いですね。今日のレッスンではまず「過去」を語るための表現をマスターしましょう！

Input Stage

be動詞の過去形

これまで勉強してきた項目は全て、**現在の習慣や出来事**を表現するものでした。

皆さんは、すでに現在形の**肯定文・否定文・疑問文の作り方**を覚えましたね。ちゃんと頭に入っていますか？今日は、**その知識を全て利用し、過去の形を覚えるだけ**です。まずはbe動詞の過去形をチェックしましょう！

現在形	過去形
am / is	was
are	were

be動詞の過去形は2つです。am/isはwasに、areはwereになります。

I was in the middle of the city.（僕は町の真ん中にいました。）
You were absent from the party.（あなたはパーティーを欠席しました。）

＊be absent from …を欠席する

> be動詞の過去形 → wasとwereの2つだけ

be動詞の過去形の否定文

では、次に**過去のbe動詞の否定文**ですが、**現在形で勉強した方法と全く同じ**です。be動詞が過去の形になっているだけの話です。

[現在]　He isn't in Tokyo.（彼は東京にいません。）

[過去] He **wasn't** in Tokyo.（彼は東京に**いませんでした**。）

be動詞の過去形was / were に**not を付けるだけ**ですね。現在形で覚えたポイントと全く同じです！
短縮形も押さえておきましょう。
[否定の短縮形] was not = **wasn't**　　were not = **weren't**
It **wasn't** the wing of an airplane.（それは飛行機の翼**ではなかった**。）
You **weren't** my boss.（あなたは僕の上司**ではなかった**。）

be動詞の過去形の疑問文

それでは、過去のbe動詞の**疑問文**を見てみましょう。過去の疑問文も**現在形で覚えた方法と全く同じ**です。ただbe動詞が過去の形になるだけ！

[現在] **Is he** in Tokyo?（彼は東京にいるんですか？）
[過去] **Was** he in Tokyo?（彼は東京に**いたんですか？**）

OKですか？　ただbe動詞を文頭に移動させるだけ！　そして、返事の仕方も現在形と同じ要領です。

Was Miwa in Osaka three years ago?（3年前、ミワは大阪に**いたんですか？**）
Yes, **she was**.（はい、彼女はいました。）

Were Miwa and Yuka busy with their work?（ミワとユカは仕事で忙**しかったですか？**）
No, **they weren't**.（いいえ、彼女たちはそうではなかったですね。）　＊be busy with …で忙しい

一般動詞の過去形

では次に**一般動詞の過去の形**を覚えましょう。現在形と同様、語尾変化パターンがあります。
まとめてチェックしておきましょう！

一般動詞　過去形のパターン

	原形	過去形	変化ポイント
パターン1	play	play**ed**	基本は語尾に**ed**
パターン2	use	use**d**	語尾が**e**の場合**dのみ**
パターン3	study	stud**ied**	語尾が**子音＋y**の場合、**yをiに変えてed**
パターン4	see	**saw**	**不規則に変化**

一般動詞の過去形はbe動詞のように形そのものが変化するのではなく、
語尾に変化が生じるんですね。**基本は語尾にed**を付けるだけです。これが過去を示す形です。

[現在] He plays tennis in college. （彼は大学でテニスをします。）
[過去] He play**ed** tennis there. （彼はそこでテニス**をしました**。）
（×）　He play**sed** tennis. ＊現在形のsを付けたままにしてはいけません。

パターン4の変化は不規則なので、1つ1つ地道に覚えていく必要があります。本書別冊に収録されている『不規則変化動詞リスト』をぜひ活用して下さい。

一般動詞の過去形の否定文

現在形ではdon't / doesn't ＋動詞の原形で、否定を表しました。過去形ではdon't / doesn'tを過去の形に変えてあげます。

do / does の過去形は1つ。did を覚えておくだけでOKです。

そして、否定のdon't / doesn'tは didn't ［did not］になります。
[現在]　He **doesn't** read a textbook.（彼は参考書を読みません。）
[過去]　He **didn't** read a textbook.（彼は参考書を**読まなかった**。）

I **didn't** look up the name in a file then.（僕はそのときファイルでその名前を調べなかった。）
Those shoes **didn't** fit me.（あの靴は僕に合いませんでした。）　＊look up（言葉を）調べる

一般動詞の過去形の疑問文

一般動詞の疑問文も、文頭に持ってきたDo / Doesを、過去形ですからDidにしてやるだけです。

[現在]　**Does** she help her uncle?（彼女はおじさんを手伝いますか？）
[過去]　**Did** she help her uncle**?**（彼女はおじさんを手伝い**ましたか？**）

Did you brush your teeth?（あなたは歯を磨きましたか？）
Yes, **I did**.（はい、磨きました。）
Did Chiho and Akiko discover a clue?（チホとアキコは手掛かりをつかんだのですか？）
No, **they didn't**.（いいえ、だめでした。）

否定文にしろ、疑問文にしろ現在形のdo / doesの区別がないぶん楽ですね。

> 現在形**do / does** → 過去形**did**

そして過去形でも**否定文・疑問文においては、一般動詞は原形**に戻ります。

(○) We didn't talk at all.（私たちは全く話さなかった。）　＊not ~ at all 全然~ない
(×) We didn't talk**ed** at all.
(○) Did it snow last night?（昨夜、雪が降りましたか？）
(×) Did it snow**ed** last night?

初心者の方が過去形を苦手とする原因は、現在形が完全に理解できていないことにあります！
現在形で勉強した内容をまずは完璧に頭に入れ、その上で過去の形を押さえることがポイントです。
現在形があやふやなままでは絶対に過去形はうまくいきませんよ。

> 過去形 ➡ 現在形とポイントは何も変わらない！

過去を示す語句

過去であることを示すために、よく用いられる語句には次のようなものがあります。

yesterday（昨日）/ **last** ...（前の…）/ ... **ago**（…前）/ **then**［**at that time**］（その時）　など

She ate this cake yesterday.（彼女は**昨日**このケーキを食べた。）　＊ate＜eat
They ran away then.（彼女たちは**その時**、逃げました。）　＊run away 逃げる　ran＜run
He went to the river exactly nine days ago.（彼はその川へちょうど**9日前**に行った。）　＊went＜go
I had dinner last night.（私は**昨晩**、夕食を食べた。）　＊had＜have
She cut her finger badly at that time.（彼女は**その時**、ひどく指を切りました。）　＊cut＜cut
I checked the official website this morning.（私は**今朝**、その公式ホームページをチェックした。）

Output Stage

Lesson09の復習問題

1 次の英文を、否定文と疑問文の形にしてみましょう。また主語は代名詞を使ってください。

(1) Naoya studies history.
否定文
疑問文

(2) Mika and Tom are baseball fans. ＊baseball fan 野球ファン
否定文
疑問文

(3) Sayaka has some pets in her room.
否定文
疑問文

2 次の英文の（ ）内の動詞を適切な形に変えましょう。
ただし、変える必要のないものはそのまま書いて下さい。

(1) My mom (be) not 50 years old. ＊- year(s) old …才の
(2) Does she (dry) dishes in the morning? ＊dish お皿
(3) You and I (be) in the same course.
(4) She (collect) your luggage. ＊luggage 荷物
(5) He doesn't (tell) any stories to me.

(1)　　　　　　　(2)　　　　　　　(3)
(4)　　　　　　　(5)

Lesson10の演習問題

1 次の英文を過去形に直しましょう。

(1) Your brother studies English in my room.

(2) Is this stick long or short?

(3) Does your teacher solve this hard homework? No, he doesn't.

(4) The messages aren't important at all.　　　　　　　　＊not ... at all 全く…ない

2 次の英文を（　　）内の指示に従って全文を書き直しましょう。

(1) Did he watch that show last night?（下線部を every day に変えて、現在形に）

(2) They didn't carry the box out of this room.（過去の肯定文に）　　　＊out of …から

(3) She uses this bed every day.（下線部を last night に変えて、過去の否定文に）

(4) He washes his shoes in the garden.（文末に yesterday を付けて、過去の疑問文に）

3 次の日本語を英語に直したとき、　　　　に当てはまるものを書きましょう。

(1) 君たちはそこにいたんですか？
　　　　　　　you there?
(2) 彼はその時彼女を見ませんでした。
　　He　　　　see　　　　　　　　.
(3) きのうの夜、雨が降りましたか？　　　　　　　　　　　　　　　　　＊rain 雨が降る
　　　　　　　it rain　　　　　night?

Evine's Words

見えないところで英語力は確実に養われています。
見えないから辛いことも多いのですが…。

Lesson11　冠詞と名詞

今日のポイント！

a man と **the man**。
a と the の違いしかありませんが、この2つの語句のmanのニュアンスは全く異なります。
1つの名詞のイメージをガラリと変えてしまう力を持つ冠詞の威力を今日は味わってください。

Input Stage

a / an / the / 無冠詞

冠詞の形は全部で3種類あります。形はとてもシンプルです。
a と an を不定冠詞、the を定冠詞、そして何も付けない場合を無冠詞と言います。
冠詞は英語学習者泣かせですよね……。つづりが短いので、「あってもなくても一緒やないかぁ～！」
と思われがちな存在ですが、これはとんでもない誤解です！

冠詞の機能

冠詞って一体何のためにあるのでしょう？
ズバリ、冠詞は名詞を色々なカテゴリーに分類するためにあるんです！
それでは早速、冠詞の機能をまとめましたので先にチェックしておきましょう。

冠詞の形	冠詞の機能	一緒になる名詞タイプ
a an	「不特定である」というイメージを名詞に持たせる。 ＊名詞が母音で始まる場合は an となる。	単数の可算名詞のみ
the	ある特定・限定のイメージを名詞に持たせる。	全ての名詞
無冠詞	抽象的で枠組みのないイメージを名詞に持たせる。	単数の可算名詞以外すべて

次の女の子2人の会話を見てください。

Tomoko: I met **a man** at the party last night. He was very good-looking.
　　　　（昨日の夜、パーティーで男の人に出会ったのよ。彼はとてもハンサムだったの。）
Yukari: Did you talk to **the man**?　　　　　　　　　　＊talk to …に話しかける

（その男の人に話しかけたの?）

Tomoko: Of course, I did. And we had a good time. 　　＊of course もちろん

（もちろん、話しかけたわよ。そして楽しい時間を過ごしたわ。）

ここでの下線部a manとthe manには、実はこんな違いがあるんです。

a man	**不特定の男性** ➡「**ある男性**」 話し手同士、あるいは一方に認識がない
the man	**特定の男性** ➡「**その男性**」 話し手同士に共通の認識がある。

最初にTomokoが男の人について話し始めた時点では、Yukariにとって男性のことは**全く新しい情報**です。そこでmanに**a**を付けることによって、「**今から新しいことを話しますよ。」と相手に伝える効果がある**んですね。

もし、これを逆にすると非常に不自然になります。Tomokoが話す男性に対する情報を全く持たないYukariにとって、唐突にtheがあることで「その男性」という表現は**とても不自然に聞こえる**んですね。「その男って、どの男? 何の話?!」と聞き手は感じてしまいます。

theは**お互いすでに認識のある名詞に対してのみ**正しく力を発揮することができるんです。

I bought an apple last Sunday.（先週の日曜日に、僕はリンゴを買った。） ➡ 不特定のリンゴ
The apple was so delicious.（そのリンゴはとてもおいしかった。） ➡ その時購入したリンゴ

> 新情報（不特定）の**a**と**an** / 共通情報（特定）の**the**

無冠詞

a［an］やtheのない状態を**無冠詞**と言いますが、無冠詞で使う名詞には次のようなものがあります。

抽象名詞	love（愛）、nature（自然）、information（情報）など
物質名詞	milk（ミルク）、water（水）、money（お金）など
固有名詞	Japan（日本）、Suzuki（鈴木さん）、Sunday（日曜日）など

これらの名詞は全て**不可算名詞（数えられない名詞）**であり、原則として**無冠詞**となります。
では、ここで無冠詞であるwater（水）に**無理やりaを付けて**a water にするとどうなるのでしょうか?

aがあることで、抽象的なイメージだった名詞に「ある…」と言える**具体性**が出てきます。具体性を伴うと（数えられるようになると）、waterは数えられる「**水彩画**」という意味になり、**a water**は「**ある水彩画**」となってしまうのです。面白いですよね〜。
冠詞1つで名詞の意味が変わってしまうほどの力を備えています。
だから、とりあえずポンポン適当に付けていればいい! ってもんじゃないんですね。

> 冠詞により名詞の持つイメージが変化

では、ここで問題! 次の英文は文法的に正しいでしょうか?

He has dog.（彼は犬を飼っています。）

このような英語を書く方は多いですが、これは間違いです。なぜ間違えてしまうのか？
日本語と同じ感覚だからです。「犬 = dog」と単純に教えられるから、そのまま使ってしまうわけです。英語の世界では、その名詞が数えられるのか？ 数えられないのか？ 数えられるのであれば、話題に初めて出てきたものか？ すでに話し手同士共通認識のあるものか？ ということを重要視します。上の「彼は犬を飼っています。」という文なら、「dog（犬）は数えられる。」「話題に初めて出る。」から、
He has a dog.
としなければなりません。
可算名詞（数えられて）で単数形（ひとつ）であれば、冠詞なしで使うことはできないんですね！

冠詞と名詞の関係

それでは実際に名詞 book を例に、冠詞によるニュアンスの違いをまとめてチェックしましょう！

例	訳	使い方	役割	注意点
a book	ある本	a＋可算名詞（単数形）	名詞を不特定なものにする	(×) a books
an old book	ある古本	an＋母音で始まる可算名詞（単数形）、an＋母音で始まる形容詞＋可算名詞（単数形）	名詞を不特定なものにする	(○) an apple (×) a apple
the book	その本	the ＋ 全ての名詞	名詞を特定的なものにする	(○) the money ＊不可算名詞 (○) the old book ＊形容詞＋可算名詞
books	本	可算名詞（複数形）	ある一般的な事柄を指す	I read books.（僕は読書をする。） ＊「どんな本か？」については言及されない
the books	それらの本	the＋可算名詞（複数形）	ある特定の1種類全てを指す	I read the books.（僕はそれらの本を読む。） ＊ある特定のジャンルの本

単数形、複数形、そして冠詞の有無で名詞の意味合いが変わってきますのでしっかりと意識しておきましょう。ちなみに、my book（私の本）や this book（この本）など、所有格の代名詞や指示代名詞が付いた名詞には冠詞は必要ありません！
(×) a my book　　(×) the this book
「なぜ冠詞を名詞に付けるのか？」を考えれば、このような表現はありえないとすぐ分かるはずです。所有格の代名詞や指示代名詞がつくことで、「ある特定のイメージ」がすでに出来上がってるからです。

では次に、ちょっと気を付けたい冠詞の使用例をチェックしておきます。

① **唯一のもの**（天体・川・海・山脈）や**楽器**、**序数**（…番目）にはtheをつける
the earth（地球）　the Shinano（信濃川）　the Indian Ocean（インド洋）　the Alps（アルプス山脈）
play the piano（ピアノを弾く）　the second Monday（第2月曜日）

② **国名、固有名詞、スポーツ、食事、教科**などは無冠詞
play hockey（ホッケーをする）　visit London（ロンドンを訪れる）　have lunch（昼食を食べる）

③ **決まった表現の中での無冠詞**
[ある目的のための名詞]
go to school（学校に行く）　go to bed（寝る）　go to church（礼拝に行く）
「学ぶ」「寝る」「祈る」といった目的に注目した場合は**無冠詞**となりますが、
建物・場所であることを意識すれば、場所の具体性が生じ、**冠詞が必要**になります。
I go to the bed.（僕はそのベッドに行く。）　I go to the church.（僕はその教会に行く。）

[交通手段]　by bus（バスで）　by train（電車で）　by air（飛行機で）　on foot（徒歩で）
[慣用表現]　in fact（実際に）　at last（ついに）　at noon（正午に）　at night（晩に）

④ **a / an の特別用法**
aとanには「**…につき、…ごとに**」という意味で**単位**を表す用法がありますので、覚えておきましょう。
We go shopping once a month.　（私たちは1ヶ月に1回買い物に出かけます。）

There is / are

英語では「…に〜がいます、あります」は次のように表現します。
There is / are ＋名詞

There is a bird in the tree.（木に鳥がいるよ。）
[否定文] **There** isn't a bird in the tree.（木には鳥はいません。）
[疑問文] Is **there** a bird in the tree?（木には鳥がいますか?）Yes, there is.（はい、います。）
[複数] **There** are birds in the tree.（木に鳥たちがいます。）
[過去形] **There** were birds in the tree.（木に鳥たちがいました。）

このthereは「そこに」という本来の意味はなく仮の主語のようなニュアンスで用いられています。
「**There is / are**」の文は、**不特定の存在のみを伝えようとする表現**なのでthe（その）やmy（私の）など名詞を限定して特定のイメージを持たせる語と一緒に使えません!
（×）There is your bag on the desk.
限定的な名詞の存在を示したい場合は、それ自体を主語にすればOKです。
（○）Your bag is on the desk.　（○）My cats are under the table.

Output Stage

Lesson 10の復習問題

1 次の日本語を英語に直したとき、＿＿に入る正しい英語を書きましょう。

(1) 彼は先週の日曜日、彼女に電話をしましたか？
＿＿＿＿ he ＿＿＿＿ her ＿＿＿＿ Sunday?

(2) 東京で昨日、雨は降りませんでした。
It ＿＿＿＿ ＿＿＿＿ in Tokyo ＿＿＿＿.

(3) 彼らは全く英語を話しません。
They ＿＿＿＿ ＿＿＿＿ English at all.

(4) １年前、私たちはロンドンにいました。
A year ＿＿＿＿, we ＿＿＿＿ in London.

(5) 彼女は彼に手紙を書きますか？
＿＿＿＿ she ＿＿＿＿ a letter ＿＿＿＿ him?

(6) 彼女はそのとき、彼のガールフレンドではありませんでした。
She ＿＿＿＿ ＿＿＿＿ girlfriend ＿＿＿＿ ＿＿＿＿ time.

2 次の英文には誤りが１つずつあります。訂正して全文を書きなおしましょう。
ただし、下線部は正しいものとします。

(1) You don't mix a salad <u>then</u>.　　　＊mix 混ぜる　＊salad サラダ
＿＿＿＿＿＿＿＿＿＿＿＿＿＿＿＿＿＿＿＿＿＿＿＿＿＿＿＿

(2) Were <u>your mother</u> in his house yesterday?
＿＿＿＿＿＿＿＿＿＿＿＿＿＿＿＿＿＿＿＿＿＿＿＿＿＿＿＿

(3) You and I play the guitar well <u>last week</u>.
＿＿＿＿＿＿＿＿＿＿＿＿＿＿＿＿＿＿＿＿＿＿＿＿＿＿＿＿

(4) <u>Did</u> he drove a car at last?　　　＊at last ついに
＿＿＿＿＿＿＿＿＿＿＿＿＿＿＿＿＿＿＿＿＿＿＿＿＿＿＿＿

Lesson11の演習問題

1 日本語に合うように、　　　に適切な冠詞を(ア)〜(エ)から選び記号で答えましょう。同じ記号を何度使ってもOKです。

(1) 僕はウサギを飼っていません。
　　I don't have 　　　 rabbit.
(2) 牛乳が欲しいなぁ。
　　I want 　　　 milk.
(3) その冗談はあまり良くはありません。
　　　　　 joke is not good.
(4) 僕は京都に住んでいます。
　　I live in 　　　 Kyoto.
(5) その男の子たちは、とても有名です。
　　　　　 boys are very famous.
(6) 私には意見が必要だ。
　　I need 　　　 opinion.

(ア) a　　(イ) an　　(ウ) the　　(エ) 無冠詞

2 次の( )内の語を自然な意味になるように正しく並び替えましょう。

(1) (is / old / this / an / machine / .)　　＊machine 機械

(2) (window / please / the / open / , / .)

3 ( )内の冠詞のうち、適切なものを○で囲みましょう。×は無冠詞を意味します。

(1) There was (a / an / the / ×) water in the glass.　　＊glass グラス、コップ
(2) He is (a / an / the / ×) my brother.
(3) Is there (a / an / the / ×) old tree in your garden?
(4) She doesn't play (a / an / the / ×) piano.
(5) We had (a / an / the / ×) dinner in his house.

Evine's Words

やった部分はできるようになりますし、
やらない部分はいつまでもそのままです。

Lesson 12　進行形

今日のポイント！
次の文を比較してみましょう。「本を読みます。」「本を読んでいます。」
同じ「現在」のことでも、習慣的なのか、今まさに何かをしているのか、という違いがあります。
今日は新しい時制の仕組みをマスターしましょう。

Input Stage

現在進行形

進行形は、読んで字の如く、**人間の動作や、物事が進行している状況を表現する**形です。「まさに今！」という臨場感を伝える表現です。まずは形をチェックしましょう！

> 現在進行形　→　**be動詞＋動詞のing形**

L.07で勉強したbe動詞がまた登場ですね。
be動詞の部分が**現在形**、つまりis/am/areなので**現在進行形**と呼び、訳し方は「**…をしています、…をしているところです。**」となります。

[普通の現在形]　She **speaks** English.（彼女は英語を話します。）
[現在進行形]　She **is speaking** English now.（彼女は**今**、英語**を話しています**。）

現在進行形と現在形との違い

以下の英文を比較して、ニュアンスの違いが分かりますか？

(a) Erika's father has breakfast at 7.　（エリカの父は7時に**朝食を食べる**。）
(b) Erika's father is having breakfast now.　（今、エリカの父は**朝食を食べています**。）

日本語を見比べてみましょう。
現在形（a）は、**単なる習慣**を述べているにすぎません。
一方、進行形（b）は、**実際に今起こっている物事の状況を説明する**のに使われているのが分かります。

(a) では「エリカの父は**日常習慣として**朝食を7時に食べる人」であるのに対し、
(b) は、「**今食べているだけであって普段は朝食をキッチリ食べる人かどうか、まで**は分からない」
こういったニュアンスの違いがあるんですね。もう1つ例を出しておきましょう。

He cares for elderly people.（彼はお年寄りを介護します。）　＊care for …を介護する
→ 介護が職業である可能性が高い。
He is caring for elderly people.（彼はお年寄りを介護しているところです。）
→ たまたまお手伝いをしている。あるいは短期間、介護をしている。

ing形の作り方

動詞のsの付け方にパターンがあったように進行形のing形の作り方もワンパターンではありません。これを覚えなければ進行形はマスターできませんので頑張りましょう！

一般動詞のing形パターン

	原形	ing形	変化ポイント
パターン1	play	playing	基本は動詞の原形にing形を付けるだけ
パターン2	use	using	語尾がeの動詞は**eを消して**ing
パターン3	sit	sitting	語尾が**1母音字＋1子音字**の動詞は最後の**子音を1つ増やして**ing
パターン4	lie	lying	語尾のie**をyに変えて**ing

パターン3は他にrun（running）/ get（getting）/ put（putting）/ hit（hitting）などがあります。パターン4の不規則変化に関しては、出てくる度に、1つ1つ頭に叩き込んでいきましょう。

現在進行形の否定文・疑問文

進行形の否定文・疑問文の作り方はL.09で学んだ**be動詞の否定・疑問の作り方と全く同じ**です。学んだ知識の積み重ねが大切であり、学んだことは後になって必ず生かされます！

[肯定文] He **is sweeping** the dust off the floor.（彼は床のゴミを掃いているところだ。）
[否定文] He **isn't sweeping** the dust off the floor.（彼は床のゴミを掃いているところではない。）
　　　　＊be動詞にnotを付けるだけ。
[疑問文] **Is** he **sweeping** the dust off the floor?（彼は床のゴミを掃いているところですか？）
　　　　＊be動詞を文頭に移動するだけ。
[応答文] Yes, **he is**.（はい、そうです。）/ No, **he isn't**.（いいえ、違います。）
　　　　＊be動詞の疑問文に対する答え方と全く同じ。

OKですか？ 文法上は全て**be動詞の英文として考えるだけ**です。でも1つだけ注意してください。否定文・疑問文であっても、**動詞のingは絶対に取れません！**

> 進行形 → 疑問文でも否定文でも常に**ing**形

過去進行形

現在進行形を押さえてしまえば簡単です。**過去進行形はただbe動詞を過去形にすればOK！**
これも過去形で覚えた形をそのまま使えばいいだけですね。

was［were］＋動詞のing形で、「…をしていました、…をしていたところでした。」という意味になります。

> 過去進行形 → be動詞の過去形＋動詞の**ing**形

［現在進行形］ She **is** sell**ing** caps.（彼女は帽子を売っ**ています**。）
［過去進行形］ She **was** sell**ing** caps.（彼女は帽子を売っ**ていました**。）

同じ進行形でも、現在と過去とでは当然伝えたい内容は異なるわけですね。現在進行形は、今の時点で、何かが起こっている、起こりつつある状況であるのに対して、過去進行形では、過去のある時点で起こっていた状況を伝えます。

> 現在進行形 → 今、起こっている状況
> 過去進行形 → 過去のある時点で起こっていた状況

過去進行形の疑問文・否定文

過去進行形の疑問文・否定文も、be動詞がwas / wereとなるだけで現在進行形と全く同じ要領です。

［肯定文］Yui **was** tak**ing** a nap.（ユイは昼寝をしていました。） ＊take a nap 昼寝をする
［否定文］Yui **wasn't** tak**ing** a nap.（ユイは昼寝を**していたのではありません**。）
［疑問文］**Was** Yui taking a nap**?**（ユイは昼寝を**していたのですか**。）
［応答文］Yes, she was.（はい、していました。）/ No, she wasn't.（いいえ、していませんでした。）

Were they studying?（彼らは勉強していましたか？）
I don't think so. They were chatting all the time.（そうは思わないなぁ。ずっとおしゃべりしてたよ。） ＊all the time（その間）ずっと

ing形にしない動詞

全ての動詞が進行形にできるとは限りません。以下のような動詞タイプは進行形になりません。

① **心理**を表す動詞

like / love / want / know / understand など

（×）I'm wanting a new car.
（○）I want a new car.（僕は新しい車が欲しい。）

② **状態**を表す動詞

be動詞 / have など

（×）He is being an astronaut.
（○）He is an astronaut.（彼は宇宙飛行士です。）

（×）I'm having a plastic bag.
（○）I have a plastic bag.（私はビニール袋を**持って**います。）　＊この意味で進行形はNG

ただし、haveが**eatの意味で使われる場合**は進行形にできます。
（○）I'm having curry and rice for supper.（私は夕食にカレーライスを**食べている**ところです。）

③ **知覚・感覚**を表す動詞

see / hear / feel など

（×）I'm feeling cold.
（○）I feel cold.（僕は寒気がする。）　＊feel cold 寒気がする　寒い

上の①〜③のような動詞は**状態動詞**と呼ばれます。
実際に動いて具体的な何かに働きかけている動詞ではないことは何となく分かっていただけると思います。このような、心理・状態・知覚・感覚を表す状態動詞は、「**ある状況が、時間通りに前に向かって進んでいる**」ことを示しており、わざわざ**進行形にする必要がない**のです。
それに対してstudy（勉強をする）やgo（行く）など、**1回1回動作が完了する動詞は動作動詞**と呼ばれ、**この動作動詞のみ**進行形にすることが可能というわけです。

Output Stage

Lesson11の復習問題

1 次の日本語に合う英文は(a)(b)のどちらが適切でしょうか？記号を書きましょう。

(1) 男の人って子供のように見えるよね。
(a) The man looks like a child.　(b) A man looks like a child.　　＊look like …のように見える

(2) 犬は私たちの友達だ。
(a) Dogs are our friends.　(b) The dogs are our friends.

2 次の英文中の　　　にa / an / the のうちいずれか正しいものを書きましょう。
ただし、何も必要がなければ×を書いて下さい。

(1) I have 　　　 car. 　　　 car is really nice.
(2) Her 　　　 friend teaches me English words.
(3) 　　　 hour has 3,600 seconds.　　　＊second（単位・時間）秒
(4) You see 　　　 moon at night.
(5) That 　　　 mountain looks great in November.
(6) Don't close 　　　 door, please.

3 次の名詞の中で<u>不可算名詞</u>であるもの全てに○をしましょう。全部で6つあります。

minute　rain　husband　money　food　tennis　people　Australia　milk

4 次の(　)内の語を自然な意味になるように正しく並び替え、全文を書きましょう。

(1) They (hours / study / Japanese / a / four) day.

(2) (also / the / rises / sun /.)　　　＊rise 昇る

Lesson 12の演習問題

1 次の英文を現在進行形または過去進行形にそれぞれ直しましょう。

(1) Some countries produce new stars.
現在進行形

(2) Does he collect maps and stamps?
過去進行形

(3) Her father doesn't hunt birds in the forest.
過去進行形

(4) The professionals think about an international society.　　＊professional 専門家、プロ
現在進行形

2 次の( )内の語を自然な意味になるように正しく並び替えましょう。

(1) (in / are / the / they / swimming / pool /.)

(2) (her / night / sister / was / last / crying /.)

(3) (is / the / not / smoking / man /.)

3 次の動詞のing形を書きましょう。

(1) enjoy　(2) get　(3) run　(4) have　(5) study

(1)　　　　　　　　　(2)　　　　　　　　　(3)

(4)　　　　　　　　　(5)

Evine's Words

「できない！」は最初から
自分で決めるものではありません。

Communication Stage 2

ここまで学んできたことを使って、Mr. Bryanとの会話にチャレンジ！
Hint! の中の単語を並び替えて、会話表現を作ろう。

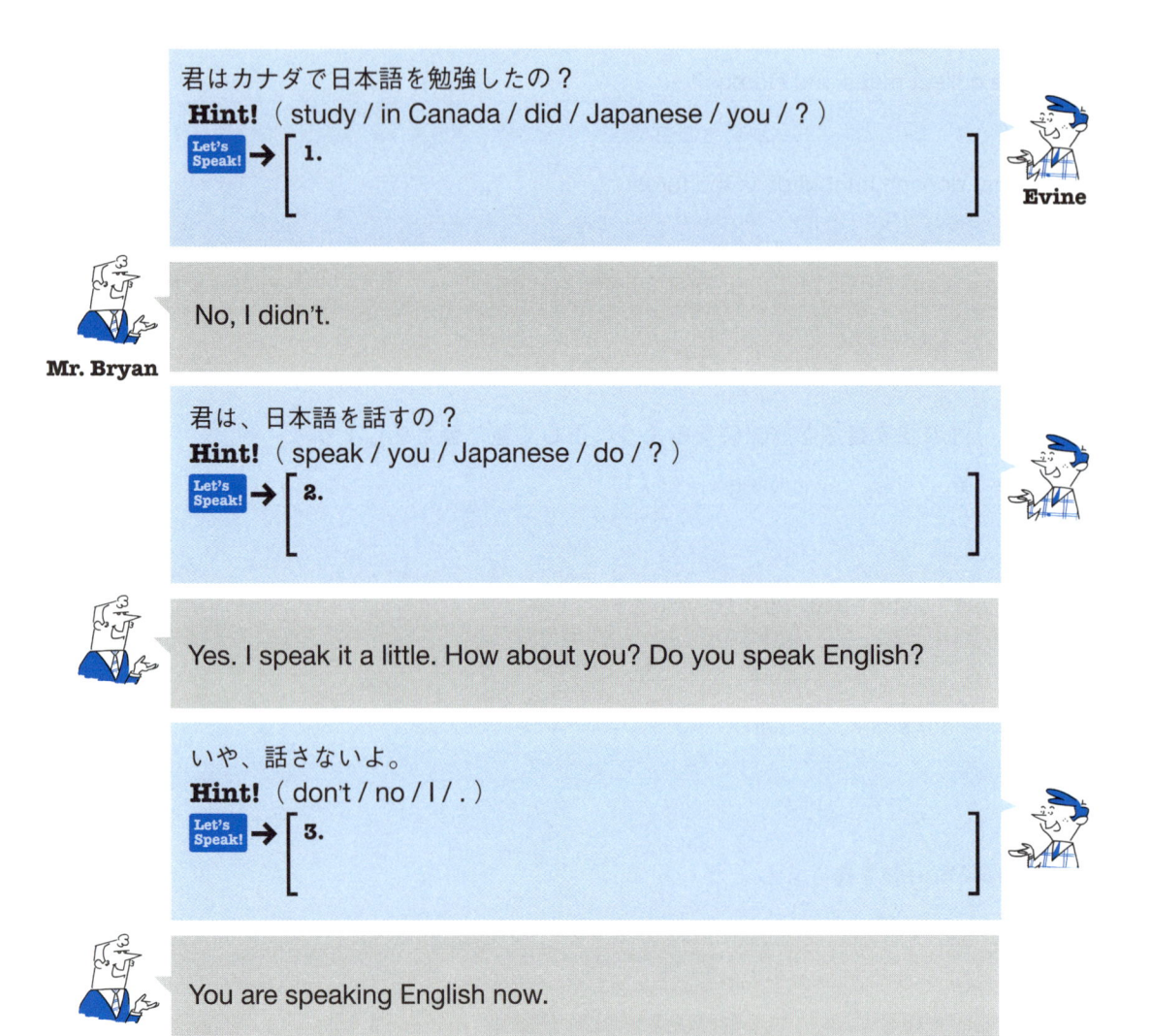

Evine: 君はカナダで日本語を勉強したの？
Hint! (study / in Canada / did / Japanese / you / ?)
Let's Speak! → 1.

Mr. Bryan: No, I didn't.

Evine: 君は、日本語を話すの？
Hint! (speak / you / Japanese / do / ?)
Let's Speak! → 2.

Mr. Bryan: Yes. I speak it a little. How about you? Do you speak English?

Evine: いや、話さないよ。
Hint! (don't / no / I / .)
Let's Speak! → 3.

Mr. Bryan: You are speaking English now.

Evine's Column

どうでしょうか？前回よりもずいぶんとコミュニケーションらしくなってきましたね。基本文型から疑問文や否定文を作ることができるようになった皆さんは、相手に基本的な質問や意志表示をするテクニックを身に付けました。もう "Yes." "No." だけで終わる超初心者レベルは卒業しました！
これからレッスンは中盤に入っていきます。よりストレスのないコミュニケーションを楽しむための表現力をどんどん身に付けていきましょう！

3

中学1・2年レベル

Lesson13	
未来の表現	p.96-
Lesson14	
助動詞	p.104-
Lesson15	
疑問詞を使った疑問文	p.112-
Lesson16	
前置詞と名詞	p.120-
Communication Stage3	
	p.128

Lesson 13 未来の表現

今日のポイント！
次の英文の違いは何でしょうか？ (a) **Mike will meet her.** (b) **Mike is going to meet her.**
これは単なる言い換え表現でしょうか？
未来と言えばwill = be going toと覚えた方はこのレッスンで意識革命が起こります！

Input Stage

be going toで未来を表現

現在、そして過去を学んであとは何が残っているか…、未来ですね。「動詞の現在形」「動詞の過去形」のように「動詞の未来形」という語形変化は実は存在しません。いくつかの単語を組み合わせて未来を表現するんです。早速チェックしてみましょう。

> 未来の表現「…するつもり」→ **be動詞＋going to＋動詞の原形**

これまたどっかで見たような形の登場です。そう、「進行形」と同じく、今回もまたbe動詞を使うんですね。
「**be動詞＋going to＋動詞の原形**」で、**これから行動しようとする主語の意志や、身近な予定や計画**を表現することができます。

よく見ると、進行形で学んだing形があるのが分かりますね（going）。このing形に**状況・物事が現実になろうと変化している**ニュアンスがこめられています。予定や計画実行に向けて準備OKという感じです！

[現在形] He borrows a little money.（彼は少しのお金を借ります。）
[未来の表現] He **is going to** borrow a little money.（彼は少しのお金を借りるつもりです。）

toの後ろは動詞の原形ですよ。きちんと押さえておきましょう。

be going toの否定文・疑問文

be動詞を使っていますので、やはりL.09で学んだ**be動詞の否定文や疑問文の形が未来の表現にもそのまま応用**されます。積み重ねが大事ですよね。

[肯定文] Yuko **is going to** move.（ユウコは引越すつもりです。）
[否定文] Yuko **isn't going to** move.（ユウコは引越すつもりではありません。）
[疑問文] **Is** Yuko **going** to move**?**（ユウコは引越すつもりですか？）
[応答文] Yes, **she is.**（はい、そうです。）/ No, **she isn't**.（いいえ、そうではありません。）
goingは否定文・疑問文になってもそのままing形になっていることに注意してください。

もうbe動詞の否定、疑問は余裕でしょう？

willで未来を表現

さあ「未来と言えば…」で皆さんがピーンっと来る形に入っていきます！
そうです、**will**です！
これはbe going toの言い換え表現として中学校で頭に叩き込まれた経験がある人も多いでしょう。
willを使った未来の表現は**単純未来**と呼ばれ、**「will＋動詞の原形」**で**未来の予定や計画**を表現することができます。

[現在形] The bird **escapes** from a cage.（その鳥は檻から逃げる。）
[未来の表現] The bird **will escape** from a cage.（その鳥は檻から逃げるだろう。）

> 単純未来「…するだろう」→ **will**＋動詞の原形

willの否定文・疑問文

さて、willの未来表現の否定文や疑問文をチェックしましょう。簡単です。
be動詞とパターンは全く同じです。つまり、**否定文は後ろにnot**を、**疑問文はwill自体を文頭に移動**するだけです。

[肯定文] Masashi **will** marry her.（マサシは彼女と結婚するだろう。）
[否定文] Masashi **will not** marry her.（マサシは彼女と結婚しないだろう。）
[疑問文] **Will** Masashi marry her**?**（マサシは彼女と結婚するだろうか？）
[応答文] Yes, **he will**.（はい、するだろう。）/ No, **he won't**.（いえ、しないだろう。）
[否定の短縮形] will not ＝ **won't**

be going toとwillの違い

よく学校では be going to ＝ will と学びます。すでにその感覚が定着している人は多いですね。でも、実はこの２つ、**全く同じ感覚で使うことはできません**。次の英文を比較してみましょう。

(a) We **are going to** live in New Zealand next year.
(b) We **will** live in New Zealand some day.

(a) ではニュージーランド滞在計画がすでに決まっているニュアンスが表現されています。
→「私たちは来年、ニュージーランドに住むつもりだ。（もう決まってる）」

一方、(b) は「…するだろう」と少しかたい響きで、先の事柄を述べたものです。
→「私たちはいつかニュージーランドに住むだろう。」

では、両者の違いを表にまとめてみましょう。

表現	訳	役割
be going to	…するつもり	すでに準備された近い予定・計画
will	…するだろう	単純に、未来のことを述べる

> be going to → 前から決まっていること

また、willと比較して、be going toのほうが**未来の計画・予定の確実性が高い**と言えます。be going toの「-ing」の影響で、**すでに準備が完了し、計画が現実に向かっているニュアンス**があるからです。

I'm going to attend the meeting tomorrow.（僕は明日、その会議に出席する**つもりだ**。）
→ 以前から決めている予定を述べている。
I will attend the meeting tomorrow.（僕は明日、その会議に出席する**だろう**。）
→ 先のスケジュールを述べている。

また、be going toは状況に基づく**予測**を表現することもできます。
It's going to rain tonight.（今夜は雨だ。）
→ 次第に崩れゆく空模様を見ているのか、根拠を持っているのが伝わってくる。
It will rain tomorrow.（明日は雨**だろう**。）
→ お天気ニュースから入手した情報などを単に述べているような感じ。

では、ここで「今日のポイント！」で挙げた2つの英文を比較しておきましょう。
この2つの英文のうち、より「出会うことが確実である」のはどちらでしょうか？
(a) Mike will meet her.　　(b) Mike is going to meet her.

正解は（b）です。
予定の実現性の高さはbe going toのほうが上になります。
もちろんこれに文脈（話の流れ）が加わればニュアンスは変わってくるでしょうし、話し手の感覚によって多少変わることもありますが、今日勉強した基本的なニュアンスの違いを最低限押さえておき、あとはいろいろな英文に触れたり、ネイティブと交流したりする中で、未来の表現の感覚を盗んでいけばいいと思います！
Mike **will** meet her **some day**.（マイクは**いつか**彼女に出会うだろう。）
Mike **is going to** meet her **this weekend**.（マイクは**今週末**彼女に会うつもりです。）

未来を表す語句

では未来を表現する英文と一緒に使われるものをいくつか挙げておきましょう。

tomorrow（明日）
next ...（次の「曜日」「週」「月」「年」など）
this ...（この「曜日」「週」「月」「年」など）
some day（いつか）
in the future（将来に）　など

I will be there **tomorrow**.（明日、そこにいるだろう。）
Are you going to play golf **next week**?（来週、あなたはゴルフをするつもりですか？）
I'm not going to meet her **this Sunday**.（僕はこの日曜日、彼女に会うつもりはない。）
Their business will fail **some day**.（彼らのビジネスはいつか失敗するだろう。）
He will be a famous actor **in the future**.（彼は将来、有名な俳優になるだろう。）

willは動詞を助ける？！

英語は動詞が文のコア（核）となり、時の流れを表すために、動詞そのものがさまざまな形に変化しました。
しかし、最初に述べたように、動詞には現在形や過去形はあっても未来形は存在しません。

[現在形]　　He play**s** tennis every day.（彼は毎日テニスをします。）
[過去形]　　He play**ed** tennis every day.（彼は毎日テニスをしました。）
[未来の表現]　He will _{変化なし} <u>play</u> tennis tomorrow.（彼は明日テニスをするだろう。）

動詞以外の他の要素によって未来の意味を表現するしかないわけですね。

実は、今回勉強したwillは動詞に未来のニュアンスを補う働きをする単語で、**助動詞**と呼ばれます。**本来の動詞の意味に、もう少し細かい情報を付け加えるお手伝いをする**ので、**動詞を助ける**と書いて、**助動詞**です。

動詞は現在と過去を自分1人で表現できても、未来を表現するにはどうしても助動詞の力が必要なんですね。
単純なネーミングですが、この**助動詞**という言葉を忘れないでくださいね。

will以外にも重要な助動詞がありますので、次のレッスンで詳しくチェックしていきます！

Output Stage

Lesson 12の復習問題

1 次の英文の時制（現在か過去か）を考え、現在進行形または過去進行形に変えましょう。

(1) Bob doesn't watch a movie.

(2) Did this fax machine work last night?

(3) They didn't dance then.

(4) Does your sister worry about her son?

2 次の日本語に合うように　　　に正しい英語を書きましょう。

(1) 彼は英語を勉強していました。
He _____ _____ English.

(2) 私は京都に住んでいます。
I _____ _____ Kyoto.

(3) 彼らは僕を知っていますか？
_____ they _____ about me?

(4) 彼女はテレビを観ていません。
She _____ _____ TV.

3 次の英文には誤りがあります。訂正して全文を書き直しましょう。

(1) Are you understanding me, Satoshi?

(2) Your father weren't working yesterday.

(3) Is Hiroko cook fish in the kitchen now?

Lesson 13の演習問題

1 次の英語を（ ）内の語数で未来の表現に変えましょう。

(1) His cousin doesn't build a house. (8語)　　＊cousin いとこ

(2) She offers some advice. (5語)　　＊offer …を提案する

2 次の英語をbe going toを使って書き直しましょう。

(1) Will you go to Europe?

(2) The popular writer won't write a new essay.　　＊writer 作家

3 次の英語をwillを使って書き直しましょう。

(1) Helen is going to talk to you next time.

(2) Are they going to invite the teacher at the end of February?　　＊at the end of …の終わりに

4 次の英文(a)(b)のうち、[ ]内のニュアンスを参考に、日本語に合うほうを選び、記号で答えましょう。

(1) [状況予測] 今夜は雨が降る。
(a) It will rain tonight.　　(b) It's going to rain tonight.

(2) [単純未来] 私は明日、家にいないだろう。
(a) I'm not going to be home tomorrow.　　(b) I won't be home tomorrow.

(3) [以前からの予定] 僕は明日レポートを提出するつもりだ。
(a) I'm going to hand in a report tomorrow.　　(b) I will hand in a report tomorrow.

＊hand in …を提出する

(4) [かたい響きで] 彼女は学校の先生にならないだろう。
(a) She isn't going to be a teacher at school.　　(b) She won't be a teacher at school.

Evine's Words

自分の努力が無駄であるかどうかは、
とことん最後まで貫き通すまで分かりません。

Lesson 14　助動詞

今日のポイント！
read だけでは「読める」「読んでいい」「読むべきだ」…など、色んなニュアンスや状況には対応できていません。今日は動詞をサポートして、色々な意味付けをしてくれる便利な単語をマスターし、皆さんの表現力を高めていきましょう！

Input Stage

動詞をサポートする助動詞

助動詞については、前回 will ですでに触れましたね。動詞そのものが持つ**本来の意味に味付けをする役目**をしてくれるのが**助動詞**でしたね。**動詞の直前で、いろいろとサポート**してくるありがたい存在です。

例えば、live の直前に will を置けば、live が持つ本来の「**住む**」という意味に**未来のニュアンスが追加**され「**住む予定です**」という表現になるわけです。

I **will live** in Sydney.（私はシドニーに住む予定です。）

> 助動詞＋動詞の原形 → 動詞の意味に味付けする

will 以外にも助動詞はたくさん種類がありますが、本書で取りあげる**必須助動詞**は全部で5つ！

will	「…するよ」、「…するつもりはない」（否定文）
can	「…することができる」
must	「…しなければならない」、「…してはいけない」（否定文）
may	「…かもしれない」「…してもよい」
should	「…するべきだ」

これを多いと取るか、少ないと取るか…頑張りどころでしょう！
再び will を紹介しますが、ここでは前回と違う意味を勉強します。
上に挙げた助動詞は、形や意味は異なるものの、否定文や疑問文などのパターンは共通！
全て be 動詞と同じ！　つまり、will と全く同じですので、あとは地道に意味を頭に叩き込むだけですね。

助動詞の種類いろいろ

それでは、それぞれの助動詞を、会話表現も織り交ぜつつ、詳しくチェックしていきましょう！
過去形や否定形なども頭に叩き込んでください！

1. will

意味	突発的な**意志・判断**「…するよ」、（否定文で）**拒絶**「…するつもりはない」
否定形	**won't** [**will not**]
過去形	**would**（否定形過去 wouldn't [would not]）

形は一緒ですが、willのこの用法は前回の**単純未来の用法**とは別として押さえたほうが混同しません。
実は、willには名詞で「**意志**」という意味があります。そう考えるとこの用法も納得できますよね。
＊Where there is a will, there is a way.「"意志" あるところに、道はある。」
また、willは「主語＋'ll」の形で短縮することができます。
[主語との短縮形] I will ➔ **I'll**　You will ➔ **You'll**　He will ➔ **He'll** …など。

[判断]
I'll cheer her up right now.（今すぐ、僕が彼女を**元気づけてくるよ**。）　　＊cheer ... up（人）を元気づける
＊その場で思い立った判断や意志を表す

[意志]
Have a nice weekend!（良い週末を過ごしてね！）　Thanks, **I will**.（ありがとう、**そうします**。）
I'll do my best.（ベストを尽くします！）　　　　　　　　　　　　＊do one's best ベストを尽くす
＊どちらも自分のポジティブな意志・気持ちを表す。

[拒絶]
My dog **won't** eat carrots and pumpkins.（僕の犬はニンジンとカボチャを食べようと**しません**。）
＊否定文では、強い拒絶や頑固な意志を表す

ではwillや過去形であるwouldを用いた会話表現をここでチェックしておきましょう。

Will you explain the problem**?**　　　Sure. ／ No, I can't.
（その問題を説明**してくれませんか？**）　　（もちろん。／いいえ、できません。）
＊相手にお願いをする表現です、文末にpleaseを付けるとより丁寧な言い方になります。

Would you like some tea or coffee**?**　　Yes, please. ／ No, thank you.
（お茶かコーヒーは**いかがですか？**）　　　（はい、お願いします。／いいえ、けっこうです。）
＊とても丁寧に相手に何かを勧める表現です。過去の意味はありません。

would likeは何かを丁寧にお願いするときに使います。
I'd like to speak to Mr.Williams about our schedule.　　　　＊speak to …と（電話で）話をする
（ウィリアムズ氏と我々のスケジュールについて話をさせていただきたいのですが…。）

2. can

意味	可能「…することができる」、許可「…してもよい」、推量「…することがあり得る」
否定形	can't [cannot]
過去形	could（否定形過去 couldn't [could not]）

[可能]　He can pay enough money.（彼は十分なお金を**支払うことができる**。）
　　　　I can't lend you money.（僕はあなたにお金を**貸すことはできません**。）

「…することができる」　これは中学レベルでかなり親しみのあるcanの用法ですが、文脈によっては、**身体能力的にできるかできないか**、という意味になることもあるので、軽いノリでCan you … ?と言うよりもDo you … ?のほうが自然な場合もあることを予備知識として押さえておきましょう。

ちなみに「…できる」のcanは「**be able to ＋動詞の原形**」でほぼ同じ意味として言い換えることが可能！　⇔　He is able to pay enough money.

[許可]　Can I make an appointment?（予約してもいいですか？）Of course!（もちろん！）
　　　　　　　　　　　　　　　　　　　　　　　　　　　　＊make an appointment 予約する

Can I … ? は口語表現でよく使われ、覚えておけばとても重宝します。

[推量]　The story can be true.（その話は真実で**ありうる**。）
can be … という形でよく登場しますが、**可能性**を表す表現として押さえておきましょう。

3. must

意味	義務「…しなければならない」、推測「…にちがいない」、否定文で「…してはいけない」
否定形	mustn't [must not]
過去形	なし

[義務]　You must try a new model.（君は新しいモデルを**試さなければならない**。）
[推測]　He must be there.（彼はそこにいる**に違いない**。）

can'tが**強い否定**の推測を表し、推測の意味で使われるmustの**反対語**として使われることがあります。
He can't be there.（彼がそこにいる**はずがない**。）

[否定文で禁止]　You must not shoot birds here.（君はここで鳥を撃っ**てはいけません**。）
この英文はDon'tを用いて言い換えることが可能です。
　⇔　Don't shoot birds here.（ここで鳥を撃つな。）＊禁止の命令文

mustの言い換え表現として絶対押さえておきたいものがhave [has] toです。
日常会話では圧倒的に、have [has] toを使うことのほうが多いので、ここでマスターしておきましょう。

He **must** agree to this offer.　↔　He **has to** agree to this offer.
（彼はこのオファーに同意しなければならない。）

＊agree to …に同意する

また must には**過去形はなく**、**代わりに have [has] to を had to にして**使います。

He **had to** agree to this offer.（彼はこのオファーに同意しなければならなかった。）
（×）He musted agree ... .
さらに、have [has] to の使い方として注意すべきポイントは、
疑問文・否定文を作るときは、一般動詞のように考えることです！（[参] L.09）

[肯定文]　You **have to** go alone.（君は1人で行かなければなりません。）
[疑問文]　**Do** you **have to** go alone**?**（君は1人で行かなければならないのですか？）
[応答文]　Yes, I **do**.（はい、そうです。）/ No, I **don't**.（いいえ、違います。）

もう1つ覚えておくべきポイントがあります。
must を否定にすると**禁止の意味**になりましたが、have to の否定は違う意味になります。
比較して覚えましょう！

You **don't have to** go alone.（君は1人で行く**必要はありません**。）
You **must not** go alone.（君は1人で行っては**いけません**。）

OK ですか？　don't [doesn't] have to は「…する必要はない」となります。

4. may

意味	推測「…かもしれない」、許可「…してもよい」
否定形	**may not**
過去形	**might**（否定形過去 **might not**）

may はわりと can に近い感じです。かなり使用頻度の高い単語ですのでしっかり使えるようにしましょう。

[推測]　She **may** be wrong.（彼女は間違って**いるかもしれない**。）
[許可]　**May** I send an email to you**?**（君にEメールを送って**いいですか？**）
　　　　No, you can't.（いいえ、だめです。）

返答は、**No, you may not.** でも OK です。may を用いた方が丁寧な印象になりますので、覚えておきましょう。
質問の方を **Can I** send an email to you? にしても差し支えありません。

5. should

意味	義務「…するべきである」
否定形	shouldn't [should not]
過去形	なし（should自体がshallの過去形）

shouldぐらいから、忘れちゃってる人がチラホラ出てきます。ここはしっかりチェックしておきましょう。

[義務]　You should believe your partner.（君はパートナーを信じるべきだ。）
　　　　You shouldn't see it as a serious problem.　　＊see ... as ~ …を~と見る、考える
　　　（君はそれを深刻な問題と見るべきではない。）

実は元々、shouldはshallという助動詞の過去形なのですが、「…するべきである」という意味の独立した助動詞として**現在の意味を表すときにもこの形**が使われます。
では、元から過去形であるshouldで「**…するべきだったのに**」という**過去の内容**を表すにはどうすればいいのか？
その場合は、このあと勉強することになる**現在完了形**（[参] L.24）という形をshouldの後ろに持ってきます。

You should 現在完了形 have believed your partner.（君はパートナーを信じるべきだったのに。）
＊この用法は初心者レベルを超えていますので軽く読み流しておいても今は問題ありません。

さて、shouldの原形であるshallの提案・勧誘表現がありますので、チェックしておきましょう！

Shall I bring your tea?　　　　　Yes, please. ／ No, thank you.
（お茶をお持ち**しましょうか?**）　　（はい、お願いします。／いいえ、けっこうです。）
＊相手に何かしてあげようと親切に申し出る表現です。Will you ~?の反意表現として押さえておきましょう。

Shall we go shopping?　　　　　Yes, let's. ／ No, let's not.
（買い物に行き**ましょうか?**）　　（はい、行きましょう。／いいえ、やめておきましょう。）

Iをweに変えると「**一緒に**」という気持ちを追加することができます。
またShall we … ?はLet'sで言い換えることができます。

Let's go shopping together.（一緒に買い物に行こう。）　　＊Shall we ...? とほぼ同じ意味
Let's take a break.（休憩しましょう。）　　　　　　　　　＊take a break 休息する

Output Stage

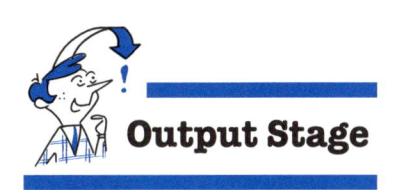

Lesson 13の復習問題

1 次の日本語に合うように ____ に正しい英語を書きましょう。

(1) 彼は7月に新しいスポーツを始めるつもりはない。
He _____ _____ _____ _____ a new sport in July.

(2) 明日、雪は降らないだろう。
_____ _____ snow _____.

(3) 来年、彼女は20歳になります。
She _____ _____ 20 years old _____ _____.

(4) 今夜、あなたは出かけるつもりですか？　　　＊go out 外出する
_____ you _____ go out _____ ?

2 次の( )内の語(句)を自然な意味になるように正しく並び替えましょう。
ただし、**不要なもの**が1語混じっていますので注意しましょう。

(1) (a school / next / to / will / year / graduate from / you / ?)　　＊graduate from …を卒業する
_____

(2) (this jacket / going / tomorrow / are / will / wear / you / to / ?)
_____

3 次の日本語を( )内の語数(短縮形は1語とします)になるように英語に直しましょう。
ただし、ピリオドなどは1語に数えません。

(1) 彼は家を買わないだろう。 (5語)
_____

(2) 私は映画を見るつもりだ。(6語)
_____

Lesson 14の演習問題

1 次の日本語に合うように_____に適切な助動詞を書きましょう。ただし、一度使ったものは使えません。

(1) 彼は早く起きるべきだ。　　　　　　　　　　　　　　　　　　　　＊get up 起きる
He _____ get up early.

(2) 僕は4時頃に帰宅しなければならない。　　　　　　　　　　　　　　＊get home 帰宅する
I _____ get home at about 4 o'clock.

(3) ここで昼食を食べることができますよ。
You _____ have lunch here.

(4) 私が彼女にEメールを送ります。
I _____ send an email to her.

(5) 彼女は幸せでないかもしれない。
She _____ not be happy.

2 次の英文を（　）内の指示に従って全文を書き直してみましょう。

(1) Must he do this job on Thursday?（過去の疑問文に）
_____

(2) She can raise her children.（willを使った文に）
_____

(3) Tom has to express his feelings.（否定文に）
_____

(4) My brother catches a taxi on his way to the station.（「…するべきだ」の意味に）
　　　　　　　　　　　　　　　　　　　　　　　　　　　＊on one's way to …へ行く途中で
_____

(5) I want to have dinner with you.（丁寧な表現に）
_____

3 次の会話表現を説明する語句の組み合わせとして適切なものを1つ選びましょう。

[Can I ～ ?] - [Will you ～ ?] - [Shall I ～ ?] - [Shall we ～ ?]

(ア) 申し出・依頼・許可・提案
(イ) 許可・提案・申し出・依頼
(ウ) 許可・依頼・申し出・提案
(エ) 申し出・提案・許可・依頼

Lesson14 助動詞

Evine's Words

予習よりも復習です。
前に進む力が出ないときは復習に力を注ぎましょう。

Lesson 15 疑問詞を使った疑問文

月　日　1□ 2□

今日のポイント！
何を質問したらいいのか分からない、どう質問したらいいのか分からない…。
質問下手な方は必読です。今日はとっても便利な質問のテクニックをマスターしましょう！

Input Stage

疑問詞を使った疑問文

これまでの疑問文では自分が知りたい**具体的な内容**までは尋ねることができませんでした。
例えば、Do you like fruit?（あなたはフルーツが好きですか？）という疑問文では、「好きか？嫌いか？」は分かっても、相手の好きなフルーツの種類まで具体的に知ることはできません。

そこで便利なのが疑問詞！今日は**色々な内容を具体的に相手に質問する**ために必要な疑問詞をマスターし、より豊かなコミュニケーション力を身に付けていただきます。
では早速、実際の英文を使ってポイントをチェックしていきましょう。

[普通の疑問文] Do you like fruit?（あなたは**フルーツ**が好きですか？）　　＊fruit フルーツ

これから更に下線部のfruitを尋ねる疑問文にしたいと思います。
「何」という意味の疑問詞whatを使って、「何が好きなのか？」を尋ねてみましょう！

好きなものが何なのかわからないのでXとします。　→　Do you like X ?
このXの部分の代わりになるのが疑問詞whatです。そのまま入れてみましょう。

　→　Do you like what?　　このままではちょっとマズイ！
「**疑問詞は文頭に！**」という**ルール**があるんです！

「疑問詞＋普通の疑問文」の語順

そこで、whatを文頭に移動してあげましょう。
What do you like?（あなたは**何**が好きですか？）

112

これで疑問詞を用いた疑問文の完成！
下線部のfruitの部分がwhatという疑問詞に変わり、それがそのまま文頭に移動して疑問詞を使った疑問文ができあがるんですね。

尋ねたい内容が疑問詞に変化

| What | do | you | like | fruit | ? |

疑問詞の機能あれこれ

先に挙げた、whatのように名詞を尋ねる機能以外にも、疑問詞にはいろいろな機能があります。
疑問詞の種類より先に、まずは「疑問詞を使ってどんなことが質問できるのか？」を見ていきましょう！
＊意味などの詳しい用法はこのあとでチェックします。

① 名詞を尋ねる　➡　代名詞の疑問詞（疑問代名詞）　who / what / which / whose

先に挙げた例文ではlikeの目的語である名詞fruitが疑問詞に変わって
What do you like?となりましたね。
これを文法的に解釈すれば、疑問詞whatはfruitという**名詞の代わり**ですから、**代名詞の役割**を果たしていることになります。

ところで、名詞は主語にもなりますよね。主語を尋ねたい場合は、
名詞（主語） **Mike is shouting in the hall.** （**マイク**が大広間で叫んでいます。）
➡　「Mike」の部分を尋ねたい！
➡　疑問代名詞 **Who is shouting in the hall?** （**誰が**大広間で叫んでいるんですか？）
＊名詞Mikeの代わりに代名詞の疑問詞Who

のようになります。こういう場合、文頭の名詞が疑問詞に変わるわけですから、先ほどの「疑問詞は文頭に！」のルールにあてはめるまでもないですね。

② 副詞を尋ねる　➡　副詞の疑問詞（疑問副詞）　where / when / how

場所、時、程度や手段などを聞きたい場合、修飾語（副詞）が疑問詞に変化します。

Helen lives 副詞 **in Kyoto.** （ヘレンは京都に住んでいます。）
➡　「Kyoto」の部分を尋ねたい！
➡　Does Helen live 疑問副詞 **where**?　➡　疑問詞は文頭に！
➡　疑問副詞 **Where** does Helen live? （どこにヘレンは住んでいるんですか？）

③ 形容詞を尋ねる　➡　形容詞の疑問詞（疑問形容詞）　what / which / whose

名詞を修飾している形容詞の部分を聞きたい場合です。What color（何色）のように、形容詞と同じ

Bob likes 形容詞yellow color.（ボブは黄色が好きです。）
→ 「yellow」の部分を聞きたい！
→ Does Bob like 疑問形容詞what color? → 疑問詞は文頭に！
→ 疑問形容詞What color does Bob like?（ボブは**何色**が好きですか？）
＊名詞colorを修飾する形容詞としてwhat。修飾されるcolorも一緒に文頭に移動するのがポイント！

疑問詞の種類

疑問詞の機能はOKでしょうか？　最初は難しいですが、何度も読み返してくださいね。
結局、もともと名詞・形容詞・副詞だったものが、**疑問詞になるんです！**
尋ねたいポイント部分に応じて、使用する疑問詞が決まります。1つずつチェックしていきましょう。

1. what

意味	「何を、何が」、「何の…」
役割	物事を尋ねる**疑問代名詞**　兼　**疑問形容詞**

[疑問代名詞としてのwhatの使い方]

<u>What</u> will he plan?（彼は**何を**計画する予定ですか？）
He'll plan **a new adventure tour**.（彼は**新しい冒険ツアー**を計画する予定です。）

<u>What</u> is this?（これは何ですか？）　It's **a trip ticket**.（旅行チケットです。）
＊this / thatが主語の疑問文に対して答える場合、itを使います。

[疑問形容詞としてのwhatの使い方]

形容詞+名詞<u>What color</u> do you like?（**何の色が**あなたは好きですか？）I like **green**.（緑が好きです。）

2. which

意味	「どちらが、どれが」、「どちらの…」
役割	どちらかを尋ねる**疑問代名詞**　兼　**疑問形容詞**

[疑問代名詞としてのwhichの使い方]

<u>Which</u> is your card?（**どちらが**あなたのカードですか？）　**This one** is mine.（**これが**私のです。）

[疑問形容詞としてのwhichの使い方]

形容詞+名詞<u>Which car</u> is hers?（**どちらの車が**彼女のですか？）　The **red** one.（その**赤い**やつです。）
＊oneは代名詞で前にでてきた名詞（cardやcar）と同じものを意味し、繰り返すのを避けるためによく使われます。

3. who

意味	「誰、誰が」
役割	人を尋ねる**疑問代名詞**

<u>Who</u> is she?（彼女は**誰**ですか？） She is **my wife**.（彼女は**僕の妻**です。）
<u>Who</u> broke this window?（**誰が**この窓を割ったの？）
Sorry, **my son** did.（すみません、**僕の息子**です。）

＊この did は、繰り返しを避けるために使われるもので、前に出た一般動詞（この場合は broke）と同じ行為を指します。

4. whose

意味	「誰のもの」「誰の…」
役割	所有者を尋ねる**疑問代名詞**　兼　**疑問形容詞**

これは疑問詞 **who が所有格の形になったもの**です。物事の所有者を尋ねたい場合に使います。
^{所有格＋名詞}<u>Whose dress</u> is that?（あれは誰のドレスですか？）　It's **Cathy's**.（**キャシーの**です。）
また、**whose** 単独でも用いることが可能ですが、「whose＋名詞」のカタチが一般的です。
<u>Whose</u> is that truck?（あのトラックは**誰のもの**ですか？）　It's **hers**.（**彼女のもの**ですよ。）

5. where

意味	「どこ」
役割	場所を尋ねる**疑問副詞**

<u>Where</u> did he improve his English?（**どこで**彼は英語を上達させたの？）
In **Canada**.（**カナダ**です。）

6. when

意味	「いつ」
役割	時を尋ねる**疑問副詞**

<u>When</u> will you order some oil?（**いつ**オイルを注文する予定ですか？）　**Tomorrow**.（**明日**です。）
時間そのものをストレートに尋ねる場合は、<u>What time</u>（**何時に**）を使いますので区別しましょう。
What time did you get up?（何時に起きましたか？）　At 7 o'clock.（7時です。）

7. why

意味	「なぜ」
役割	原因・理由を尋ねる**疑問副詞**

<u>Why</u> are you so tired?（**なぜ**君はそんなに疲れているの？）
I stayed up late again.（また夜更かしをしたんだ。）
この疑問文の返答には原因や理由となる状況説明が来ます。

8. how

意味	「どのように」、「どれくらい」
役割	方法・程度を尋ねる**疑問副詞**

howはとても奥の深い単語で、さまざまな用例があります。単独または形容詞・副詞とワンセットになる2パターンがあり、基本は「方法」「程度（様子）」を尋ねるものと押さえておけば、あとは慣れですね。

[方法]
<u>How</u> do you spell that?（そのつづりはどう書くんですか？） Evine.（E・V・I・N・Eです。）

[程度]
副詞＋形容詞 <u>How old</u> are you?（あなたは**何歳**ですか？） I'm 23 years old.（23歳です。）
副詞＋副詞 <u>How far</u> did it fly?（それは**どれくらい遠く**飛びましたか？） It flew 2 kilometers.（2キロ飛びました。）

「How many ＋複数名詞」で**具体的な数（個数）**を尋ねることができます。
How many <u>books</u> did you buy?（君は本を**何冊**買ったの？）**Twelve.**（**12冊**ですよ。）

「How much ＋不可算名詞」で**量・程度**を尋ねることができます。
How much <u>money</u> did you earn?（**どれくらいのお金**を君は稼いだの？）
That's top secret.（それはトップシークレットです。）

Output Stage

Lesson14の復習問題

1 次の疑問文に対する応答文として適切なものを選んで記号で答えましょう。

(1) Can I try this on? 　*try on 試着する
(2) Shall we go camping this summer?
(3) Shall I take care of your parents? 　*take care of …の世話をする

(a) Yes, please.　(b) That sounds interesting.　(c) Sure.

(1) 　　　　　　　　(2) 　　　　　　　　(3)

2 次の英文を（　）内の語（句）を使って、全文を書き直しましょう。

(1) Was she a housekeeper?（have to）　*housekeeper 家政婦

(2) You don't cross the road.（should）

3 次の英語をほぼ同じ内容になるように書き換えたとき、　　　に当てはまる適切な語を書いてみましょう。

(1) You mustn't laugh at him.　*laugh at …を笑う
→ 　　　　　　　　laugh at him.

(2) Shall we go for a drive?
→ 　　　　　　　　go for a drive.

(3) He couldn't control the situation.　*control a situation 事態を掌握する
→ He 　　　　　　　　　　　　　　　　　　control the situation.

4 次の日本語に合うように　　　に正しい英語を書きましょう。

(1) 僕に電話をしていただけませんか？　はい、します。
　　　　　　　　 you call me?　Yes, I 　　　　　　　　.

(2) 彼は今、家にいるに違いありません。
He _____ _____ home now.

(3) 彼女がミスを犯すことはあり得ます。
She _____ make a mistake.   ＊make a mistake ミスを犯す

Lesson 15の演習問題

1 次の疑問文に対する応答文として適切なものを選んで記号で答えましょう。

(1) How will you go to Hokkaido next year?　(2) Whose cap is this?
(3) Which chair is Takashi's?　(4) How much is this lesson?
(5) Who broke my cup?　(6) Why are you so tired?

(a) It's $250 a month.　(b) By air.　(c) Your brother did.
(d) The white one.　(e) It's mine.　(f) I couldn't sleep very well last night.

(1) _____　(2) _____　(3) _____
(4) _____　(5) _____　(6) _____

2 次の日本語に合うように ___ に正しい英語を書きましょう。

(1) 彼はどれくらい遠くまで歩けますか？
_____ far _____ he take a walk?　＊take a walk 散歩する

(2) どれがあなたのカバンですか？
_____ _____ your bag?

(3) どこであなたはこれを買いましたか？
_____ _____ you _____ this?

(4) あの男は誰ですか？
_____ _____ that man?

(5) 何の音楽が好きですか？
_____ _____ _____ you like?

(6) 昨日、何時にあなたは僕に電話をしてくれましたか？
_____ _____ _____ you call me yesterday?

3 日本語をヒントに、次の英文の下線部の内容を尋ねる疑問文に直してみましょう。

(1) It rains a lot in June. （6月に雨がたくさん降ります。）

(2) My mom had 20 records. （僕のお母さんは20枚のレコードを持っていた。）

Evine's Words

行き詰まったら、自分の原点に戻ってみましょう。

Lesson 16　前置詞と名詞

今日のポイント！
at / in / on / under …前置詞には数え切れないほど種類があります。コツコツ覚えるしかありませんが、どうせ覚えるなら身になる方法でマスターしたいですよね？前置詞は単体で意味だけ覚えても全く使えません。今日は色んな英文の中で前置詞が持つイメージを勉強しましょう！

Input Stage

前置詞の役割

名詞の前に置くinやonなどの単語を**前置詞**と呼びます。
「**一体、どこで、どのように使えばいいのか…？**」初心者（でなくても）にとって悩みの種ですね。
今日のレッスンでは、細かい日本語訳にとらわれず、**前置詞の役割と使用用例に注目**していきましょう！

① **前置詞＋名詞**で前置詞句を作る
いままでも何度か出てきました。前置詞と名詞が一緒になったものを**前置詞句**と呼び、**形容詞や副詞の役割**を果たします。つまり**M**（修飾語）になったり、**C**（補語）になったりするんでしたね。

副詞の役割　…　名詞以外の語（句）を修飾するMのプロ
We met a whale and a shark ₘ<u>in the sea</u>.（私たちは海中でクジラやサメに出会いました。）

形容詞の役割　…　名詞を修飾するMになったりCになる
She hates 名詞<u>the crowd</u> ₘ<u>in a concert</u>.（彼女はコンサートの群集が大嫌いです。）
＊前置詞句in a concert が名詞the crowdを詳しく修飾（説明）しています。名詞を修飾するのは形容詞です。

Some pilots are c<u>from China</u>.（何人かのパイロットたちは中国出身です。）
＊前置詞句が主語とイコールの関係で補足説明するCになっています。

前置詞は、このように単体で押さえるのではなく、**名詞とのカタマリ**で押さえることが英文解釈ではとても重要です！

> 前置詞＋名詞　→　補語や修飾語になる！

② **自動詞＋前置詞**で目的語を取る

We're **looking for** him in a group.（私たちはグループで彼を探しています。）

＊look for …を探す　in a group グループで

前置詞の後ろに来る名詞は、**前置詞の目的語**と呼ばれ、**代名詞は目的格**になります。（×）for he

つまりlook forの後ろは目的語ということになりますから、look forというカタマリで**目的語を必要とする1つの他動詞**として解釈できます。

I 〈他動詞〉**looked at** 〈目的語〉**the new design**.（私はその新しいデザインを見ました。）

＊look at …を見る

> 自動詞＋前置詞　→　他動詞と解釈できる！

それでは実際に、基本的な前置詞の使用例をいくつかのポイントと一緒にチェックしていきますが、全てを挙げればキリがありません。そこで、初心者レベル必須の前置詞のみをピックアップし、徹底チェックすることにしましょう。

時の前置詞

まずは**時**に関する前置詞 **in / on / at** です。これらの前置詞の後ろには時を示す名詞が来るのがポイントです。まずイメージとして、**atから順番に次第に時間が広がる**感じを押さえてください。

では、具体的に、これらの前置詞の後ろにはどんな時を表す名詞が来るのかチェックしましょう！

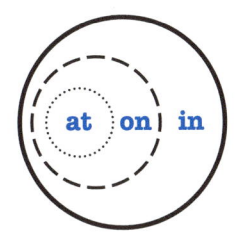

	意味	後に続く時間表現
in	…に	年・月・季節
on	…に	曜日・特定の日
at	…に	時刻

基本的に、どれも「…に」と訳せばOKです。
では、例文を使って頭の整理をしてください。

School starts **in** spring.（学校は**春に**始まる。）
We can enjoy New Year's Eve **in** December.（**12月に**私たちは大晦日を楽しむことができる。）
He came to Japan **in** 2000.（彼は**2000年に**、日本に来た。）
You go shopping **on** Sunday.（あなたは**日曜日に**買い物に出かける。）
We got married **on** October 8.（私たちは**10月8日に**結婚した。）　　＊get married 結婚する
I go to bed **at** 11.（私は**11時に**寝ます。）

次に、時は時でも、制限された**期間**を表す前置詞の登場です。全部で4つです！

	意味	表現する時間
for	…の間	具体的な**年数・日数・時間**
during	…の期間	おおまかな**一定期間（時期）**
till [until]	…まで	ある動作の**継続期間**
by	…までに	ある動作の**完了期限**

in/on/atが**静的なイメージ**であるのに対して、これらの前置詞で作る句は**時間的に動きがあるイメージ**があります。例文でチェックしておきましょう。

You should study English **for** 3 hours a day.（あなたは1日に**3時間**英語を勉強すべきです。）
I will stay there **during** the national holidays.（僕は**祝日の間**、そこに滞在する予定だ。）
You have to be here **till** next Monday.（君は来週の**月曜日まで**、ここにいなければならない。）
I must come back **by** next Monday.（私は来週の**月曜日までに**、戻らなければならない。）

＊come back 戻ってくる

byとtill［until］の違いをしっかり押さえておいてくださいね。「**に**」**があるかないか**で大きな違いです！
＊書き言葉ではtillよりもuntilが使われます。意味に違いはありません。

★その他の時の前置詞
before（…の前に）/ **after**（…の後に）/ **through**（…の間中）/ **from A to B**（AからBまで）

場所の前置詞

では次に**場所**に関する前置詞です。なんと時の前置詞と同じものが再登場です。
やっかいなことに、**1つの前置詞に異なる用法が複数ある**というのは英語世界の常識なんです。

	意味	場所
in	…に	広がりのある空間
at	…で	ある一点の場所・地点
on	…の上で	面にピタリと接触

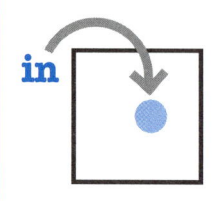

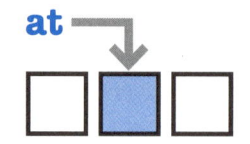

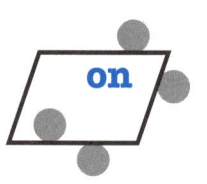

They may be quite famous **in** France.（彼らは**フランスで**かなり有名かもしれません。）
She will be able to meet him **at** the station.（彼女は彼と**駅で**会うことができるでしょう。）

inは単なる場所、atは**ある目的を果たすための場所**というニュアンスがあります。
onは、**ある一面、一帯にピタリと接している**ニュアンスを持っています。

There wasn't such a flag on the beach.（浜辺には、そんな旗はなかった。）
Look at the romantic picture on the wall.（壁に掛かっている空想的な絵を見なさい。）

★その他の場所の前置詞
under（…の真下に）/ **over**（…真上に）
above（…より上方に）/ **below**（…より下方に）
behind（…の後ろに）/ **in front of**（…の前に）
near（…の近くに）/ **by**（…のそばに）　＊byはnearよりも近い位置を表します。
among（[3個・人以上]の間で）/ **between**（[2個・人]の間で）/ **between A and B**（AとBの間で）

方向の前置詞

では次に**方向**を表す前置詞です。どこを基点に、どこを到達点にしているかで前置詞は異なってきますので注意しましょう。

	意味	前置詞が表す方向のイメージ
for	…のために、…に向かって	目的や到達の方向を示す
to	…へ	ある地点や時に向かう
from	…から	別の方向へ離れる

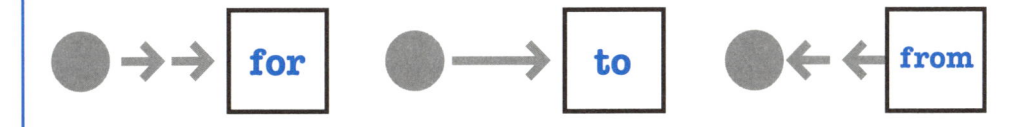

I bought a bunch of roses for my wife.（僕は**妻に**、バラの花束を買いました。）

＊bunch of …の集まり、一房の

We went to the west of Russia last September.（私たちは去年の9月、**ロシアの西部に**行った。）
You came from the east of London, right?（あなたは**ロンドン東部から**来たんですよね？）

for は**気持ちがある方向に向かって発信されている**感じ、to は**到達点に向かって矢印が一直線に伸びている**感じですね。一方、from は**向こうからこちらへ向かってくる**感じです。

★その他の方向の前置詞
against（…に反対して、…に逆らって）/ **across**（…を横切って、…を渡って）/ **along**（…に沿って）

The ship was going against the wave.（その船は**波に逆らって**進んでいた。）
There is a new house across this street.（**この通りの向かい側に**、新しい家があります。）
Go straight along this main street.（**このメインストリートに沿って**、真っ直ぐ行きなさい。）

時・場所・方向 以外

今まで見てきた以外にも、さまざまな前置詞があります。重要なものを挙げておきます。参考にして下さい。

by 交通手段（…で）
about 対象（…について）
with 道具・所有・状況（…で・と） / **without**（…なしで）
of 所有（…の〜）

A friend of mine gave this to me in return.（**僕の友人の1人**がお返しに、これを僕にくれました。）
＊in return お返しに
＊この意味ではofの後ろは、所有代名詞または所有格＋名詞になる。

like（…のように）

It sounded like an old style of music.（それは**古いスタイルの音楽のように聞こえた**。）
＊つづりが全く同じなので、一般動詞のlikeと混同しないように注意!

Output Stage

Lesson 15の復習問題

1 次の____に当てはまる疑問詞として正しいものを下から選んで書きましょう。ただし、必要のない疑問詞が1つだけありますので注意しましょう。

(1) _____ can I get to the place?　　You can get there by bus.　　＊place 場所
(2) _____ is your birthday?　　It's June 28.
(3) _____ called you?　　Naoko did.
(4) _____ dress is yours?　　The purple one.
(5) _____ is he doing?　　He is smoking outside.　　＊outside 外で

| what | who | which | whose | how | when |

2 次の英文(a)～(f)の中から、誤りのある英文を2つ選び、誤った箇所を訂正して全文を書き直しましょう。

(a) How long did you stay in Nagano?
(b) What did your sister choose color?
(c) Whose was that cellphone?　　　　　　　　　　　　　　　　　　　　＊cellphone 携帯電話
(d) How old is the ship?
(e) Which train you will take tomorrow?
(f) What day is today?

(1) 記号 _____
訂正文
_____

(2) 記号 _____
訂正文
_____

3 次の日本語に合うように ___ に正しい英語を書きましょう。

(1) この建物はどれくらい古いですか？
　_____ _____ _____ this building?

(2) あの黒い車は誰のですか？
　_____ _____ that black car?

(3) パンを英語で何と呼びますか？
　_____ _____ you _____ "*pan*" in English?

Lesson 16の演習問題

1 次の（ ）内の前置詞のうちそれぞれ適切なものを○で囲みましょう。

(1) They go hiking (at / in) spring.
(2) We practice *kendo* (on / at) Saturday.
(3) It rains a lot (in / at) June.
(4) You go to bed (on / at) 10 o'clock.
(5) He opened a new shop (on / at) April 1.

2 次の日本語に合うように ___ に正しい前置詞を書きましょう。

(1) 彼らは月曜日からスペイン語を学ぶ予定です。
They will learn Spanish _____ _____ Monday.

(2) まず第一に、私たちは水曜日までに、この仕事をしなければなりません。
First of all, we must do this job _____ _____ Wednesday.　　＊first of all まず第一に

(3) 僕はある日、彼の友達の1人に会いました。
I met a friend _____ _____ his one day.　　＊one day ある日

(4) 私は大阪のホテルで働いています。
I work _____ _____ a hotel _____ _____ Osaka.

(5) その店の前にバス停があります。
There is a bus stop _____ _____ _____ the shop.

(6) 僕の父は犬と一緒に公園に行きました。
My father went _____ _____ the park _____ _____ my dog.

3 次の下線部の前置詞句が<u>形容詞の役割</u>であればA、<u>副詞の役割</u>であればBと   に書きましょう。

(1) My favorite flowers <u>in the garden</u> were very beautiful.
(2) We were <u>in Okinawa</u>.
(3) They are <u>from South Africa</u>.   ＊South Africa 南アフリカ
(4) We ran <u>in the park</u>.
(5) I met him <u>at the station</u>.

(1)   (2)   (3)   (4)   (5)

Evine's Words

誰もが最初は初心者です。「初心者だから…。」という劣等感を持つ必要はありません。

Communication Stage 3

ここまで学んできたことを使って、Mr. Bryanとの会話にチャレンジ！
Hint! の中の単語を並び替えて、会話表現を作ろう。

Mr. Bryan: What are you going to do this weekend?

Evine: 京都を訪れるつもりなんだ。
Hint! (going to / Kyoto / I'm / visit / .)
Let's Speak! → [1.   ]

Mr. Bryan: That sounds exciting. Where will you go in Kyoto?

Evine: 嵐山に行く予定なんだ。
Hint! (go to / Arashiyama / will / I / .)
Let's Speak! → [2.   ]

Mr. Bryan: What will you do in Arashiyama?

Evine: 川沿いを散歩するんだ。
Hint! (take a walk / will / I / along the river / .)
Let's Speak! → [3.   ]

Mr. Bryan: That's good. You can enjoy some fresh air.

Evine: 君も一緒に来るべきだよ。
Hint! (should / you / with me / come / .)
Let's Speak! → [4.   ]

Evine's Column

ここまでのレッスンで現在・過去・未来の基本時制をすべてマスターしました。時制をうまく利用すれば身の回りのことをうまく伝えられるはず。また疑問詞や助動詞を駆使することで、自分の欲しい情報を相手に尋ねたり、相手に正しく自分の気持ちを伝えることができるようになります。
最初、2往復程度だったものが4往復の会話を余裕でこなせるようになったんです！まだ本書の半分しか消化していないこの段階で、これだけ充実した内容のコミュニケーションができるんですね！これからのレッスンに期待してください！

4 中学2年レベル

Lesson 17
不定詞　　　　　　　　　　　p.130-

Lesson 18
動名詞と不定詞　　　　　　　p.137-

Lesson 19
接続詞　　　　　　　　　　　p.144-

Lesson 20
比較の表現　その1　比較級と最上級　p.152-

Lesson 21
比較の表現　その2　比較のいろいろ　p.160-

Lesson 22
受け身の表現　　　　　　　　p.167-

Lesson 23
重要表現いろいろ　　　　　　p.174-

Communication Stage4
　　　　　　　　　　　　　　p.182

Lesson 17 不定詞

今日のポイント！
次の英文を見てください。　He wants <u>to</u> go <u>to</u> school <u>to</u> study English.
この3つのtoの違いをハッキリと説明できますか？
このレッスンではtoの意外な使い方を学んでいきます！

Input Stage

不定詞の役割

不定詞、と読んでみたところで意味がピンときませんので、まずはとりあえず、不定詞と言えばこの形！
「**to＋動詞の原形**」を押さえてください！　例えば…

readの不定詞　➡　to read　　studyの不定詞　➡　to study

> 不定詞 ➡ to＋動詞の原形

「**to＋動詞の原形**」は、英文の中で名詞、形容詞、副詞のいずれかの役割をします。
＊主語や時が変化しても形が変化しない、つまり決められた形に定まらないため「不定」詞と呼ばれます。

不定詞を苦手とする初心者はとても多いのですが、なぜでしょうか？
それは不定詞の役割である肝心の名詞、形容詞、副詞の理解に乏しいからなんです。

皆さんは5文型レッスンの中で、**名詞、形容詞、副詞**が英文の中でどんな働きをするのか勉強してきたので、それぞれの役割の違いのイメージが固まりつつあるはずです。ここで少し復習しておきましょう。

名詞	主語（S）、目的語（O）、補語（C）になる。
形容詞	補語（C）または名詞の修飾語（M）になる。
副詞	名詞以外の修飾語（M）になる。

文型の勉強に名詞、形容詞、副詞などの知識は欠かせないもので、文型を完全に無視した勉強を続けてきた人に、この3つの役割を担当する不定詞を理解しろ、と言うのが無茶なんです。
これまでのレッスンに真剣に取り組んでいれば、簡単に不定詞をマスターできますので苦手意識は捨て、自信を持って今日のレッスンに望んでください！

不定詞の3用法

不定詞は英文の中でどんな役割を果たしてくれるのでしょう？ その3つの用法を具体的にチェックしていきましょう。

① **名詞的用法**「…すること」 ➡ 主語（S）、目的語（O）、補語（C）になる
名詞と全く同じで、**S/O/Cのいずれかになる**ことが可能です。
[主語になる]　　$_s$ To live in a mansion is our dream.（**大邸宅に住むこと**が私たちの夢です。）
[目的語になる]　We're planning $_o$ to live in a mansion.（私たちは**大邸宅に住むこと**を計画中だ。）
[補語になる]　　Our dream is $_c$ to live in a mansion.（私たちの夢は**大邸宅に住むこと**です。）

同じ不定詞（to live in a mansion）が、英文によって**SやO、そしてCになったりする**わけですね。
では、この英文中の不定詞はS/O/Cのうちどれでしょうか？

His father's job is to repair various computer parts.

be動詞isに注目！ be動詞が作る文型はSVまたはSVCでしたね。
不定詞の「修理すること」と、「彼の父親の仕事」は**イコール関係**ですから、**SVC文型**！
つまり、この不定詞部分はCの補語であることが分かります。
（彼の父親の仕事はさまざまなコンピューター部品を修理することです。）

② **形容詞的用法**「…するための～、…するべき～」 ➡ 名詞を修飾する
普通の形容詞は原則として、**前から名詞を修飾**しますが、**不定詞は後ろから名詞を修飾**します！
この違いはとても重要ですので、しっかりと区別しておきましょう！

I need $_{代名詞}$ something $_{不定詞}$ to try.（僕は**試すための**何かが必要です。）

不定詞 to try が**代名詞somethingを後ろから詳しく説明**しています。
訳は「…するための（名詞）」「…するべき（名詞）」というのが一般的ですが、より自然な日本語訳になるように、ある程度工夫も大切です！
something to eat（食べるための何か）　➡　食べ物
something to drink（飲むための何か）　➡　飲み物

③ **副詞的用法**「…するために」「…して」 ➡ 目的・原因を詳しく説明する
同じ修飾語でも、**形容詞的用法とは修飾するものが異なります**ので注意が必要です。

I went to the station to meet him.
（私は**彼を迎えに行くために**駅に行きました。）

ここでは不定詞は「駅に行った**目的**」を説明しています。
ちなみに、I went to the station. はもともとSV文型で完結しているので、**残りの不定詞部分は主要**

素ではない修飾語句ということになりますね。

I was very glad **to see you again**. (僕は**また君に会えて**、とてもうれしかった。)

これもI was very glad.とSVC文型で完結していますが、「**なぜ嬉しかったのか？**」を詳しく説明するために**副詞の不定詞**が追加されているわけです。
訳し方は「…するために」(**目的**)、「…して」(**原因**) と押さえておきましょう！

> 不定詞は、**S / O / C / M** の位置に入りいろんな働きをする

不定詞の英文解釈

不定詞は一般動詞の**生まれ変わり**です。

例えば「teach(…を教える) の不定詞の名詞的用法」であれば、「to teach(…を教えること)」と、**名詞っぽく生まれ変わります**。でも、このように生まれ変わっても、**動詞teachだった頃の機能は残ります**。以下の例文を見てみましょう。

S [To 他動詞teach O1 you O2 English M every day] V [is] C [my job] .
(毎日あなたに英語を教えることが私の仕事です。)

全体の文の中で、To teach you English every day(毎日あなたに英語を教えること) という不定詞が**1つのS**になっています。**その中身を覗いてみれば**、動詞としての機能が残っているために、**目的語があったり修飾語があったりする**わけですね。ここではteachがOを2つ取る他動詞として働いています。これは**英文解釈において非常に重要なポイント**です。

S [He] V [has] O [something] M [to 不完全他動詞make O you C happy] .
(彼は君を幸せにする何かを持っています。)

形容詞的用法の不定詞to make you happyが前のsomethingを後ろから修飾している英文ですが、不定詞の中身を覗いてやれば、**make O C「OをCにする」という文型が隠されている**ことに気付きます。

全体を大きくとらえたうえで、細かい部分をチェックしていくことが適切な英文解釈につながるんですね。

> 文全体を大きくとらえ、その後不定詞の中身をチェックする！

不定詞？ 前置詞？

では最初にチェックした英文の解釈を見ておきましょう。

He wants _{名詞的用法の不定詞} **to go** _{前置詞} **to school** _{副詞的用法の不定詞} **to study** English.
(彼は英語を勉強するために学校に通いたい。)

不定詞の to も前置詞の to もつづりが全く同じなために、初心者の方にとってはやっかいなようですが、よ〜く考えてみましょう！
不定詞の後ろは動詞で、前置詞の後ろは名詞のはずです。当たり前のポイントですが、普段から意識しないと、とんでもない解釈をしてしまうことがありますので要注意ですね。

不定詞の関連表現

では最後に不定詞を使った重要表現をチェックしておきましょう。

① **It is ...（for A）to 動詞の原形**「(Aが) 〜することは…だ」
It is necessary **for** you **to** tell him the reason.（あなたが彼にその理由を話すことは必要です。）
＊「to 動詞の原形」を文頭に置くよりも一般的。

注意してほしいのですが、この場合の **It** は**形式主語**といい、「それ」という**日本語には訳しません**（[参] L.07）。この文で it は、**to 以下の内容**を指します。そして (**for A**) の A は to 以下の**意味上の主語**といいます。この例文は you（あなた）が「彼に理由を話す」わけです。

② 「**疑問詞＋to 動詞の原形**」 で他動詞の目的語になる
how to 動詞の原形「…する方法」
Mayu wanted to know **how to** rent a car.（マユは車の借り方を知りたかった。）

what to 動詞の原形「何を…すべきか」
He didn't know **what to** do next.（彼は次に何をすべきか分からなかった。）

where to 動詞の原形「どこで…すべきか」
Do you know **where to** take a train?（あなたはどこで電車に乗るべきか知っていますか?）

when to 動詞の原形「いつ…すべきか」
I didn't know **when to** leave here.（私はいつここを去るべきか分からなかった。）

which 名詞 to 動詞の原形「どの〜を…すべきか」　**which to 動詞の原形**「どちらを…すべきか」
I can't decide **which shirt to** put on.（僕はどのシャツを着るべきか決めることができない。）

＊put on …を着る（身につける）

いずれも疑問詞が使われていますが、**疑問文ではなく動詞の目的語 (O) である**というのがポイントです！

Output Stage

Lesson 16の復習問題

1 次の日本語に合うように ____ に正しい前置詞を書きましょう。

(1) 僕の父は毎日、2時に事務所に入ります。
My father enters his office _____ 2 every day.

(2) あなたは明日までここに滞在するべきです。
You should stay here _____ tomorrow.

(3) その人気店はこのフロアーにあります。
The popular shop is _____ this floor.

(4) その店は郵便局と消防署の間にあります。
The store is _____ the post office _____ the fire department.

2 次の(a)(b)各組の( )に入る共通の前置詞を考え、書きましょう。

(1) (a) Your glasses are ( ) your head.
   (b) I have to study the subject ( ) May 2.
   前置詞 _____

(2) (a) She will stay in London ( ) six weeks.
   (b) I will buy something ( ) you.
   前置詞 _____

(3) (a) My cat likes to sleep ( ) the chair.
   (b) He didn't go to Osaka ( ) train.
   前置詞 _____

3 次の( )内の語(句)を自然な意味になるように正しく並び替えましょう。

(1) (movies / like / she / her father / loves / .)
_____

(2) (will / during / Hawaii / I / in / this summer holiday / stay / .)

Lesson17の演習問題

1 次の英文中の不定詞の役割を説明する語句を下から選び記号で答えましょう。同じ記号を何度使っても構いません。それぞれの不定詞の用法名も答えましょう。

(1) Its purpose is to help people.
(2) I had a lot of things to do last night.
(3) His sister wanted to visit some temples in Kyoto.
(4) She was very surprised to learn the custom.
(5) To teach kids will be my job.

(ア) 主語の役割　(イ) 目的語の役割　(ウ) 補語の役割　(エ) 修飾語の役割

(1) ＿＿＿＿＿ ＿＿＿＿＿ 用法　(2) ＿＿＿＿＿ ＿＿＿＿＿ 用法
(3) ＿＿＿＿＿ ＿＿＿＿＿ 用法　(4) ＿＿＿＿＿ ＿＿＿＿＿ 用法
(5) ＿＿＿＿＿ ＿＿＿＿＿ 用法

2 次の日本語を（ ）内の語数で、不定詞を使って英語に直してみましょう。

(1) 私たちには英語を話すことは難しい。(8語)

(2) 私の姉の仕事は本を書くことです。(7語)

3 次の（ ）内の語(句)を自然な意味になるように正しく並び替えましょう。

(1) (bad news / very sad / I / the / was / hear / to / .)

(2) (go abroad / to / they / a new job / decided / find / to / .)　　＊go abroad 海外に行く

(3) (nothing / last night / me / he / to / had / tell / .)

4 次の英文は何文型になるでしょうか？

(1) His dream was to become a firefighter to help people.　　＊firefighter 消防士

(2) They took me to a cliff in Saipan.　　＊take 人 to （人を）…に連れていく

(1) _____ 文型　　(2) _____ 文型

Evine's Words

まずは自分で悩むこと。
他人まかせでは絶対に分かるようにはなりません。

Lesson 18 動名詞と不定詞

今日のポイント！

次の英文の下線部に注目してみましょう！ **He is thinking about staying in Tokyo.**
ingの形をすぐに進行形と思い込む方がたくさんいます。英語はそんな単純ではありません。
この2つのingは別物です！ ではどう解釈したらよいのでしょうか？

Input Stage

動名詞と不定詞の名詞的用法

動名詞は読んで字のごとく**動詞が名詞になったもの**で、形は**動詞のing形**で表されます。例えば…
readの動名詞 ➔ read**ing**　　study の動名詞 ➔ study**ing**

進行形で覚えたingのパターンがそのまま使えます。形は問題ないですね。（[参] L.12）
動詞が名詞になると聞いて、**不定詞の名詞的用法**が頭に浮かんだ人はなかなかのセンス！
まさにその通りです。**動名詞**は「…すること」と訳し、**不定詞の名詞的用法とほぼ同じ働き**をします。

> **不定詞の名詞的用法　＝　動名詞（動詞のing形）　＝「…すること」**

動名詞の役割

では動名詞の役割をチェックしていきましょう。
基本的には**不定詞の名詞的用法と同じ**ですが、**動名詞特有の機能**もあるので注意してください。

① 主語になる
_SReading books is interesting. (**本を読むこと**は面白いです。)

② 目的語になる
He likes _Oriding horses. (彼は**馬に乗ること**［乗馬］が好きです。)

③ 補語になる
My dream is _Cvisiting temples in India. (僕の夢はインドの**寺院を訪れること**です。)

④ **前置詞の目的語になる** → 不定詞にはない動名詞のオリジナル機能！

Thank you _{前置詞} for _O asking.（気にかけてくれてありがとう。[尋ねてくれたことに感謝しています。]）

I'm looking forward _{前置詞} to _O hearing from you.　　　　　　　＊hear from …から便りがある
（あなたからの便り[便りが来ること]を楽しみに待っています。）

前置詞の後ろにある名詞を**前置詞の目的語**と呼びましたが（[参] L.16）、前置詞の目的語には名詞だけでなく、名詞に相当する**動名詞も置くことができる**のです。

ではここで「今日のポイント！」で挙げた英文を見ておきましょう。

He is think**ing** about stay**ing** in Tokyo.（彼は東京に滞在することについて考えています。）

まずstayingは**前に前置詞**aboutがあり、**前置詞の目的語としての動名詞**であることがわかります。一方、thinkingですが、**前にbe動詞**があるため、**進行形の形**にもとれますし、**動名詞が補語になっている**という可能性もあります。でもこの場合仮に動名詞だとしたらHe is thinkingが「彼は考えることです」というヘンな訳になってしまいます。ですからこれは文意から、**進行形のthinking**だといえるわけです。

ing形を見ただけで、**なんでもかんでも進行形であると勘違いしてしまう**方が結構多いのですが、進行形だけにing形が使われるというわけではないことをきちんと押さえておきましょう。

動名詞の英文解釈

さて、突然ですが、ここでクイズです。次の英文は何文型でしょうか？

My sister likes collecting pictures.（私の妹は絵を集めるのが好きです。）

慎重になり過ぎた方はきっとSVOOと答えたでしょう。でも残念、**SVO文型**が正解です。

不定詞と同じで、**動名詞も動詞の生まれ変わり**ですから、目的語や補語などを取る**動詞の機能**は残っています。

上の文を細かく見れば、collecting（集めること）は他動詞likeの目的語であると同時に、もともと他動詞collect（…を集める）ですから、目的語を必要とします。そのcollectの目的語としてpicturesが続いているわけです。

でも、ここは絶対に引っかかってはいけません。**文全体を大きくとらえて**ください！
不定詞のところでも勉強しましたが、pictures1つで考えるのではなく、collecting pictures（絵を集めること）で1つの主要素（ここでは目的語）として解釈しなければなりません。

S [My sister] V [likes] O [他動詞collecting 隠れ目的語pictures] .

文全体を大きく見ればSVOですが、そのOの中身を覗いてあげると**隠れ目的語**（この文ではpictures）が潜んでいたりするわけです。これを実際の**主要素と混同せずに処理**できるようになれば、初心者として最強の段階です。隠れ目的語や補語は、主要素としてカウントしないように気を付けましょう！

不定詞と動名詞の違い

前置詞の目的語になるか、ならないか以外は、基本的な機能は全て同じですが、実は**主語として扱う場合**に覚えておくべき**ニュアンスの違いがある**んです！

次のようなシチュエーションにおいて、不定詞か動名詞、どちらを使うのが正しいのか考えてみましょう。
「**日常的に**ドイツ語を勉強していて、ドイツ語の面白さを認識している。」
[不定詞] **To study** German is interesting. ［動名詞］**Studying** German is interesting.

結論から言えば、この場合は**動名詞が適切**です。
動名詞は**習慣（継続）的な行為や一般論を示す**のに対し、**不定詞**には「**これから先のこと**」をイメージし「**…すれば、それは〜だろうなぁ。**」**という含み**があるからです。ですから、これが両者の根底にあるイメージの違いです！

上の不定詞の英文には「ドイツ語を勉強してみたら面白いだろうなぁ。」という気持ちがあります。日本語訳はどちらも「**ドイツ語を勉強することは面白いです。**」で別に問題はありませんが、**話し手の意識は異なる**わけですね。

未来志向の不定詞、**継続志向**の動名詞

動詞の後ろは不定詞？ 動名詞？

不定詞も動名詞も**動詞の目的語**になることができますが、動詞によって**不定詞か動名詞のみ**、あるいは**どちらでも可能**の3パターンあります。それぞれの基本イメージをもとに押さえておきましょう！

① **不定詞のみを目的語**に取る動詞
want / hope / decide / promise など
（○）I can't decide to quit smoking.（僕はタバコをやめる決心ができない。）
（×）I can't decide quitting smoking.

decideはまだ実現されていない事柄を決めるという意味の動詞です。

このような**未来のニュアンスを含む動詞**の後ろには不定詞が目的語として来ることが多いです。

② **動名詞のみを目的語**に取る動詞
enjoy / **finish** / **stop** / **practice** / **quit** / **give up** など
(○) You enjoyed dancing.（君は踊ることを楽しんでいました。）
(✕) You enjoyed to dance.

enjoyするためには、ある程度**楽しめる状況が継続**しなければなりませんよね。
このような動詞の後ろには動名詞が目的語として来ることが多いです。
give up...のような「動詞＋前置詞」で1つの他動詞になる形も要注意です。

③ **どちらでも目的語に取れる動詞**
like / **love** / **start** / **begin** / **continue** など
(○) My brother likes to eat hamburgers.（僕の弟はハンバーガーを食べるのが好きです。）
(○) My brother likes eating hamburgers.

🐕 不定詞と動名詞で意味が異なる表現

以下の3つの動詞は、目的語として不定詞と動名詞の両方を取れますが、**どちらを取るかで意味が異な るので要注意！** 動名詞での意味、不定詞での意味を1セットで押さえておきましょう。

	不定詞	動名詞
forget	forget to「…することを忘れる」	forget -ing「…したことを忘れる」
remember	remember to「忘れずに…する」	remember -ing「…したことを覚えている」
try	try to「…しようとする」	try -ing「(試しに) …してみる」

She forgets to turn off the radio.（彼女は**ラジオを消し忘れます**。） ＊turn off（電源など）を消す
She always forgets bringing her umbrella.（彼女はいつも**傘を持ってきたことを忘れます**。）

He usually remembers to lock the door.（彼はたいてい**忘れずにドアをロックします**。）
He still remembers seeing a lot of stars.（彼はまだ**たくさんの星を見たことを覚えています**。）

forgetもrememberも目的語が不定詞であれば**未来へ**、動名詞であれば**過去へ**気持ちが向いていることになります。これを押さえておくと、効率よく覚えることができます。

また**過去形tried to**は、文脈によっては、その時点では**実現できなかった**ことを意味します。
They tried to go to Guam a long time ago. Finally, they could go there this year.
（ずっと以前に、彼らはグアムに**行こうとしました**［実現せず］。ついに今年、彼らはそこへ**行くことができました**。）

＊a long time ago ずっと以前に、遠い昔

動名詞の表現

前置詞の目的語として動名詞を用いた表現をいくつか見ておきましょう。

How about -ing?「…してはどうですか?」
How about tasting my special sauce?(私の特製ソースを味わいませんか?)

look forward to -ing「…するのを楽しみにする」
I'm looking forward to seeing you in Kobe.(神戸であなたと会うのを楽しみにしています。)

be動詞＋good at -ing「…が得意である」
You are good at painting ceilings.(君は天井にペンキを塗るのが上手です。)　　　＊ceiling 天井

without -ing「…しないで」
He came back without buying cheap furniture.(彼は安物家具を買わずに戻ってきました。)

by -ing「…することで」
She lost weight by walking every night.(彼女は毎晩歩くことで、減量しました。)

＊lose [gain] weight 体重を減らす [体重を増やす]

Output Stage

Lesson 17の復習問題

1 次の( )内の語(句)を自然な意味になるように正しく並び替えましょう。

(1) (like / does / to draw / your father / pictures / ?)

(2) (went / one day / to / foreign animals / we / to see / the zoo / .)

(3) (an hour / this job / it / finish / takes / to / .)

(4) (doesn't / use / my brother / how / know / a computer / to / .)

(5) (weight / her / to / is / goal / lose / .)

2 ほぼ同じ内容になるように言い換えた場合、＿＿に当てはまる英語を書きましょう。

(1) It was very important to decide where to stay.
→ ＿＿＿＿＿ ＿＿＿＿＿ where to stay ＿＿＿＿＿ very important.

(2) I want to drink something. → I want ＿＿＿＿＿ to ＿＿＿＿＿ .

3 それぞれの英文に( )内の不定詞を入れる場合、正しい位置の記号を書きましょう。

(1) ア The girl loves イ the song ウ . (to sing)
(2) You have ア many イ things ウ . (to do)
(3) ア We went イ to the cafeteria ウ . (to study)

Lesson 18の演習問題

1 次の英文の（　）内の語句のうち正しいほうを○で囲みましょう。

(1) He wanted (　training　/　to train　) his dog.   ＊train 訓練する
(2) Please enjoy (　to drink　/　drinking　) now.
(3) Don't give up (　going　/　to go　) to Tokyo.
(4) Ayako is good at (　to play　/　playing　) volleyball.
(5) I hope (　to get　/　getting　) some fresh air.   ＊fresh 新鮮な
(6) The artist stopped (　working　/　to work　) in Paris.   ＊Paris パリ

2 次の日本語に合うように　　　に正しい英語を書きましょう。

(1) 新しい文化について学ぶのは、とてもワクワクしますよ。
　　　　　　　　　　　　　　　　about a new culture is very exciting.

(2) Eメールを私に送ってくれてありがとう。
Thank you for 　　　　　　　　　an email 　　　　　　　　　me.

(3) 僕の仕事は病気の人々を助けることです。
My job is 　　　　　　　　　sick people.   ＊sick 病気の

(4) 彼は毎日ギターを弾く練習をします。
He practices 　　　　　　　　　　　　　　　　　guitar every day.

3 次の日本語にふさわしい英文を選んで記号で答えましょう。

(1) 手紙を送ったことを覚えていますか？　　　　
(a) Did you remember to send a letter?　(b) Do you remember sending a letter?

(2) 彼女は彼の小包を持ってくることを忘れました。　　　　
(a) She forgot to bring his package.　(b) She forgot bringing his package.

(3) 彼は試しにビザを申請してみました。　　　　
(a) He tried applying for a visa.　(b) He tried to apply for a visa.   ＊apply for …を申請する

Evine's Words

あきらめるのは簡単です。
でも、また1から始めるのはタフな精神力が必要です。

Lesson 19 接続詞

今日のポイント!

「ケリーは遅刻した。」「トムは怒った。」「トムは帰宅した。」 この一連の出来事を、「ケリーが遅刻して来たので、トムは怒って帰った。」と、1つの文にしたいときはどうすればいいのでしょうか？ 今日は関連する要素を1つにまとめてしまうスマートな表現方法を勉強しましょう！

Input Stage

カタマリ製造機

接続詞は、簡単に言えば**何かと何かをつなぐ働きをする単語**です。

He has a frog.（彼はカエルを飼っています。）＋ He has a snake, too.（彼はヘビも飼っています。）
→　He has a frog and a snake.（彼は**カエルとヘビを**飼っています。）

こんな風にバラバラの要素をギュッとまとめて固めてくれるのが接続詞の仕事です。いわば**カタマリ製造機**！
ちなみに、「今日のポイント！」の文は接続詞を使うと、こうやってまとめることが出来るんです。
Tom got angry and went home because Kerry came late.

句と節

接続詞を理解する前に、まず覚えておくべきポイントがあります。それが、**句と節**です。不定詞や動名詞のレッスン（[参] L.17やL.18）で**「文全体を大きくとらえてください」**と何度か言ってきましたが、これは言い換えると**「句と節という考え方で文をとらえてください」**ということなんです。
実は、句でとらえるやり方はもうみなさん学習済みです。

名詞句（修飾語＋名詞） Your father is 形容詞句（前置詞句） from Hokkaido.
名詞句（不定詞） To teach you English every day is 名詞句（修飾語＋名詞） my job.

などのように「修飾語＋名詞」や「前置詞句」、「不定詞」など、**2語以上の単語で出来ているカタマリが句**です。そのうち、名詞の役割をする句を**名詞句**、形容詞の役割をする句を**形容詞句**と呼びます。

そして、**SVを持つ句を「節」といいます。**

（語）dictionary ＜ （句）a useful dictionary ＜ （節）_She _Vuses a dictionary
単語のカタマリの中にSVが含まれていれば節です。
I think 目的語となる名詞節 that he uses a dictionary.

このように、単語1つ1つをバラバラに見るのではなく、**句や節を見抜くことが大切**です。
特に今日のレッスンでは、節が重要なポイントになります。このことを意識して、読み進めてください！

> 句と節 → **名詞、形容詞、副詞と同じ働き**をする

接続詞の機能

接続詞は機能によって大きく2パターンに分かれます。早速、チェックしていきましょう！

1. 等位接続詞

語と語、句と句、節と節というように、**文法的に対等な関係にあるもの同士をつなげる接続詞**を**等位接続詞**といいます。

［語と語］　money and water（お金と水）
［句と句］　in his house or in his garden（彼の家で、もしくは庭で）
［節と節］　He is right but his idea is out of date.（彼は正しいが、彼の考えは時代遅れだ。）

＊out of date 時代遅れの、古くさい

等位接続詞の代表3パターン

① **and**
「**AとB**」という**連結**を表します。
I own a house and a boat.（僕は家と船を所有しています。）

② **or**
「**AかB**」という**選択**を表します。
They may attack you or me.（彼らは君か私を攻撃するかもしれません。）
You or your son is wrong.（君か、君の息子のどちらかが間違っています。）
＊A or Bの形がSになった場合、後ろのBに合わせて動詞は変化します！

③ **but**
「**AだがB**」、「**A、しかしB**」、「**A、でもB**」という**反対**を表します。
I advised you but you didn't stop it.（僕は君に助言した、でも君はそれを止めなかった。）

2. 従属接続詞

話の主旨となる英文に、**副詞節や名詞節**をつなげる接続詞を**従属接続詞**といいます。これらの接続詞に作られるカタマリは**従属節**といい、主旨の英文を**主節**と呼びます。等位接続詞とは異なり、**話し手が本当に伝えたい内容は主節部分にあり**、従属節は、あくまでもサブの働きです。主節にはかなわないので「従属節」なんですね。従属節には、**副詞のカタマリ（＝副詞節）**と、**名詞のカタマリ（＝名詞節）**があります。

① 副詞節

The baby began to cry when she returned.（彼女が戻った時、その赤ん坊は泣き始めました。）
主節 [The baby began to cry] 従属節 [when she returned.]

この英文の主旨は「その赤ん坊が泣き始めた」ことです。このような**英文**を**主節**と呼びます。
そしてこの主節に、まるで腰ぎんちゃくのように、**より詳しい状況などを説明するため**にくっついている英文のカタマリが**副詞節**という従属節です。
副詞（節）ですから、それ以外の部分は**文型的に完全である**のがポイントです！
_SThe baby _Vbegan _Oto cry.（SVO）

また、副詞節は本来の副詞のように比較的、自由に移動できますので、文頭に持ってくることも可能です。When she returned, the baby began to cry.
＊ただし、コンマを間につけましょう。

② 名詞節

では次に**名詞節**を作る接続詞**that**の例をチェックしましょう。名詞節は副詞節とは明らかに性質が異なります。副詞節はあくまでも主節をより詳しくするための修飾語のカタマリでした。しかし、thatを使った名詞節（that節）は、文型の**主要素である目的語（O）**になります。

I didn't know that she got married to him.（僕は**彼女が彼と結婚したこと**を知りませんでした。）

＊get married to …と結婚する

主節 [I didn't know] 従属節 [that she got married to him.]

この英文の主節は「僕は…を知りませんでした。」で、これには目的語がありません。そこで接続詞thatが名詞のカタマリ（名詞節）を作ります。
主節にある動詞（know）の目的語として、thatで作った従属節が来ているわけです。

副詞節とは異なり、**その節自体**が英文の**主要素の1つ**になるのが**名詞節**のポイントです。

例えるなら**道路標識のようなもの**で、接続詞をチェックすれば、**話し手の言いたい部分がどこにあるのか、この先にどんな英文が続くのか**、などが次々とクリアになっていきます。
一応は等位・従属接続詞とありますが、要は接続詞の機能そのものに注目して押さえておけばOKです！

従属接続詞の種類

従属接続詞にはwhenやthat以外にもいろいろな種類があります。ここで重要な数パターンを押さえておきましょう！

従属接続詞の代表パターン

	接続詞	意味	ポイント
副詞節	when	「…のとき」	主節 ＋ 時
	because	「なぜなら…」	主節 ＋ 理由
	if	「もし…なら」	主節 ＋ 条件
	though	「…だけれども」	主節 ＋ 譲歩
名詞節	that	「…ということ」	主節の目的語になる

① 理由を追加する because

He was sure because he knew everything.（彼は確信していました、なぜなら全て知っていたからです。）

後ろに「理由」を表す英文を導くbecauseは英文読解においてキーポイントとなります。

② 条件を追加する if

We will meet him if it is fine tomorrow.（もし明日晴れていれば、私たちは彼に会う予定です。）

後ろに「…であれば」という条件を表す英文が続きます。if以下は現在形ですが、未来の計画というよりも、単なる条件を示したいだけの場合、内容が未来のことであっても現在形になるということに注目してください。

③ 譲歩を表す though

I hurt her last night though I didn't mean it. ＊I mean it. 冗談ではない、本気だ
（そんなつもりじゃなかったけど、昨日の夜、僕は彼女を傷つけました。）

未来でも現在形ルール

先ほどの②で、内容は未来でも条件を示す節の中では現在形で表すと言いましたが、実は条件節の他に「時」を示す場合でも同じです。
では、実際の英文でチェックしておきましょう。

（○）I'll call him when you are ready.（あなたが準備できたら、彼に電話します。）
（×）I'll call him when you will be ready.

「準備ができる段階」というのは先の未来の話ですが、when以下が時を示す副詞節ですから、現在形になります。

> 時や条件を示す副詞節の中は、未来の話でも現在形で表す！

新しい常識

これまでは1つの英文にSVが1セットというのが常識でした。
_SHe _Vstudied pop music in New York.（彼はニューヨークでポップミュージックを勉強しました。）

今日は接続詞がその常識を破りましたね。次の英文を見てみましょう。
_SHe _Vstudied music and _Shis sister _Vstudied art in New York.
（ニューヨークで、彼は音楽を勉強し、彼の妹は美術を勉強しました。）

接続詞を使った英文では、例文のように**SVが2セットになる**ことが普通にあります。

_SHe _Vwent to the island and never _Vcame back.
（彼はその島に行き、二度と帰ってきませんでした。）

この英文ではandの後ろのS（he）が省略されています。対等な関係で結ばれている前の部分を見れば容易にSが何であるか判断できるので、このような省略が起こります。

_SShe _Vordered a sandwich but _SI didn't.（彼女はサンドイッチを注文したけど、僕はしなかった。）
前の部分を見て、didn'tの後ろに **order a sandwich** が省略されていると推測できましたか？
接続詞を用いることで表現の可能性が一気に広がるわけですが、英文構造がより複雑になり、**省略部分を補って考える**必要も増えてきます。
しかし、**常に5文型に基づいて丁寧な解釈を意識**すれば、このような問題も自分で解決できるはずです。

Output Stage

Lesson 18の復習問題

1 次の英文(a)～(d)の中から、誤りを含んだ英文を2つ選び、訂正して全文を書き直しましょう。

(a) What time did you finish to wash the windows?
(b) Did she want to marry you?
(c) Ken's father likes to sit between the sofa and the table.
(d) We hope having dinner with Mr. Mizushima some day.

(1) 記号 _____
訂正文 _____

(2) 記号 _____
訂正文 _____

2 次の( )内の語(句)を自然な意味になるように正しく並び替え、全文を書きましょう。ただし、必要のないものが1つずつありますので注意しましょう。

(1) He (forward / dance / with / looking / is / dancing / to) you.
_____

(2) She (without / to say / decided / move / saying / to) anything.
_____

3 次の英文中の下線部はどんな役割をしているのでしょうか。記号で書きましょう。

(1) The old man stopped to wait for his wife. _____ ＊wait for …を待つ
(2) Speaking English is a lot of fun. _____
(3) Her job is writing an article in a monthly magazine. _____
(4) We love talking with you. _____ ＊talk with …と話をする
(5) She is good at drawing pictures. _____
(6) To go there can be very dangerous. _____

(ア) 主語の役割　　(イ) 目的語の役割　　(ウ) 補語の役割　　(エ) 修飾語の役割

Lesson 19の演習問題

1 次の（　）に当てはまる接続詞として正しいものを下から選んで書いてみましょう。ただし、必要のない接続詞が1つ含まれます。

(1) He was very rich (　) he wasn't happy.
(2) Which do you like, rice (　) bread?
(3) She is cute (　) her mother is kind.
(4) I was sleeping (　) my mother called me.
(5) You don't know (　) the amusement park is far from the center of Kobe.
(6) (　) you didn't study hard, you couldn't pass the examination.

＊far from …から遠い

| when | or | if | because | that | and | but |

(1) _____ (2) _____ (3) _____
(4) _____ (5) _____ (6) _____

2 次のthatの中で省略しても構わないものを1つだけ選び記号で答えましょう。

(ア) That woman looks very happy.
(イ) I hear that he left Osaka for Tokyo last Sunday.
(ウ) Is that your card?
(エ) Hey, don't do that.

_____

3 次の日本語に合うように ____ に正しい英語を書きましょう。

(1) それは面白そうだけれども、私は家に1日中、いなければなりません。
I _____ stay home all day long _____ it sounds interesting.

＊all day long 1日中

(2) もし今夜、彼女が僕に電話してきたら、「ありがとう。」と言います。
I'll say "Thank you" _____ she _____ _____ tonight.

(3) 私は申し訳ないと思ったので、彼女にメールを送った。
I felt sorry _____ I sent an email to her.

(4) 彼が帰ってきたというのは本当です。
It is true _____ he came back.

(5) その少年は、その箱を盗んだが、私の息子は盗みませんでした。
The boy stole the box _____ my son _____ . ＊stole＜steal

(6) 彼がカナダに行く予定だと聞き、私はとても悲しい。
I'm so sad to hear he _____ _____ _____ _____ .

Evine's Words

**最初から自分に最適の勉強法が
用意されていう人なんていません。**

Lesson20 比較の表現 その1
比較級と最上級

今日のポイント！
物事の程度を表現するのは形容詞と副詞の役目でした。**Runa is cute. Ruby runs fast.**
しかし、このままの形では「…がより〜だ」のような表現は作ることができません。そこで今日は、形容詞や副詞の新しい形を覚え、表現のバリエーションを増やしましょう！

Input Stage

比較級

比較表現のパターンは**全部で3つ**あります。まず1つ目が**比較級**という形を用いたものです。
次の英文を見てください。
(a) Bob is **tall**. (ボブは背が高い。)
(b) Andre is **tall**. (アンドレは背が高い。)
どちらのほうが、背が高いのでしょう？ …この表現では分かりません。
(c) Bob studies **hard**. (ボブは熱心に勉強する。)
(d) Andre studies **hard**. (アンドレは熱心に勉強する。)
どちらのほうが、熱心に勉強がんばっているでしょう？…このままではやっぱり分かりません！

そこで比較級です！ 比較級を使えば、**2人（2つ）の間で、ある性質・程度についてどちらのほうが上なのか**ハッキリさせる表現を作ることができます！ では早速、その形をチェックしましょう。

> 比較級「…より〜」→ 形容詞er・副詞er than …

OKですか？ 比較表現は**形容詞や副詞がポイント**になります。
では実際に、比較する英文を作ってみましょう。先の英文（a）（b）**の形容詞に注目**です。
「ボブの方が背が高い。」と言いたいとします。

(a) ＋ (b)　Bob <u>is</u> **tall**er than Andre is <u>tall</u>.

まず**形容詞tall を比較級**にし、2文を並べます。
thanは接続詞の1つで、後ろに節をつなげることができます。でもis tall（er）が2回も出てきて少し見た目がくどいですよね？　**英語ではダブリを省略する傾向があります**。そこでこのダブリ部分、than

以下のis tallを大胆に消してしまいましょう。すると…

Bob is taller than Andre.（ボブはアンドレよりも背が高いです。）
これで完成です！ ボブの方が背が高い！
今度は英文（c）（d）の比較文を作ってみましょう。要領は同じですが、今度は**副詞に注目**です。
「アンドレのほうが熱心に勉強する。」と言いたいとします。

(c) ＋ (d)　Andre studies harder than Bob studies hard.　＊副詞hardを比較級にする

ここでthan以下のダブリ部分を切り捨てて…
Andre studies harder than Bob.（アンドレはボブよりも熱心に勉強します。）
これで完成です！ アンドレの方が勉強家！

thanの後ろは…

thanは、**基本的には従属接続詞**と考えます。そうすると後ろは節となり、本来ならSだけでなくVも続くはずですが、先ほども言ったとおり、2回も同じ表現を繰り返すのを避けるために、Sのみで終わる場合が多いのです。

She is younger than I am young.（彼女は私よりも若いです。）
→　She is younger than I am.　→　She is younger than I.

また、くだけた口語表現では、
She is younger than me.

のようにthanを前置詞として考え、後ろが**目的格**になるのが普通です。

最上級

次の英文を比較してみましょう。
(a) Nancy is short.（ナンシーは背が低い。）
(b) Lisa is short.（リサは背が低い。）
(c) Mary is short.（メアリーは背が低い。）
誰が1番、背が低いのでしょう？

(d) Nancy can swim fast.（ナンシーは速く泳げる。）
(e) Lisa can swim fast.（リサは速く泳げる。）
(f) Mary can swim fast.（メアリーは速く泳げる。）
誰が1番、速く泳げるのでしょう？

Lesson 20 比較の表現 その1 比較級と最上級

こういうとき、**最上級**を使えば、**3人（3つ）以上の比較範囲の中で、ある性質・程度について誰（どれ）が1番なのか**を表現することができます！　それでは、その形をチェックしましょう。

> 最上級 「1番…」 → the 形容詞est・副詞est

それでは、英文（a）～（c）の中で、「メアリーが1番背が低い」と表現するため、**形容詞short**を最上級にした英文を作ってみましょう！
まず、**形容詞short**の**前後に**the と est を付けます。
Mary is short. → Mary is the shortest ... .
ここで比較範囲を表すものを…部分に入れなければなりません。

> **in** ＋場所・集団　/　**of** ＋the 数字 / **of** ＋ 複数名詞

文末に前置詞of / in を置いて、「**どの範囲、グループの中で**1番なのか」を表します。
Maryは「3人の中」で1番です。そこで、この3という数字を使ってof the three と表して…

Mary is the shortest of the three.（メアリーは3人の中で1番背が低いです。）
これで完成です！　ナンシーやリサたちの中で彼女が1番背が低い！
＊数字の前に the を付けることを忘れずに！

今度は英文（d）～（f）のうち、**Lisaを主語**とし、**副詞fast**を最上級にした英文を作ってみましょう！
Lisa can swim fast. → Lisa can swim the fastest ... .
今度は「クラスの中で」を意味する in the class を文末に付けて…

Lisa can swim the fastest in the class.（リサはクラスの中で1番速く泳げます。）
完成です！　リサが1番速く泳げる！

さて、副詞の最上級で1つ覚えておきましょう。**副詞の前のthe は省略してもOK**です！
Lisa can swim **fastest in** the class.

比較級と最上級のイメージ

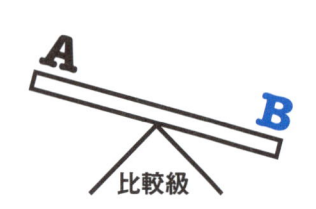

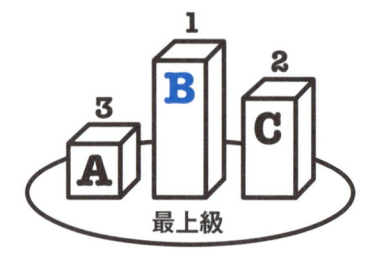

比較級 / 最上級

比較級、最上級の作り方

ing形の作り方があったように比較級erや最上級estの作り方にもパターンがあります。
このパターンを覚えなければ比較・最上級はマスターできませんので頑張りましょう！

比較級・最上級の作り方

	語尾の変化ポイント	原級の例	比較級・最上級
パターン1	通常は語尾にerやestを付けるだけ	tall	tall**er** than the tall**est**
パターン2	語尾が [子音＋y] であれば、yをier / iestに	easy	eas**ier** than the eas**iest**
パターン3	語尾が [短母音＋子音] であれば、 子音を1つ増やしてer / estを付ける	big	big**ger** than the big**gest**
パターン4	語尾がeであれば、r / stのみを付ける	large	larg**er** than the larg**est**

＊原級……何も変化していない形

moreの比較級・the mostの最上級

形容詞・副詞によっては、erやestの形に変化しない特別なものがあります。
その場合、erの代わりに**more**を、estの代わりに**the most**を**原級の形容詞・副詞の前**に付けます。

[原級] careful → [比較級] **more** careful **than** → [最上級] **the most** careful

(×) careful**er**、 careful**est**

この特別な変化をするものは、あまり多くありません。
今のところは以下の単語さえ押さえておけば十分です！

more・the most になる例

	原級	比較級	最上級
2、3音節以上の語	careful / useful / popular / famous / interesting/ important / difficult / beautiful	**more** 原級 than	**the most** 原級 in/of
語尾がlyで終わる語	quickly / slowly / carefully		

＊音節とは単語を発音で区切ったものです。例えば、carefulは ₁care - ₂ful と分けられます。
＊2音節でもer / the -est変化する単語もあります！（とにかく、上記の単語のみをまずは押さえておきましょう！）

This dictionary is **more** 原級**useful** than that one. （この辞書はあの辞書よりも役立つ。）
This picture is **the most** 原級**beautiful** of the five. （この絵は5枚の中で1番美しい。）

Lesson20 比較の表現 その1 比較級と最上級

不規則変化

英語に不規則変化は付き物で、**比較級・最上級が不規則に変化する**ものがあります。

初心者泣かせですが、あまり数は多くありませんので、ラッキーです。

原級	比較級	最上級
[形] good（良い）、[形] [副] well（元気な、よく）	better	the best
[形] bad（悪い）、[副] badly（ひどく）、[形] ill（気分・具合が悪い）	worse	the worst
[形] many（多数の）、[形] much（多量の）	more	the most
[形] little（少量の）	less	the least

He has more books than she.（彼は彼女よりも多くの本を持っています。）
＊このmoreはmanyの比較級です。

This dictionary is more useful than that one.（この辞書はあの辞書よりも役に立ちます。）
＊このmoreはusefulを比較級の意味にするために付けたものです。

My son performed a dance well.（息子はうまく踊りました。）
→ My son performed a dance better than they.（息子は彼らよりもうまく踊りました。）

His condition was bad this morning.（今朝、彼の状態は悪かった。）
→ His condition was worse this morning than last night.
（今朝、彼の状態は昨日の夜よりも悪かった。）

Output Stage

Lesson 19の復習問題

1 次の誤りを1つ含んだ英文を訂正して全文を書き直しましょう。

(1) When the shop will open, I'll go shopping at once.　　＊at once すぐに

(2) We didn't know that our daughter wants to work.

2 次の(1)～(4)の英文の続きを(a)～(d)から選んで記号で書きましょう。

(1) I was very lazy ...　　＊lazy 怠けた、ノロノロした
(2) I had to stay there ...
(3) We know ...
(4) He worked very hard to earn money ...

(a) because he wanted to marry her.
(b) he can't go there.
(c) though I didn't want to.
(d) so he got angry at me.　　＊get angry 怒る

(1)　　　(2)　　　(3)
(4)

3 次の( )内の語(句)を自然な意味になるように正しく並び替え、全文を書きましょう。

(1) Ken (you / when / her / or / have to / help) I'm at work.　　＊at work 仕事中で

(2) You (to / next / he's / leave / know / Kobe / going) Monday.

4 次の下線部の文法上の正しい名称を下から1つずつ選び、記号で書きましょう。

(1) I don't think my father is angry.
(2) That is a very hard question.
(3) You lived in Okinawa when I was a student.

(ア) 副詞句　(イ) 副詞節　(ウ) 名詞句　(エ) 名詞節

(1) _____　(2) _____　(3) _____

Lesson 20の演習問題

1 次の単語の比較級・最上級をそれぞれ書いてみましょう。

(1) useful　　比較級 _____　最上級 _____
(2) little　　比較級 _____　最上級 _____
(3) early　　比較級 _____　最上級 _____
(4) large　　比較級 _____　最上級 _____
(5) good　　比較級 _____　最上級 _____

2 次の英文の( )内の語句で正しい方に○を付けましょう。

(1) Mayu is (the most / more) beautiful than that woman.
(2) Ayako is (a / the) cutest (of / in) the class.
(3) His business was (the most / more) important of all.
(4) He had to study (harder / the hardest) of them all.

3 次の( )内の語を正しい形にしましょう。ただし、変える必要のないものはそのまま書きましょう。

(1) This area is the (hot) in Wakayama.
(2) Your cup isn't (large) than mine.
(3) The (old) radio is my grandfather's.
(4) Did she get up the (early) of us?

(1) _____　(2) _____　(3) _____
(4) _____

4 次の日本語に合うように ＿＿ に正しい英語を書きましょう。

(1) これは神戸で一番大きい店ですか？
Is this ＿＿＿＿＿ ＿＿＿＿＿ ＿＿＿＿＿ in Kobe?

(2) アンナは彼女よりも美しくなるだろう。
Anna will be ＿＿＿＿＿ beautiful ＿＿＿＿＿ ＿＿＿＿＿ .

(3) 彼女は私たちみんなの中で1番熱心に勉強しました。
She studied ＿＿＿＿＿ ＿＿＿＿＿ us ＿＿＿＿＿ .

(4) 今回は、あなたが私より早くここに来ることができますか？　　＊this time 今度は、今回は
Can you come here ＿＿＿＿＿ ＿＿＿＿＿ I this time?

(5) その女の子は5人の中で1番可愛かった。
The girl was ＿＿＿＿＿ ＿＿＿＿＿ ＿＿＿＿＿ ＿＿＿＿＿ five.

Evine's Words

**語学は短期間でマスターできるほど単純ではありません。
だからこそ基礎固めが重要です。**

Lesson21 比較の表現 その2 比較のいろいろ

今日のポイント！
から揚げもカレーもどっちも好きで優劣を決めることができない…。
「…より好き」や「1番好き」とは言えますが、「同じくらい好き」とはどう言うのでしょうか？
そのほかにも、「比較」に関するさまざまな表現を今回のレッスンでマスターしておきましょう。

Input Stage

同レベルの比較表現

いよいよ3つ目の比較表現です。最後は、優劣を示さない**同等比較の表現**です。
2人（2つ）がある性質・程度において同等である場合、**as**という単語を使ってそれを表現します。
では早速、形をチェックしましょう。

> 同等比較 「…と同じくらい〜」 → **as** 形容詞・副詞の原級 **as** …

形容詞・副詞の原級というのは、変化していないそのままの形のことでしたね。
その原級をasで挟んだ形を同等比較と呼びます。次の英文を見てください。

(a) Runa is cute.（ルナは可愛い。）　　(b) Ruby is cute.（ルビーは可愛い。）

僕の愛犬ルビーとルナは比較しようがないくらい、**同じくらい可愛いやつ**なんです。これでは比較級や最上級を使って僕の気持ちを表現できません。そこでasを使ってみましょう！

方法は本当にシンプルで、**形容詞cuteをasで挟むだけ**でOK！

[同等比較] Runa is **as** cute **as** Ruby.（ルナはルビー**と同じくらい**可愛い。）

ただし、**old / tall / long / high / deep** などの形容詞は文脈によって解釈が異なるので注意！

My nephew is **as old as** your niece.（僕の甥は君の姪と**同年齢**です。）
（×）（僕の甥は君の姪と同じくらい ×年をとっています。）
＊このoldは単なる「年齢」を意味している。

The boy is **as tall as** you.（その男の子は君と**同じくらいの背の高さ**だ。）
（×）（その男の子は君と同じくらい〟背が高い。）
＊このtallは単なる「背の高さ、身長」を意味している。

明らかに背の高い相手や年老いた人と比較する場合には「背が高い」「年をとった」という本来の意味で解釈してもいいですが、上記のような形容詞にはただ「高さ」や「年齢」のように、基準のみを表す意味もあります。要するに日本語に訳すときに文脈によって解釈を変えることがポイントです！

否定文は要注意

as ~ as表現の否定文は少しクセがあり、注意が必要です。
not as ~ as... で「**…ほど~ではない**」という意味になるんです！

Runa **is not** as cute as Ruby.

（×）（ルナはルビーと同じくらい可愛くはありません。）
➡ 両方ともブサイクになってしまうのでNG！
（○）（ルナはルビー**ほど可愛くはありません**。）

> **not as ~ as ... ➡ 「…ほど~ではない」**

as ~ as の否定文は**後者がより優れていること**を意味し、**比較級で言い換えることが可能**です。
Runa is not as cute as <u>Ruby</u>.　⇔　<u>Ruby is cuter than</u> Runa.（ルビーはルナより可愛いです。）

as ~ asの表現

as ~ asを使った大切な表現を挙げておきましょう。
① **as ~ as** possible / **as ~ as** S can(could)「できるだけ~」

You studied for a long time **as** hard **as** possible.
（長い間、君は**できるだけ**一生懸命に勉強しました。）
　⇔　You studied for a long time **as** hard **as** you could.　　＊for a long time 長い間

② **twice [half]** as ~ as ... 「…の2倍[半分]の~」/ ** **times** as ~ as ... 「…の [**] 倍の~」

They are **twice as** old **as** you.（彼らはあなたの**2倍の年齢**です。）
This mountain is **half as** high **as** Mt.Fuji.（この山は富士山の**半分の高さ**です。）
You study **ten times as** long **as** he.（君は彼の**10倍長い間**勉強します。）

161

関連表現も一緒に押さえておきましょう。
I want to meet him **as much as possible**.（**できるだけ多く**、私は彼に会いたい。）
I met **as many as** 100 men at the party.（私はパーティーで100人**もの**男性に出会いました。）

比較級で最上級を意味する

比較級でany otherを使えば、意味的に最上級である英文を作ることが可能です。

> 比較級 ＋ than ＋ any other 単数名詞「他のどの…より〜だ。」→ 最上級と同じ意味

He is **the smartest** student in his class.（彼はクラスで1番賢い生徒だ。）
⇔　He is smarter than **any other student** in his class.（彼はクラスで**他のどの生徒よりも**賢い。）
＊細かく言えば、「どの生徒よりも劣っていない」という意味。

比較表現の強調

muchを使えば、比較級を強調して「**はるかに、ずっと**」という意味を追加できます。

Kei is **much** more careful than you.（ケイはあなた**よりもはるかに注意深い**です。）

また代わりに**a little / a bit**を使えば「**少しだけ…**」という意味になります。
That question is **a little** more difficult than this one.（あの問題は、これよりも**少しだけ**難しい。）

また最上級でも**much**を使えば「**まさに、抜群に**」という強調の意味を追加できます。

The opening scene is **much** the greatest in this film.
（その最初の場面はこの映画の中で抜群に素晴らしい。）

比較表現の書き換え

比較表現にはいくつか書き換えパターンがあります。臨機応変に対応するために押さえておきましょう！

① This dog **is** prettier than **that one**.（この犬はあの犬よりも**かわいい**。）
　⇔　That dog **isn't** prettier than this one.（あの犬はこの犬よりも**かわいくない**。）
＊主語と比較対象を交換し、肯定形と否定形を逆にする。

② This side is **softer** than **the outside**.（この側面は外側よりも**柔らかい**。）
　⇔　**The outside** is **harder** than this side.（外側はこの側面よりも**硬い**。）

＊比較するポイント（形容詞・副詞）を正反対に変える。

🐕 比較の慣用的表現

では最後にいくつか比較の慣用的な重要表現をチェックしておきましょう。

① **like A better than B**「BよりもAが好き。」 / **like A (the) best**「Aが1番好き。」
The man likes bananas **better than** oranges.（その男はミカン**よりもバナナが好き**だ。）
The man likes pears **best**.（その男は西洋ナシが**1番好き**だ。）
＊副詞の最上級はtheが省略可能でしたね。

② **one of** 最上級＋複数名詞 「…のうちの1つ（1人）」
She is **one of** the busiest women in Tokyo.（彼女は東京で1番忙しい女性**のうちの1人**です。）
　　　　　　　　　　　　　　　　　　　　　　　　　　　　　　　　　　　＊women womanの複数形

複数あるうちの1つですから、one ofの後ろは必ず**複数名詞**になります。
As far as I know, this is **one of** the most famous songs here.　　　　＊as far as …の範囲では
（私の知る限りでは、これは、ここでもっとも有名な歌の1つです。）

③ **比較級 and 比較級**「ますます…」
It was getting **darker and darker**.（ますます暗くなってきていました。）
＊itは天気を示す形式主語です。またget＋形容詞は「…になる」という意味です。
The earth is getting **warmer and warmer** year after year.
（地球は年々、ますます暖かくなっています。）　　　　　　　　　　　　　　　　　　＊year after year 年々

④ **疑問詞**を用いた比較・最上級表現
Who is the best student in this class?（このクラスで**誰が1番優秀な生徒**ですか？）
Katsuya is.（カツヤです。）

Which is the worst book of these books?（これらの本の中で**1番悪い本はどれ**ですか？）
That one is.（あの本です。）

Which season do you **like better**, spring **or** fall?
（春か秋、**どちらの季節があなたは好き**ですか？）
I like **spring better**.（僕は**春のほうが好き**です。）
＊orを用いて「どちらが…ですか？」と尋ねる場合、thanは消えてコンマ（,）になるので注意しましょう。

What sport do you **like (the) best**?（あなたは**何のスポーツが1番好き**ですか？）
I like **soccer (the) best**.（僕は**サッカーが1番好き**です。）

thanなしスタイル

比較対象を置かなくても意味が分かる場合、**than は省略されます**。

Please push my back harder.（もっと強く背中を押してください。）
Speak louder.（もっと大きな声で話しなさい。）

また **than ではなく to を使った** 熟語表現もありますので、ついでにチェックしておきましょう。

① prefer A to B「BよりもAを好む」

He prefers watching movies to traveling.（彼は旅行するよりも映画を見ることを好む。）
＊toは前置詞で、後ろに動詞が来る場合は動名詞になります。
I prefer mayonnaise to ketchup on salad.（僕はサラダにはケチャップよりもマヨネーズを好む。）

② be superior to「…より優れた」／ be inferior to「…より劣った」

These goods are superior to those.（これらの商品はあれらのものよりも優れています。）
Those goods are inferior to these.（あれらの商品はこれらのものよりも劣っています。）
＊goodsは通常複数形で「商品」という名詞です。形容詞の「良い」ではありません。

Output Stage

Lesson20の復習問題

1 次の英文を（　）内の意味を付け加えて書き換えてみましょう。

(1) Misaki is pretty.（私よりも）

(2) Yuko studied English hard.（3人の中で）

2 次の（　）内の語(句)でどちらか正しいほうを丸で囲みましょう。

(1) This song is the most famous (　in　/　of　) Brazil.　　　＊Brazil ブラジル
(2) She drives (the most / very) carefully of the five.
(3) That man looked the saddest (　in　/　of　) all.
(4) His manner was the (bad / worst) in his family.　　　＊manner マナー

3 次の（　）内の語(句)を自然な意味になるように正しく並び替え、全文を書きましょう。

(1) (more / that one / runs / than / this car / slowly / .)

(2) It was (of / wonderful / all / most / them / movie / the / .)

(3) She (popular / us / was / most / all / the / of / student / .)

4 次の英文を（　）内の指示に従って、正しく書き直しましょう。

(1) This movie is interesting.（that one を文末に加えて比較級に）

(2) He always finishes his work quickly.（in his company を文末に加えて最上級に）

Lesson21　比較の表現 その2　比較のいろいろ

165

Lesson21の演習問題

1 次の各組の英文がほぼ同じ内容になるように、＿＿に正しい英語を書きましょう。

(1) It is warmer today than yesterday. ➡ It was ＿＿＿＿ yesterday ＿＿＿＿ today.

(2) This pen is more useful than that one. ➡ That pen ＿＿＿ more ＿＿＿＿ ＿＿＿＿ this one.

(3) Your car looks newer than mine. ➡ My car looks ＿＿＿＿ ＿＿＿＿ ＿＿＿＿.

(4) He is 30 years old and his grandmother is 90 years old.
➡ His grandmother is ＿＿＿＿ ＿＿＿＿ as old ＿＿＿＿ he.

(5) The boy can swim faster than you.
➡ You ＿＿＿＿ swim ＿＿＿＿ ＿＿＿＿ ＿＿＿＿ the boy.

(6) His pocket is wider than yours. ＊wider ＜ wide
➡ Your pocket isn't ＿＿＿ ＿＿＿ ＿＿＿ ＿＿＿.

2 次の日本語に合うように＿＿に正しい英語を書きましょう。

(1) この曲とあの曲では、どちらのほうが好きでしたか？
＿＿＿＿ did you like ＿＿＿＿, this song ＿＿＿＿ that one?

(2) 僕はゆうべあなたほどよく寝られませんでした。
I ＿＿＿＿ sleep ＿＿＿＿ well ＿＿＿＿ you last night.

(3) 彼女は日本語よりも英語のほうが好きです。
She likes English ＿＿＿ ＿＿＿ ＿＿＿ Japanese.

(4) 私の車はあなたのよりも、ずっと古く見えます。
My car ＿＿＿ ＿＿＿ ＿＿＿ than yours.

(5) 彼は他のどの選手よりも一生懸命、練習しました。
He practiced ＿＿＿ ＿＿＿ ＿＿＿ ＿＿＿ player.

Evine's Words

結果をすぐに求めないことです。

月　日　1□ 2□

Lesson22　受け身の表現

今日のポイント！
次の日本語を英語に直してみましょう。「窓が割られました。」
「誰かが窓を割った」という表現は作れる気がしますが…。「割られる」は？
今日は違った視点で異なる英文を作り出す方法をマスターしましょう！

Input Stage

能動態と受け身（受動態）

He cleans a table.（彼はテーブルを**掃除します**。）

この英文は「**AはBを…する**」という言い方で、皆さんが見慣れた表現方法ですね。
この表現スタイルを**能動態**と呼びます。
そして、今日勉強するのは、「**BはAに…される**」という**受け身（受動態）**と呼ばれる表現スタイルです。
では早速、受け身の形をチェックしてみましょう。

> 受け身の表現「～に…される」　➡　**be動詞＋過去分詞＋by行為者**

A table **is cleaned by** him.（テーブルは彼に**掃除されます**。）
このように、**Bの立場（a table）になって、視点をガラリと逆に変えてしまう表現**が受け身になります。

過去分詞

動詞の形の変化は大きく3つあり、**現在形**、**過去形**、そして**過去分詞**の形です。
これが**動詞の3大変化**！　ただし、変化のしかたには4パターンありますので、まずはチェックしておきましょう！

Lesson22 受け身の表現

動詞の3大変化

	特徴	原形の例	過去形	過去分詞形
パターン1	全て変化	speak	spoke	spoken
パターン2	過去形・過去分詞が同じ	study	studied	studied
パターン3	過去形のみ変化	come	came	come
パターン4	変化なし	put	put	put

＊別冊解答集にある「不規則変化動詞リスト」もチェックしておきましょう。

典型的なものが全て変化するパターンです。speakを例に見ておきましょう。
[現在形] We speak English.（私たちは英語を話します。）
[過去形] We spoke English.（私たちは英語を話しました。）
[過去分詞形] English is spoken in the country.（英語はその国で話されます。）

さて、過去分詞とは何でしょう？ **現在形と過去形**は明らかに**時を表しています**が、過去分詞形は別に時を表しているわけではありません。過去分詞形は、**過去**という名前はついていますが、あくまでも**文法上の呼び方**で、時制とは関係ないと考えましょう！
パターンで特に注意したいのが、パターン2の**過去形と過去分詞形が同じもの**です。
(a) He 過去形 cleaned a table.（彼はテーブルを**掃除しました**。）
(b) A table is 過去分詞 cleaned by him.（テーブルは彼に**掃除されます**。）

同じ形（**cleaned**）でも、英文（a）は**過去を意味**しますが、英文（b）は**過去を示しているわけではありません**。受け身表現では、**be動詞で時制をコントロールします**。
I **was shocked** by the unfair victory.（僕はその不公平な勝利に**ショックを受けた**。）

過去分詞には、もともと「**…される**」という意味があるんです。これに**be動詞**で時間の感覚を加えるわけですね。

能動態から受け身へ

では実際に、能動態から受け身へ書き換える場合のポイントを見ていきましょう。
[能動態]　ₛHe ᵥloves ₒhis dog.（彼は自分の犬を愛しています。）

能動態から受け身に書き換える場合、このSとOがひっくり返ります。
his dogがSになれば、視点が変わります。「**彼の犬**」の気持ちを考えなければなりません。
つまり、「愛する」から「愛される」という表現になるわけです。こういう時、be動詞と過去分詞を使って…

loves ➡ be loved ➡ His dog is loved ...
そして、最後にloveする**行為者を表す**by him「彼によって」を文末に付け加えて書き換え終了！

[受け身] His dog is loved by him.（彼の犬は彼に愛されています。）

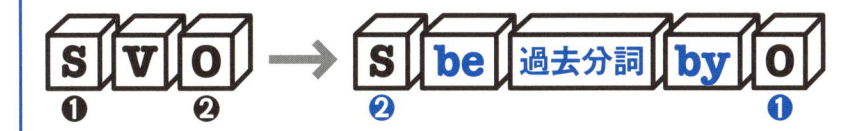

```
 S   V   O   →   S   be  過去分詞  by   O
 ❶   ❷           ❷                    ❶
```

さて、byの後ろがheではなくhimとなっているのはなぜでしょうか？
前置詞の後ろの名詞は**前置詞の目的語だから**（[参] L.16）ですね。ですから**代名詞も目的格の形**になります。ちなみに、be動詞を使っていますから、疑問文も否定文も全て**be動詞のパターン**でOKです！

This desk is used by her.（この机は、彼女に使われています。）
[否定文] This desk isn't used by her.（この机は彼女に使われません。）
[疑問文] Is this desk used by her?（この机は彼女に使われますか？）
Yes, it is.（はい、使われます。）/ No, it isn't.（いいえ、使われません。）

byは常に必要?!

受け身は基本的には「be動詞＋過去分詞＋by行為者」ですが、文脈において、**わざわざ「行為者」を具体的に示す必要のない場合**にはbyは必要ありません。
（×）English is spoken by people in America.（英語はアメリカの人々によって話されている。）
（○）English is spoken in America.（英語はアメリカで話されている。）

英語が「人々」によって話されるのは、**常識として一般的に知られている事実**です（人間以外英語を話しません）。ですからこのような場合は**主体をわざわざ明確にする必要はなく**、場所を示すinだけであっさりと表現すればOKです。

A book is sold at the shop.（本がその店で売られている。）　　　　　　　　　＊sold < sell
＊「場所を伝えること」に焦点を当てていますからby clerks（店員たちによって）などとする必要はありません。

> 行為者を明確にする必要がない場合、by行為者は必要なし

SVOO文型の受け身

受け身の表現は**もともとOであったものがS**となります。
今見てきた英文はSVO文型で目的語が1つしかありませんが、SVOO文型はどうなるでしょうか？

Kei sent _{O1}Tom _{O2}money.（ケイはトムにお金を送りました。）（SVOO）
Oが2つですから、Sが異なる2タイプの受け身表現ができるんです！

_STom was sent _Omoney by Kei.（トムはケイにお金を送られました。）
_SMoney was sent to _OTom by Kei.（ケイによって、お金はトムに送られました。）

Tomの前に前置詞toがあることに注目してください！
SVOO文型をSVO文型に書き換えた場合、**人の前にtoやforが必要になる**と勉強しました。
これは**受け身でも同じです**ので覚えておきましょう。（[参] L.05）

SVOC文型の受け身

SVOO文型とは違い、SVOC文型には**目的語が1つしかありませんので受け身は1種類のみ**になります。

They named _Othe baby Kate.（彼らはその赤ん坊をケイトと名づけた。）
_SThe baby was named Kate by them.（その赤ん坊は彼らにケイトと名づけられた。）
＊the babyだけが移動し、補語Kateはそのままの位置で残ります。

> 受け身では、通常の文での**OがSになる**！

ここで1つ大切なポイントがあります。受け身の表現では、もとの英文の目的語（O）が主語（S）になるので、目的語（O）がない英文は受け身にはできないということですね。つまり、もとの英文の動詞は、**目的語を必要とする他動詞**であることが前提条件になります！

熟語表現などの受け身

2語以上で1つの他動詞として働く熟語表現を受け身にするパターンを見ておきましょう。

The woman **looked at** him.（その女性は彼を見ました。）
→ He **was looked at by** the woman.（彼はその女性に見られました。）
She **takes care of** her cousin.（彼女はいとこの世話をします。）
→ Her cousin **is taken care of by** her.（いとこは彼女に世話をされます。）

OKですか？ 前置詞atやofの後ろの目的語を主語にして、熟語の形は**そのまま崩さず、1つのカタマリ**のように扱って受け身にしましょう！

どんなとき受け身の文を使うのか？

受け身は、堅い文章、例えば**学術論文**などで多く見られます。また、**被害者や被害状況を伝えるニュース英文など**の中でもよく用いられます。

More than 20 people **were killed** in the tsunami and flood.　　　＊more than …を越える
（20人を越える人々が津波と洪水で亡くなった。）

また、**行動を取った人物が誰か分からない場合、その人物を主語にした能動態を作ることができないため**、受け身で表現することもよくあります。

He **was shot** last night.（彼は昨夜、撃たれました。）
＊撃った人物が誰か分からないので被害者を主語にした受け身に

能動態から受け身への書き換え問題を何度も解いていくうちに、両者の意味合いは同じと思い込んでしまう人は多いようですが、**わざわざ受け身にしたために、かえって不自然になる**ケースもあります。例えば、次の2つの英文を見比べてみましょう。

[能動態] He bought me a car.（彼は僕に車を買ってくれました。）
[受け身] I was bought a car by him.（僕は彼に**車を買われました**。）

どうでしょうか？　どちらが自然であるのかは言うまでもなく、能動態ですね。

極論を言えば、基本的に**能動態で十分表現できるのであれば受け身にする必要はない**んです。
受け身表現は単なる能動態からの書き換えではなく、**何らかの意図があって使われる、あるいは使わなければならない**ということをしっかり意識しておきましょう。

Output Stage

Lesson21の復習問題

1 次の英文を日本語に直しましょう。

(1) He didn't work as hard as his sister.

(2) Kobe is one of the most beautiful cities in Japan.

(3) Who could sing the song best in the competition? ＊competition コンテスト

2 次の英文を（　）内の指示に従って全文を書き直しましょう。

My brother likes baseball the best.（下線部の内容を尋ねる疑問文に）

3 次の日本語に合うように　　　に正しい英語を書きましょう。

(1) 昨日、彼女は僕と同じくらい早く寝ました。
She went to bed _____ _____ _____ I yesterday.
＊go to bed 寝る

(2) できるだけたくさん英語を話しなさい。
Speak English _____ _____ _____ _____ .

(3) 僕は弟よりもたくさんのCDを持っています。
I have _____ CDs _____ my brother.

(4) 彼女は夏が一番好きです。
She _____ summer _____ .

(5) この建物はだんだん古くなっています。
This building is getting _____ _____ _____ .

Lesson22の演習問題

1 次の英文の( )内の語句で正しいほうを○で囲みましょう。

(1) An envelope was sent (for / to) me by (their / them). ＊envelope 封筒
(2) My nose was (hit / hitting) by someone.
(3) The man was (slept / sleeping) in a chair.
(4) A lot of flowers (is / are) seen (by / in) the park.
(5) (Was / Did) it (steal / stolen) by the boys?

2 次の英語の下線部を主語にした受け身の表現を書いてみましょう。

(1) People in Australia speak <u>English</u>.

(2) They call <u>me</u> Mama.

(3) He read <u>this book</u> last night.

(4) She didn't smile at <u>them</u>. ＊smile at …に微笑む

(5) Did he call <u>her</u> Natsuko?

3 次の英文の受け身表現を2パターン作ってみましょう。

They taught us history.
(1)
(2)

Evine's Words

集中力がなくても具体的な目標があれば
それを補うことができます。

Lesson23　重要表現いろいろ

今日のポイント！
英文法「だけ」では表現力までは豊かにはなりません。日本語でも同じですが、慣用表現というのはとても重要で、読解や会話の助けになるのです。覚えたほうが絶対おトクなんです！
今日は、すでに学んだ英文法に関連する、重要な表現をリストアップしました。

Input Stage

不定詞を使った重要表現

① **too 形容詞 (for 人) to V**「あまりに～で、(人は) V できない」
It was **too hard for me** to **solve** the question on this top page.
(このトップページの問題を解くのはあまりに難しくて私はできなかった。)

形式主語 It を使ったとき、「for 人」は to 以下の意味上の S を意味します。この場合は「問題を解けない」のは「私」です。

② **so 形容詞 that S can't V**「とても～で S は V できない。」
①の表現は肯定文ですが、**内容は否定**のため、so~that の文で言い換えることが可能です！

I was too sleepy to go to the theater.（僕はあまりに眠くて、映画館に行けなかった。）
↔　I was **so** sleepy **that I couldn't go** to the theater.
（僕はとても眠かったので、映画館に行くことができなかった。）

too は「とても」と訳すため、very の感覚で使う人も多いですが、too には**否定的で限度を越えたニュアンス**がありますので注意しましょう！

The camera is **very** expensive.（そのカメラは**とても高い**。）　➡　購入できる限度内！
The camera is **too** expensive.（そのカメラは**高すぎる**。）　➡　あまりにも高価で手が出ない！

③ **形容詞 enough to V**「V するのに十分～だ」
The president was **rich enough to buy** the whole bridge.
(その社長は十分金持ちだったのでその橋全体を買うことができた。)

この例文では**副詞**として機能している**enough**は「**十分な**」の意味で**形容詞**としても使われ、**可算名詞の複数形や不可算名詞**を前から修飾し、**数や量の程度が十分であること**を表します。
He had 形容詞 **enough** 名詞 **rooms** to share. (彼は共有するだけの十分な部屋を持っていました。)
＊to share は不定詞の形容詞的用法で rooms を修飾しています。

④ **ask 人 to V**「**人に V するように頼む。**」/ **tell 人 to V**「**人に V するように言う。**」
The assistant **asked him to get** some tomatoes. (その助手は彼にトマトを取るように頼んだ。)
↔ The assistant **said to** him, "Get some tomatoes, **please**."

The manager **told the guard to protect** her. (支配人は警備員に彼女を守るように言った。)
↔ The manager **said to** the guard, "Protect her."

ask にはお願いする **please の気持ち**が含まれ、tell には**命令・指図的なニュアンス**が含まれます。
say は直接、会話を目的語に取ることができる他動詞です。　　　　　　＊say (to 人) ＋会話文
またこの表現に関連して、**不定詞の否定形**を使ったものも重要です。
不定詞の否定形は **not to 動詞の原形**となります。では見てみましょう！

I asked him **not to feed** the dolphins. (僕は彼に、イルカたちにエサを**与えないように**頼んだ。)
I **didn't** ask him **to feed** the dolphins. (僕は彼に、イルカたちにエサを与えるように**頼まなかった**。)

ここで **not の位置により否定する内容（範囲）が異なる**ことに注意してください。
あくまでも **not を置いた後ろから否定の範囲**になります。
He told me **not** to call her . (彼は僕に、彼女に電話を しないように 言った。)
He **didn't** tell me to call her . (彼は 僕に、彼女に電話をするように 言わなかった。)

⑤ **want 人 to V**「**人に V してもらいたい。**」/ **would like 人 to V**「**人に V していただきたい。**」
I **wanted her to boil** water in the pan. (僕は彼女に鍋のお水を沸かして欲しかった。)
I **would like him to exchange** business cards. (僕は彼に名刺を交換していただきたいのですが。)

接続詞を使った重要表現

① **after SV**「**S が V した後**」/ **before SV**「**S が V する前**」
He died **after** she went to her hometown. (彼女が帰郷**した後で**、彼は死んだ。)
Clean your room **before** she comes home. (彼女が家に来る**前に**部屋を掃除しなさい。)
after や before は、前置詞だけでなく接続詞としても働くんですね。

② **while SV**「**S が V している間に**」
He lost his wallet **while** he was playing soccer. (サッカーをしている間に彼は財布を無くした。)
↔ He lost his wallet **during** the soccer game.

③ till [until] SV「S が V するまで」
I had to wait till she came home.（彼女が帰宅するまで待たなければならなかった。）

④ not only A but (also) B「A だけではなく B も」　　　＊also は省略可能です。
She likes not only you but also him.（彼女は君だけでなく彼も好きです。）
この表現は B as well as A「A はもちろん B も」と言い換えることが可能です。
⇔　She likes him as well as you.（彼女は君はもちろん彼も好きです。）　＊AB の位置関係に注意！

⑤ both A and B「A も B も両方とも」で④を言い換えることが可能です。
She likes both you and him.（彼女はあなたも彼も両方とも好きです。）

⑥ not A but B「A ではなく B」
He is not an engineer but a doctor.（彼はエンジニアではなく医者です。）

⑦ as soon as SV「S が V するとすぐに」
I stopped cooking as soon as it began.（それが始まるとすぐに僕は料理するのを止めた。）
As soon as I received his email, I replied to it.（彼の e メールを受け取るとすぐに返事をした。）
＊reply to …に答える

⑧ either A or B「A か B のどちらか」/ neither A nor B「A も B も…ない」
You can print either this or that.（君はこれかあれのどちらかを印刷することができる。）
ここで either - or の頭に n を付ければ否定の出来上がり！
⇔　You can print neither this nor that.（君はこれも、あれも印刷することはできない。）

⑨ I'm afraid [sure / glad] that …「…ではないかと思う。[きっと…だと思う / …で嬉しい]」
I'm afraid there is no hope of her success.（残念ながら彼女の成功の望みはありません。）
「残念ながら…」という気持ちが含まれています。ちなみに that は省略可能です。以下同様。

I'm sure this lake is 10 meters deep.（この湖はきっと 10 メートルの深さだと思います。）
I'm glad his leg and arm are getting better.（彼の足と腕が良くなってきて嬉しいです。）
＊get better よくなる

間接疑問文

次の2つの英文を見てください。
I don't know O.（私は O を知りません。） Where does he live?（彼はどこに住んでいますか？）
ここで know の目的語の位置に後ろの疑問文を入れてみましょう。

→　I don't know 疑問詞 where ₛhe ᵥlives.（私は彼がどこに住んでいるのか知りません。）
このような O に疑問詞付きの疑問文を入れた表現を間接疑問文と呼びます。

この疑問詞は**接続詞のように働き**、「**疑問詞＋SV**」の語順で目的語になる**名詞節のカタマリ**を作ります。**疑問文**という名前が付いてはいますが、実際は疑問詞の形と意味を利用した**表現**で「…ですか？」と相手に尋ねる文ではないので注意！

He told me how he improved his English.（彼はどのように英語を上達させたか僕に教えた。）
Can you imagine who will come?（誰が来る予定なのか想像できますか？）
The customer complained and asked the clerk when the blanket would arrive.
（その客は文句を言って、店員にいつその毛布が届くのか尋ねた。）
＊「ask O 名詞節」で「Oに…について尋ねる」という意味になります。

受け身を使った重要表現

① be covered with ...「…で覆われている」
My car was covered with snow this morning.（今朝、僕の車が雪で覆われていました。）

② be surprised at ...「…に驚く」　　　　　　　　　　　　　　　　　　　　　　　　＊at は by でも可能
Ayako was surprised at my silly face.（アヤコは僕の間抜けな顔に驚いた。）

③ be known to ...「…に知られている」
The terrible noise is known to most of the people on my block.　　　＊most of …の大部分
（そのひどい騒音は私の地区のほとんどの人々に知られています。）

④ be born in ［on］ ...「…で［…に］生まれる」
She was born in Kobe.（彼女は神戸で生まれた。）
The baby was born on January 9 this year.（その赤ちゃんは今年の1月9日に生まれました。）

⑤ be filled with ...「…でいっぱい」
My mind was filled with energy.（僕の心はエネルギーでいっぱいだった。）

⑥ be interested in ...「…に興味がある」
The producer isn't interested in her gentle voice.
（そのプロデューサーは彼女のおだやかな声に興味がない。）

⑦ be made of ［from］ ...「…で作られている」
［材料］This desk is made of wood.（この机は木で作られている。）
［原料］This wine is made from valuable grapes.（このワインは貴重なぶどうから作られている。）

of は比較的**見た目だけで何から作られているの分かる場合**、from は色々と加工され、**もとの材料が何であったのか分からない場合**に使うことが多いと押さえておくといいでしょう。

⑧ 助動詞の受け身

助動詞が使われた英文が受け身になることもあります。語順は「**助動詞＋be動詞＋過去分詞**」です。
He **will** check this system.（彼はこのシステムを調査する予定です。）

→　This system **will be checked** by him.（このシステムは彼に調査される予定です。）

助動詞の後ろは動詞の原形ですから、主語が何であってもbe動詞は**原形のbeになる**ことがポイント！
そして否定文や疑問文は**助動詞のルール**になります。（[参] L.14）

［否定文］This system **won't be checked** by him.（このシステムは彼に調査される予定ではありません。）

［疑問文］**Will** this system **be checked** by him?（このシステムは彼に調査される予定ですか？）
Yes, **it will**.（はい、その予定です。）/ No, **it won't**.（いいえ、その予定はありません。）

Output stage

Lesson22の復習問題

1 次の英語の下線部を主語にした受け身の表現を書いてみましょう。

(1) The man tells me the story.

(2) Satoshi and Azusa named the baby Eiji.

2 次の( )内の語(句)を自然な意味になるように正しく並び替えましょう。

(1) (spoken / Canada / French / in / is / .)

(2) (by / her child / then / was / the statue / crying / .)   ＊statue 銅像

3 次の受け身表現の英文を、能動態に書き換えてみましょう。

Was this tower built by the emperor?   ＊emperor 皇帝

4 次の英語をほぼ同じ内容になるように、　　に正しい英語を書きましょう。

(1) What language do they speak in Hong Kong?   ＊Hong Kong 香港
→ What language _____ _____ _____ Hong Kong?

(2) A strong earthquake killed many people.   ＊earthquake 地震
→ Many people _____ _____ _____ a strong earthquake.

(3) How old is your house?
→ _____ _____ your house _____ ?

Lesson23 重要表現いろいろ

179

Lesson23の演習問題

1 次の英文が受け身であれば能動態に、能動態であれば受け身の表現に直しましょう。

(1) This room can be used by the students.

(2) We had to finish this job.

2 次の英語を日本語に直してみましょう。

(1) The people were interested in knowing about Japan.

(2) I was too busy to eat after I arrived in Osaka.

(3) He plays not only soccer but also baseball.

3 次の英文の( )内の語句で正しいほうを○で囲みましょう。

(1) You were sleeping (during / while) we were studying hard.
(2) Does he know what (he has / does he have) to do?
(3) I didn't know which (to use milk / milk to use) for cooking.

4 次の英語をほぼ同じ内容になるように、　　　に正しい英語を書きましょう。

(1) You can't eat either meat or bread.
→ You can eat 　　　　 meat 　　　　 bread.

(2) He was too tired to clean his room.
→ He was 　　　　 tired 　　　　 he 　　　　 his room.

(3) She said to me, "Turn on the light, please."
→ She 　　　　 　　　　 　　　　 turn on the light.

Evine's Words

質を異常に重視する人がいますが、最初は質より量です。

Lesson 23

重要表現いろいろ

Communication Stage 4

ここまで学んできたことを使って、Mr. Bryanとの会話にチャレンジ!
Hint! の中の単語を並び替えて、会話表現を作ろう。

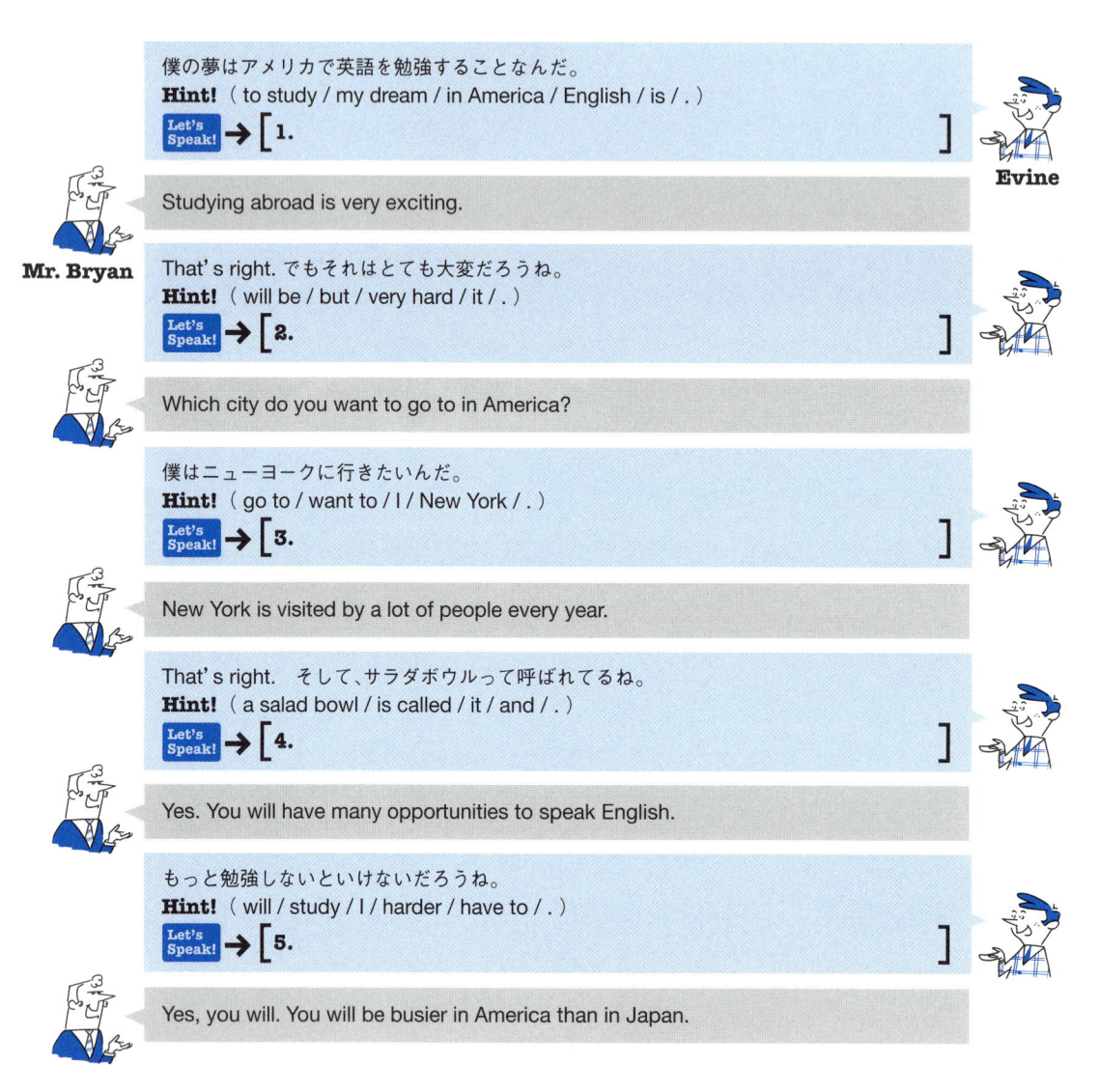

僕の夢はアメリカで英語を勉強することなんだ。
Hint! (to study / my dream / in America / English / is / .)
Let's Speak! → [1.   ]

Studying abroad is very exciting.

That's right. でもそれはとても大変だろうね。
Hint! (will be / but / very hard / it / .)
Let's Speak! → [2.   ]

Which city do you want to go to in America?

僕はニューヨークに行きたいんだ。
Hint! (go to / want to / I / New York / .)
Let's Speak! → [3.   ]

New York is visited by a lot of people every year.

That's right. そして、サラダボウルって呼ばれてるね。
Hint! (a salad bowl / is called / it / and / .)
Let's Speak! → [4.   ]

Yes. You will have many opportunities to speak English.

もっと勉強しないといけないだろうね。
Hint! (will / study / I / harder / have to / .)
Let's Speak! → [5.   ]

Yes, you will. You will be busier in America than in Japan.

Evine's Column

「基本的な英文法では、簡単で低レベルの会話しかできない。」こんなイメージを持たれていた方も多かったと思います。しかし、この会話内容をよ〜くご覧ください!不定詞・動名詞で動詞の新しい使い方を学び、比較・受け身によって会話の深みも質も格段にアップしています!

「基本」とは、「低レベル」という意味ではありません。基本は会話のコア（核）であり、コアなくして会話は成立しません。

さあ、いよいよ最後の仕上げレッスンに突入です。本書を信じて最後までがんばりましょう!

5 中学3年レベル

Lesson 24
現在完了形　その1　完了と結果　p.184-

Lesson 25
現在完了形　その2　継続と経験　p.190-

Lesson 26
現在分詞と過去分詞　p.197-

Lesson 27
関係代名詞　その1　主格と目的格　p.204-

Lesson 28
関係代名詞　その2　所有格　p.211-

Lesson 29
英文解釈のコツ　p.217-

Communication Stage 5
　p.224-

Lesson24 現在完了形 その1 完了と結果

今日のポイント！

次の日本語を英語で考えてください。「僕は鍵を無くした。」と「僕は鍵を無くしてしまった。」lose（無くす）の過去形はlostですから、う〜ん!?、どちらも **I lost a key.** !?
今日は微妙な時間の違いを表現する方法を身に付けましょう！

Input Stage

過去から現在への流れ

現在形は現在、過去形は過去のことを表現しておしまいです。それ以上のニュアンスはありません。

[過去形] I lost a key.（僕は鍵を無くした。）
[現在形] I don't have a key.（僕は鍵を持っていません。）

では、次のように**ある過去から現在へのつながり**を表現するにはどうすればよいのでしょうか？
「鍵を失くしてしまって、現在も鍵を持っていない。」
そこで、**現在完了形**という新しい表現の登場です。まずは形をチェックしましょう。

現在完了形 → **have / has** ＋ 過去分詞

[過去形]　　 I **lost** a key.（僕は鍵を無くした。）
[現在完了形] I **have lost** a key.

＊loseの過去分詞形lostは過去形と同じ形です。

過去・現在・現在完了

現在完了形は過去から現在までのつながりを表現し、**時間の幅が存在**します。
具体的な現在完了の役割をチェックする前に、これまで勉強した時制との違いをチェックしておきます。

過去・現在・現在完了の関係

　　　　　　　　現在完了形
　　　　←── I have lost a key ──→
過去 ────┴───────────────┴──→ 現在
　　　　↑　　　　　　　　　　　↑
　　I lost a key　　　　　I don't have a key

過去形は「鍵を無くした。」という**過去の出来事**を述べているだけ。現在形は「鍵を持っていない。」という**現在の事実**を述べているに過ぎません。**この2点に時間的なつながりは全くありません。**

しかし、現在完了形を使えば、図のように**過去から現在にわたる時間のつながり**を示すことができるようになります。現在完了形なら「前に鍵を無くしてしまって、今も困っているんだ！」というニュアンスを表すことができます。表現力が一気にアップしますね。

現在完了　完了・結果用法

それでは、現在完了形の具体的な役割を見ていきましょう！
先ほどチェックしたように、現在完了形は「時の流れ」の中で物事が**完了**したこと、また、現在どのような**結果**になっているのかということを表すことができます。

用法	意味	よく一緒に用いられる単語
完了	「…したところだ。」	**just**「ちょうど」、**already**「すでに」、**yet**「まだ…ない、もう」
結果	「…してしまった。」	

完了用法

Hiroshi **has just come** home.（ヒロシは**ちょうど帰宅したところだ**。）
Yoshie **has already prepared** a bath.（ヨシエは**すでに**お風呂の準備を**しました**。）

主語とhave / hasの短縮形もありますのでチェックしておきましょう。
[主語との短縮形]　I have　➡　**I've**　　You have　➡　**You've**　　He has　➡　**He's**

また、現在完了で使われるhaveは「…を持っている」という意味の**一般動詞とは別物**で、canやwillで勉強した**助動詞**のように、それ自体にnotを付けて否定文、文頭に移動し疑問文になります。（[参] L.14）。**yet**はこのような現在完了の疑問文や否定文の文末で使われます。

Hiroshi **hasn't come** home **yet**.（ヒロシは**まだ**帰宅**していません**。）
(×) Hiroshi doesn't have come home yet.

[否定の短縮形]　have not　➡　**haven't**　　has not　➡　**hasn't**

Has Hiroshi **come** home **yet**?（ヒロシは**もう帰宅しましたか？**）
Yes, he **has**.（はい、帰宅しました。）/ No, he **hasn't**.（いいえ、まだです。）
(×) Does Hiroshi have come home yet?

just や already などの副詞は**過去分詞の前**、そして yet は**文末に位置する**ことも押さえましょう。

これら現在完了形を用いた英文は「帰宅した」という過去の時点を含みながらも、**話し手の意識は現在にある**というのが大きなポイントですね。

結果用法

Yuko **has broken** her father's vase.（ユウコは父の花瓶を**割ってしまった**。）
Misaki **has gone** to Tokyo by herself. （ミサキは1人で東京に**行ってしまった**。）

＊by oneself 自分で、1人で

結果用法では「割った」「東京に行った」という過去の時点に立ち戻っているのではなく、今**現在における**過去の出来事の**結果**、花瓶を割って申し訳ない**現在の気持ち**、友だちが東京に行ってしまって寂しいという**現在の心境**が生き生きと表現されるわけですね。

過去形と現在完了形を上手く組み合わせて、より表情豊かな英文を作ることも可能です。
Five years ago, I **lived** in Australia for a year and **learned** a lot of things.
And now, I **have come** back again all the way from Japan by myself.
（5年前、私は1年間オーストラリアに住み、多くのことを学びました。そして現在、こうして私はふたたび日本からはるばる自力で戻ってきました。）

＊all the way from はるばる…から　＊by oneself 独力で

> 現在完了形　→　話し手の意識は現在にある

現在完了を使わないと…

以下のようにあえて現在完了形を使わないで考えると現在完了形の役割がはっきり分かるのではないでしょうか。現在完了は結局、**過去と現在を1つに結ぶ表現**なんですね。

He **lost** $2 billion and it is **still** missing.　　　　　＊be missing 不足している、行方不明の
（彼は20億ドルを無くし、未だそのお金は行方不明です。）
→ ［現在完了］He **has lost** $2 billion.（彼は20億ドル**無くしてしまった**。）

She **left** Osaka for California and she **isn't** in Japan **now**.　　　＊leave < left
（彼女はカリフォルニアに向けて大阪を発ち、今は日本にいません。）　　＊leave A for …に向けてAを発つ
→ ［現在完了］She **has left** Osaka for California.（彼女はカリフォルニアに向けて大阪を**発ってしまった**。）

They **went** to Los Angeles and they **aren't** here **now**.
（彼らはロサンゼルスに行き、今はここにいません。）
→ ［現在完了］They **have gone** to Los Angeles.（彼らはロサンゼルスに**行ってしまった**。）

過去を示す単語とは使えない

現在完了形は現在に視点があるため、明らかに過去を示す次のようなものと一緒にはできません。

yesterday / last … / … ago / then / on 日付 / in 年号　などはNGワード！

(×) He has already finished this course yesterday.
(○) He 過去形 **finished** this course 過去を表す単語 **yesterday**.（彼は昨日、このコースを終えた。）
(○) He 現在完了形 **has already finished** this course.（彼はこのコースをすでに終えました。）

日本語は同じでも…

次の英文を比較してみましょう。
(a) She had breakfast.　　(b) She has had breakfast.

(a) も (b) も「**彼女は朝食を食べた。**」という日本語でも特に問題はないでしょう。
しかし、単なる過去形と現在完了形を用いた英文ではニュアンスは異なります。

過去形を用いた英文 (a) は、単に「朝食を食べた。」という**過去の出来事、事実を述べているだけ**です。一方、現在完了形を用いた英文 (b) では、「朝食を食べた。」という事実よりも、食べたことにより、「**お腹がいっぱい**」「**昼食はまだいらない**」「**朝食はもう作る必要はない**」など、文脈に応じて**現在の状況に目を向けたい**いろいろな解釈が可能になってきます。

もう1つ見ておきましょう。
(a) He didn't show up.（彼は現れなかった。）
(b) He hasn't shown up.（彼は現れていません。）　　　　　＊show up 現れる、姿を見せる

さあ、ニュアンスの違いを感じることができますか？
まず英文 (a) は、**単なる過去の事実**ですよね。ところが英文 (b) では明らかにニュアンスが異なっています。

試しに、英文 (b) を過去形と現在形を使って、ほぼ同じ内容で言い換えてみましょう。
→ He didn't show up and he isn't here still now.（彼は現れず、今もなお、ここにいない。）

どうでしょうか？
周囲が「彼はまだ来ないのか？」とヤキモキして待機しているような状況すら浮かんできませんか？
もちろん文脈によってシチュエーションも異なってきますが、**これくらいの表現ができるという可能性を現在完了形は秘めているということ**をしっかりと今日は押さえておいてください。

Output stage

Lesson23の復習問題

1 次の日本語に合うように＿＿に正しい英語を書きましょう。

(1) この家は住むのに十分大きいです。
This house is ＿＿＿ ＿＿＿ ＿＿＿ live in.

(2) 僕が電話するまで、家にいなさい。
Stay home ＿＿＿ ＿＿＿ ＿＿＿ you.

(3) 雨が降り始めるとすぐに、彼が戻ってきました。
He came back ＿＿＿ ＿＿＿ ＿＿＿ it began raining.

(4) あなたは日本語を書くことに興味はありますか？
＿＿＿ you ＿＿＿ in ＿＿＿ Japanese?

2 次の（ ）内の語(句)を自然な意味になるように並び替え、全文を書きましょう。ただし、必要のないものが1つずつありますので注意しましょう。

(1) (was / ice / in / filled / the pond / with / .)
＿＿＿

(2) Sumo wrestlers (many / for / the country / are / people / to / in / known / .)
＿＿＿

(3) (for / my bag / like / to / I / keep / you / would / .)
＿＿＿

3 次の英文がほぼ同じ内容になるように、＿＿に正しい英語を書きましょう。

(1) This sentence is so difficult that I can't read it right now. ＊sentence 文章
→ This sentence is ＿＿ difficult ＿＿ me ＿＿ read right now.

(2) I don't know when I should talk to her.
→ I don't know ＿＿＿ ＿＿＿ ＿＿＿ to her.

188

Lesson24の演習問題

1 次の（ ）内の語を正しい形に直しましょう。
(1) She has (do) her homework.
(2) They haven't (have) breakfast.

2 次のそれぞれの英文を、疑問文と否定文に直してみましょう。
(1) Kimiyo had to work part-time.   　　*part-time パートタイムで・の
疑問文
否定文

(2) Ayako has already eaten dinner.
疑問文
否定文

(3) Mutsuo has a lot of things to do.
疑問文
否定文

3 次の英文の（ ）内の語句で正しいほうを○で囲みましょう。
(1) My brother (lost / has lost) his wallet. So he doesn't have it now.   *wallet 財布
(2) She (didn't / hasn't) read the magazine then.
(3) As you know, she (broke / has broken) his car window last night.
　　　　　　　　　　　　　　　　　　　　　　　　　　　*as you know ご存じのとおり
(4) (Did / Have) they finished this job?

4 次の英文(a)(b)がほぼ同じ内容になるように、　　　に正しい英語を書きましょう。
(a) Yuko went to Mexico and she is still there.
(b) Yuko 　　　　　　　　　　　　　　 Mexico.

Evine's Words

語学の勉強に、飽くなき向上心は必要不可欠です。

Lesson25 現在完了形 その2 継続と経験

今日のポイント！
次の日本語を英語で考えてください。「16年間、英語を勉強しています。」
これは進行形でいいのでしょうか？ I'm studying English for 16 years. (?!)
過去から現在へのつながりから生まれる現在完了形の新しい用法を今日は勉強しましょう！

Input Stage

現在完了 継続・経験用法

現在完了形では、**完了・結果**以外に、過去のある時点から現在まで継続している習慣や状態、あるいは、現在までに経験した出来事などを表現することが可能です。では早速詳しくチェックしましょう。

用法	意味	よく一緒に用いられる単語
継続	「（ずっと）…している。」	**since**（…以来）、**for**（…の間）
経験	「…したことがある。」	**ever**（今までに）、**never**（一度も…ない）、**before**（以前に）

継続用法

継続と聞けば、現在進行形を思い出す人もいるでしょう。そこで次の2文を比較してみましょう。
［現在進行形］I **am studying** English now.（僕は今英語を勉強**しています**。）
［現在完了形］I **have studied** English **for 16 years**.（僕は英語を**16年間**勉強**しています**。）

日本語としてどちらも「**…しています**」となり、日本語だけではニュアンスの違いがハッキリしませんね。
現在進行形と現在完了形の継続用法との違いをここで押さえておきます。

まず、現在進行形は「**今現在」の一時的な進行状況**を示しており、過去から現在へつながりのニュアンスを持つ現在完了形とは**示す時間の幅が異なります**。

上の例文の**現在進行形**では主語が**これまでに英語を勉強してきたのかどうかには全く触れておらず**、

もしかすると今回、初めて英語を勉強している可能性もあります。一方、**現在完了形**では**過去のある時点から勉強をスタートさせ**、毎日というわけではありませんが、**現在まである一定期間継続して**勉強していることが示されています。

時間を図で表せるなら、2つの形は以下のようなイメージです。
現在完了形の一部に進行形が存在すると考えてもいいでしょう。

現在完了と現在進行の関係

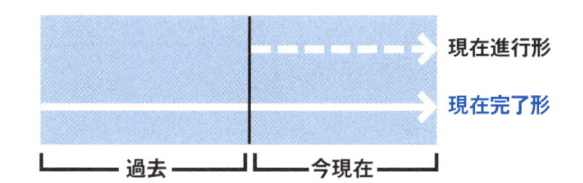

　　　　　　　　　　　　　　　　　　　　　　　現在進行形
　　　　　　　　　　　　　　　　　　　　　　　現在完了形
　　　　　　　　　　　　└─ 過去 ─┘└─ 今現在 ─┘

forとsince

継続用法でよく用いられる単語に先の例文にもあった for（…の間）と since（…以来）があります。その使い分けをここで押さえておきましょう。

> **for**＋「期間」、**since**＋「過去を示す単語」や「時を示す英文」

I **have lived** in Tokyo **for** 5 years.（僕は東京に**5年間**住ん**でいます**。）
You **have studied** English **since** 2003.（君は英語を**2003年から**勉強しています。）
He **has studied** English **since** he came here.（彼は**ここに来て以来**、英語を勉強しています。）

for の後ろには two years（2年）や a week（1週間）など、具体的な期間が来ます。since は後ろに過去を示す名詞（数）が来る場合と、過去の事実を表すSVのある文が付いて、接続詞として機能する場合があります。

（×）I have studied English **for 2003**.　　　　　　　　　＊2003年間も勉強していることになる！
（×）I have studied English for **I came here**.　　　　　　＊forは接続詞として機能しません！

また継続用法では、すでに継続のニュアンスを持っている**状態動詞**がよく使われます。
She **has been** a teacher for 5 years.（彼女は5年間先生をしています。）
We **have known** each other since last year.（私たちは去年からの知り合いです。）　＊each other お互いに
＊現在完了では過去を示す単語は使えませんが、sinceの後ろではOKです！

継続期間を尋ねる

せっかく継続用法を勉強しましたから、ついでに「**どれくらい…してきたのか**」という継続期間の長

さを尋ねる疑問文をチェックしておきましょう。

He has studied Japanese **for 10 years**.（彼は10年間、日本語を勉強しています。）

ここで、下線部の内容を尋ねる疑問文にしてみましょう。
具体的な質問をするためには、**疑問詞**を使うんでしたね。期間の長さを尋ねる場合には **how long** を使います。あとは、「**疑問詞＋現在完了形の疑問文**」の語順に直して完成です。

How long has he studied Japanese?（**どれくらいの間**、彼は日本語を勉強していますか？）
＊下線部がHow longに変わり、文頭に移動します。

また、応答文はこんな感じでOKです。
How long have you been a tour guide in Kobe?　　**Since** last summer.
（どれくらいの期間、神戸でツアーガイドをしているのですか？）（去年の夏からです。）

経験用法

それでは現在完了の最後の用法に入ります。**経験用法**です。次の英文を比較してみましょう。

(a) I climbed Mt. Fuji yesterday.（昨日、私は富士山に**登りました**。）
(b) I **have climbed** Mt. Fuji **before**.（以前、私は富士山に**登ったことがあります**。）

過去形を使った英文（a）は**単純に過去の出来事**を述べているだけです。別にそれ以上のことを言いたいわけではありません。一方、英文（b）は現在完了形で「富士山に登った。」という経験を相手に話そうとする気持ちが伝わってくる感じがします。現在完了は過去から現在に至るまでの**時間のつながり**があります。そして、そのつながりの中には当然、**話し手の数々の経験**が含まれている、というわけです。

経験用法では **ever**「今までに」、**never**「決して…ない」、**before**「以前に」などがよく使われます。疑問文や否定文もチェックしておきましょう。

Have you **ever watched** this movie?（**今までに**この映画を観た**ことがありますか？**）
Yes, I **have**.（はい、あります。）
No. I **have never watched** this movie.（いいえ。この映画を**今までに観たことがありません**。）
＊neverは強い否定を表したいときにnotのかわりに使います。

経験用法を使うと、その後に経験談やアドバイスを続けることができます。
I **have met** the lady **before**. She may make you angry because she is very rude.
（僕はその婦人に以前出会ったことがあるんだ。かなり失礼な人だから君を怒らせるかもしれない。）

経験？ 結果？

次の日本語を英語に直してみましょう。 「彼女は京都に行ったことがあります。」

「彼女は京都に行きます。」は **She goes to Kyoto.** ですね。これは簡単です。
これを現在完了形にすれば「経験」が表せるから…、
She **has gone** to Kyoto.
としてしまうかもしれません。
でも実はこれでは、「**行ったことがある**」という経験用法にはなりません！

She **has gone to** Kyoto. は「彼女は京都に**行ってしまった。**」という**結果用法の解釈**になるんです！

「**…へ行ったことがある**」という**経験**を示す場合、次のように表現します。
She **has been to** Kyoto.（彼女は京都に**行ったことがあります**。）

意外にも、「行ったことがある」はbe動詞の過去分詞を使って表現するんです。

Has she **ever been to** Kyoto?（彼女は**今までに**京都に**行ったことがありますか？**）
No. She **has never been to** Kyoto.（いいえ。彼女は京都に**一度も行ったことがありません**。）

経験回数を尋ねる

では最後に**経験の頻度や回数**を尋ねる疑問文を勉強して終わりにしましょう。

[回数を尋ねる]
How many times have you played golf?（今までにあなたは**何回**ゴルフを**したことがありますか？**）
I have played golf **three times**.（私は**3回**、ゴルフをしたことがあります。）

[頻度を尋ねる]
How often have you watched it?（あなたは**どれくらい**それを**見たことがありますか？**）
I have watched it **many times**.（私はそれを**何度も**見たことがあります。）

経験回数を示す語句を一緒に押さえておきましょう。
once「一度」/ **twice**「二度」/ **数字 + times**「…回」/ **many times**「何度も」

Output Stage

Lesson24の復習問題

1 次の英文を( )内の語句を用いて、現在完了形にしてみましょう。

(1) Anna found another window. (just)

(2) Did Hitomi have breakfast? (yet)

(3) Anna and Hitomi don't do their homework. (yet)

2 次の日本語に合うように ___ に正しい英語を書きましょう。

(1) トモコは昨夜英語の勉強をしていた。
Tomoko _____ _____ _____ last night.

(2) リョータはちょうどその女性に電話したところだ。
Ryota _____ _____ _____ the woman.

(3) ユウキは朝ごはんを食べていません。
Yuki _____ _____ breakfast.

(4) タカシは新聞を読みません。
Takashi _____ _____ a newspaper.

(5) チカヒロはすでに手紙を書いてしまった。
Chikahiro _____ _____ _____ a letter.

3 それぞれの日本語に合う英文を(a)〜(c)から選び記号で答えましょう。

(1)「私はそれを見なかった。」 (2)「私はそれを見ていない。」
(a) I haven't seen it. (b) I don't see it. (c) I didn't see it.

(1) _____ (2) _____

Lesson25の演習問題

1 次の( )内の語を、正しい形に直しましょう。ただし、変える必要のないものはそのまま書きましょう。

(1) A: Have you ever (be) to Okinawa?
　　B: Yes. I (go) there last summer.
　　A: _____
　　B: _____

(2) A: Are you (do) your homework now?
　　B: No. I've already (finish) it.
　　A: _____
　　B: _____

(3) A: Did you (use) my dictionary?
　　B: No. I have never (use) yours.
　　A: _____
　　B: _____

(4) A: Did you (see) his sister?
　　B: Yes. I (see) her last week, but I haven't (see) her since then.
　　A: _____
　　B: _____ _____

2 次の英文がほぼ同じ内容になるように、_____に正しい英語を書きましょう。

(1) Rina got sick three days ago and she is still sick now. ＊get sick 病気になる
→ Rina _____ _____ sick _____ three days.

(2) Takuya went to Hokkaido 3 years ago and this year he went there again.
→ Takuya _____ _____ to _____ twice.

(3) It was sunny yesterday and it is still sunny today.
→ It _____ _____ sunny _____ yesterday.

3 次の英文を、下線部を尋ねる疑問文に直しましょう。

(1) It has been rainy for 2 months in Himeji.

(2) Shiori met Ryo last Tuesday.

(3) The design has changed three times.

Evine's Words

英文法は会話の道具です。
何度も使えばそれだけ愛着が湧いてくるものです。

Lesson26 現在分詞と過去分詞

月　日　1□　2□

今日のポイント！
「その女性」と「その寝ている女性」。「その寝ている女性」の方が情報が多いのは一目瞭然。
今日は、言葉足らずな部分をどんどん補い、より英文を詳しくする技をマスターしましょう。
皆さんもよくご存じの形がまた登場しますよ。

Input Stage

現在分詞と過去分詞の形

実は、今まで勉強してきた文法事項には、**分詞**というものが含まれていました。例えば…
[進行形] My son is **hiding** behind him.（息子が彼の後ろに隠れています。）　　＊hiding ＜ hide
のhidingは、実は**現在分詞**という分詞。
[受け身] Each of them was **checked** by the police.（彼らそれぞれが警官に調べられました。）
のcheckedは**過去分詞**という分詞です。過去分詞は現在完了でも出てきましたね（[参] L.24）。

> 現在分詞　→　動詞の**ing形**　　　過去分詞　→　動詞の**過去分詞形**

形はバッチリのはず（?）ですから、あとは分詞の便利な機能と使い分けを押さえるだけですね。

分詞の重要な役割

では、分詞の主な役割は何でしょう？
分詞には、上のように「進行形」や「受け身」などの表現を作るほかに、**名詞を修飾する形容詞としての機能があります**。覚えてますか？　形容詞は**名詞を詳しく説明する単語**でしたね。

[形容詞] It is a **small** toy.（それは小さなオモチャです。）
[分詞] It is a **broken** toy.（それは壊れた[壊された]オモチャです。）

形容詞と異なるのは、分詞の形容詞機能は**名詞の前からでも後ろからでも修飾できる**という点です。
次の英文を比較してみましょう。

197

(a) The woman sleeping on the sofa is Rieko. (ソファーで寝ているその女性はリエコです。)
＊名詞womanを分詞が後ろから修飾しています。(後置修飾)

(b) The sleeping woman is Rieko. (その寝ている女性はリエコです。)
＊名詞womanを分詞が前から修飾しています。(通常の形容詞と同じ位置)

> 分詞は形容詞として名詞を修飾する！

分詞の位置

分詞は名詞の前か後ろに位置しますが、もちろん適当に置いていいわけではありません。
ではどのように位置が決まるかというと…
分詞が2語以上のカタマリになれば、名詞の後ろになります。
先ほどの例文をもう一度チェックしてみればよくわかります。

(a) The sleeping woman is Rieko.　(b) The woman sleeping on the sofa is Rieko.

英文（a）では、sleepingという現在分詞はそれ1つでwomanを修飾しています。
ところが、英文（b）では**現在分詞sleeping＋on the sofa**で**1つの句**としてwomanを修飾しています。
このような場合、分詞は名詞の後ろに置かれる（**後置修飾**）ことをしっかり覚えておきましょう。

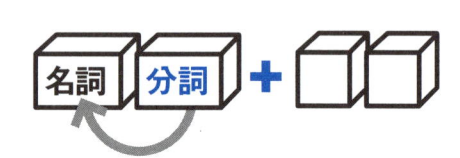

[分詞]→[名詞]　　[名詞]←[分詞]＋[ ][ ]

動詞の機能

分詞も不定詞や動名詞と同じく、もともとは動詞が変化したものです。そのため**本来の動詞としての機能**も忘れずにちゃんと持っており、**後ろにO／C／Mなどが続くこと**があるわけです。だから2語以上のカタマリで分詞が名詞の後ろに移動するややこしいケースがあるんですね。

Look at the singing girl. (歌っている女の子を見なさい。)
Look at the girl singing _Osongs _Mon the stage. (舞台で歌を歌っている女の子を見なさい。)

singは他動詞の機能もあり、その場合は目的語を必要とするわけですね。
ここで目的語としてsongsが入り、場所を表す前置詞句にはon the stageが使われ、その結果、分詞singingは名詞girlの**前から後ろへと移動**しました。

分詞の使い分け

さて、分詞は現在分詞と過去分詞の2種類あるのですが、実際にどのように使い分けるのでしょうか？例を挙げてみましょう。

「その並木道（avenue）を走っている犬（dogs）」という文を英語にするとこうなります。
dogs running in the avenue
ここでは「dogsはrunしている」ので、runの**現在分詞**runningを使います。

次に、「その並木道（avenue）で見つかった犬（dogs）」という文を英語にするとこうなります。
dogs found in the avenue
ここでは「dogsはfindされた」ので、findの**過去分詞**foundを使います。

修飾される名詞をS（主語）、分詞をV（動詞） として頭の中でイメージしてください。
「S　が　V　している」 と言いたいときは**現在分詞**、
「S　が　V　されている／された」 と言いたいときは**過去分詞**を使います！
いいですか、**修飾される名詞の気持ちになって考えてくださいね。**
慣れるまで少しややこしいですが我慢ですね。次を見ればもう少し分かるのではないでしょうか？

[現在分詞] leaving people　　（**去ってゆく**人々）
[過去分詞] left people　　（**残された**人々）

同じ動詞が元なのに、現在分詞にするか過去分詞にするかで意味がガラリと変わりましたね。現在分詞は**能動の関係**「SがVする」、過去分詞は**受け身の関係**「SがVされる」であることがポイントなんです。では、ここでクイズ。次の（　）内の語句はどちらの形にすればいいでしょう？

my father (examine) by a doctor

by a doctor（医者によって）があるので、正解は過去分詞のexamined（診察される）で、
「**医者に診察される父**」となります。

動名詞と現在分詞

次の英文を比較してみましょう。
(a) He doesn't like sleeping.　　(b) He doesn't like sleeping cows.

どちらもing形ですが、文法的にはまったく異なるものです。どう違うのでしょう？

早速、英文（a）「彼は寝ることが好きではありません。」を見てみましょう。
sleepingがlikeの後ろにあります。likeは他動詞で目的語を1つ取りますからsleepingは目的語です。

目的語になるものは名詞ですから、このsleepingは動詞が名詞になったもの、つまり**動名詞**であると判断できます。

次に英文（b）「彼は眠っている牛が好きではありません。」を見てみましょう。

ちょっと変な例文ですが、この文ではsleeping cowsが**1つのカタマリ**となりlikeの**目的語**になっています。

では直前のsleepingは何かということになりますが、名詞cowsを説明する**形容詞**として働いているんですね。**ing形**で**形容詞の役割**をしていれば、今日勉強した**現在分詞**であると判断できます。

> 現在分詞と動名詞を混同しないように注意！

分詞機能の応用

分詞の形容詞としての役割を、うまく利用すればこんな便利なこともできてしまいます。
例えば次の例文の（a）のthe manと（b）のheが同一人物だとします

(a) I don't know the man. （私は**その男性**を知りません。）
(b) He is drinking at a bar. （**彼**はバーで飲んでいます。）

このような場合、**分詞を使って2文を1つの英文にすることが可能**です！
英文（b）のHe isを省略し、現在分詞だけの形にしてしまいます。（b）drinking at a bar
あとは後置修飾する**形容詞の力を利用して**そのまま（b）を名詞the manの後ろにつなげて完成です。

I don't know the man drinking at a bar. （私は**バーで飲んでいるその男性**を知りません。）

このように英文の中で**分詞によって修飾された名詞**が**主語であったり目的語や補語の位置にある**ことがよくあります。皆さんはすでにこの特徴を事前に勉強しましたから落ち着いて文法的に解釈できるはずです。

分詞いろいろ

最初にも言いましたが、分詞はいろいろなところで用いられている便利な形です。
この段階で覚えておくべき「分詞の使われ方」をおさらいして今日は終わりましょう。

① be動詞 ＋ 現在分詞 ＝ 進行形
The little cat is shaking. （その小さなネコは震えています。）

② be動詞 ＋ 過去分詞 ＝ 受け身

James is loved by her.（ジェームズは彼女に愛されています。）

③ have ＋ 過去分詞 ＝ 現在完了

They have experienced such a campaign.（彼らはそのようなキャンペーンを経験してきました。）

④ 名詞のすぐ前（または後ろ）に来て直接名詞を修飾（現在分詞、過去分詞）

The teacher loved by everyone is my friend.（皆に愛されているその先生は僕の友だちです。）
That woman reading a book is Ms. Harris.（本を読んでいるあの女性はハリスさんです。）

④の名詞を修飾する形容詞としての分詞と、他の文法で用いられた分詞が混ざる場合も当然ありますが、しっかりポイントさえ押さえておけば問題なく処理できますから自信を持ってくださいね。

The people 形容詞としての分詞 taking part in the meeting 現在完了の分詞 have succeeded in business.
（その会議に参加している人々はビジネスに成功してきました。）　　　＊take part in …に参加する

Output Stage

Lesson25の復習問題

1 次の( )内の語のうち正しいほうを○で囲みましょう。

(1) She has been there (for / since) a week.
(2) They have studied Japanese (for / since) they came to Japan.
(3) You have stayed in this village (for / since) 1998.

2 次の英文を( )内の語句を用いて、現在完了形にしてみましょう。

(1) Katsuya is working here. (for 5 years)

(2) Ms. White didn't have a good time. (never)

(3) It is windy and cloudy. (since last night)

(4) They are good friends. (since they met each other)

3 次の日本語に合うように ＿＿＿ に正しい英語を書きましょう。

(1) どれくらいの期間、英語を教えているのですか？
＿＿＿＿＿ ＿＿＿＿＿ ＿＿＿＿＿ you ＿＿＿＿＿ English?

(2) あなたはこれまでにその歌手に会ったことがありますか？
＿＿＿＿＿ you ＿＿＿＿＿ ＿＿＿＿＿ the singer before?

(3) 私のおじさんは今までに一度も北海道に行ったことがありません。
My uncle ＿＿＿＿＿ ＿＿＿＿＿ ＿＿＿＿＿ to Hokkaido.

Lesson26の演習問題

1 次の英文の( )内の語のうち正しいほうを〇で囲みましょう。

(1) My son will be a (loving / loved) teacher at school.

(2) I have wanted a car (making / made) in Germany. ＊Germany ドイツ

(3) The letter (delivering / delivered) yesterday was from her.

(4) He bought a (using / used) car last year.

2 それぞれの英文に( )内の分詞を入れる場合、正しい位置の記号を書きましょう。

(1) The boy ア for a bus in a line イ is my brother ウ. (waiting)

＊in a line 一列に並んで

(2) Look at ア the イ bird ウ. (flying)

(3) The ア language イ in the country ウ is Spanish. (spoken)

3 次の( )内の語(句)を自然な意味になるように正しく並び替え全文を書きましょう。ただし、必要のないものが1つずつありますので注意しましょう。

(1) (you / that / stood / penguin / can / standing / see / ?) ＊penguin ペンギン

(2) It (my grandfather / old / is / by / giving / an / clock / given) 20 years ago.

4 次の2つの英文を、分詞を用いて1つにしてみましょう。

(1) (a) Makiko couldn't read the book. (b) It was written in English.

(2) (a) The woman is Yukiko. (b) She is drinking water.

(3) (a) That is the tree. (b) It was planted in 1977.

Evine's Words

結局は努力です。「語学センス」なんてものは二の次です。

Lesson27 関係代名詞 その1 主格と目的格

今日のポイント！

「僕は車を持っています。」「その車は速く走ります。」短文を並び立ててばかりでは、下手したら小学生並みの文章力です。「僕は速く走る車を持っています。」クールにまとまりましたね。今日は、共通するものに注目して、英文を1つにまとめてしまう方法を学びましょう。

Input Stage

関係代名詞の機能

いよいよ初心者英文法の大御所、**関係代名詞**のレッスンに入っていきます。

ズバリ、関係代名詞を簡単に言ってしまえば、**形容詞機能を持つ代名詞**です！

(a) He is a student.（彼は生徒です。） ＋ (b) He is from Canada.（彼はカナダ出身です。）

＝ He is a student 〔関係代名詞〕**who** is from Canada.（彼はカナダ出身の生徒です。）

このwhoが関係代名詞です。**名詞を説明しながら、2つの文を1つにまとめてしまうことができます。** 関係代名詞には、全部で3つの**パターン**があります。今回と次回のレッスンで1つずつ見ていきましょう！

> 関係代名詞 → 形容詞機能のある代名詞

パターン1 主格の関係代名詞

1つ目のパターンは**主格の関係代名詞**です。まだチンプンカンプンですが、あとで意味が分かりますので、今は関係代名詞を用いて**英文を1つにまとめるということ**だけに集中してください。

(a) He has **a girlfriend**.（彼にはガールフレンドがいます。）
(b) **She** teaches children English at school.（彼女は学校で子供たちに英語を教えます。）

この2つの文を1つにして、
「彼には、学校で子供たちに英語を教えているガールフレンドがいます」という文を作ってみましょう。

まず英文（a）（b）に共通するもの見つけます。
（a）**a girlfriend**（b）**she** は同一人物ですからこの2つを抜き出します。

a girlfriend を説明するために、sheは**関係代名詞へと変化**して、a girlfriendにくっつきます。

（a）＋（b）＝ He has a girlfriend＋_{関係代名詞}（ ? ）teaches children English at school.

このときのa girlfriendを、**先行詞**と呼びます。
（a）a girlfriend ➡ 先行詞　（b）she ➡ 関係代名詞に変化して先行詞にくっつく
関係代名詞より先にある言葉だから先行詞！なんて単純なんでしょう。
さて、まだ関係代名詞の形をチェックしてませんので英文（a）＋（b）では「?」としました。
では、ここでなぜ「主格の関係代名詞」なのか考えてみましょう。

関係代名詞に変わる**sheは、もともとは英文（b）の主語**でしたね？　だから英文（a）＋（b）で主語に相当する（主格の）関係代名詞を用いなければならないんです。ここが**関係代名詞パターンを決定する大切なポイント**です。
そして、いよいよ登場、**主格の関係代名詞の形は次の3つです。**

主格の関係代名詞

先行詞	関係代名詞の形	
人	who	that
人 以外	which	

「あれ？」と思った人がたくさんいるんじゃないでしょうか？
who / which / that …どれも皆さんにとって、お馴染みの単語ばかりです。
でも関係代名詞として機能する場合、**「誰、どちら、あの」などの意味はありません**ので注意しましょう！

表の通り、**先行詞が何であるかによって、関係代名詞の形は決定**します。
先行詞が**人**であれば**who**、人以外、つまり**動植物**などであれば**which**、そして先行詞が**何であろうと関係なく使える**のが**that**です。ここは是非覚えておいてください！

では先ほどの例文に戻りましょう！
先行詞 **a girlfriend は人**ですから**関係代名詞は who または that** になります。
英文（b）のshe ➡ whoまたはthatに変化

（a）He has a girlfriend.　（b）**who** [**that**] teaches children English at school.

（a）＋（b）
＝　He has _{先行詞} **a girlfriend** _{関係代名詞節} **who[that] teaches children English at school**.

OKですか？　これで関係代名詞を用いた英文が完成です！

最初に、関係代名詞は**形容詞機能のある代名詞である**と言いました。関係代名詞に導かれる文（関係代名詞節）は、先行詞を後ろから修飾する大きな**形容詞のカタマリ（形容詞節）**になっているからです。

> 関係代名詞節　→　先行詞（名詞）を修飾する形容詞節になる

パターン2　目的格の関係代名詞

2つ目のパターンに入ります。さきほど勉強したのは主語が関係代名詞節になるパターンでした。今度は**目的語**が関係代名詞節となる**目的格の関係代名詞**をチェックしましょう。
基本的な考え方はまったく同じです。それでは次の2文を1つにまとめていきましょう。

(a) You love the woman.（君はその女性を愛している）
(b) Kazu loved her.（カズは彼女を愛した）

をつなげて、「君はカズが愛したその女性を愛している」という文にしてみましょう。
今回、**先行詞は** (a) the woman、**関係代名詞となるのは** (b) **目的語の** her です。

目的格の関係代名詞

先行詞	関係代名詞の形	
人	who[whom]	that
人 以外	which	

＊先行詞が「人」の場合は、thatよりもwhoが好まれます。

主格のwhoが目的格になると文法的にはwhomになりますが、この言葉には古臭い響きがあり現在はあまり使いません。その代わりに実際には**whoを用いることが多いです**。whom自体は頭の片隅に記憶しておく程度でOKです。

では、先ほどの例文に戻り、herを目的格の関係代名詞whoに変化させてみましょう。
(a) You love the woman.　　(b) Kazu loved who.

ここで思い出さなければならないポイントは「**先行詞＋関係代名詞**」の語順です。
who は**先行詞のすぐ後ろになるように**、英文 (b) の中で**文頭に移動**しなければなりません。
(b) who Kazu loved

(a) ＋ (b) ＝　You love the woman who Kazu loved.　（君は**カズが愛した**その女性を愛している。）

> 先行詞 ＋ 関係代名詞の順番！

先行詞the womanと関係代名詞whoの語順をしっかりと覚えておきましょう！
訳し方のコツは「**SがVする先行詞**」です。「**カズが愛した女性**」ですね。

関係代名詞節の特徴

関係代名詞によって導かれる英文を**関係代名詞節**と呼びますが、普通の節とは異なる特徴があります。

[普通の節]　接続詞（that）＋ SV ＋（O/C/M）
　　　　　　I know that you are happy.
[関係代名詞節]　先行詞 ＋ **SまたはOが抜けた英文**
　　　　　　You know the woman who came from Osaka.
　　　　　　　　　　　　　　　　＊Sが抜けている

> 関係代名詞節の中身には**SかOがない**！

詳しく見てみましょう！
(a) I know the girl 主格の関係代名詞 **who** **is his sister** .（僕は彼の姉であるその女の子を知っています。）
(b) I know the place 目的格の関係代名詞 **that** **Ken loves** .（僕はケンが愛するその場所を知っています。）

ここで関係代名詞の後ろだけを抜き出します。
(a) ＿＿＿ is his sister　→　**Sがない！**　　(b) Ken loves ＿＿＿　→　**Oがない！**

関係代名詞節は、SやOが抜けた不完全な文であることが分かると思います。
このポイントは英文解釈する際に、**関係代名詞節を探す重要な手掛かり**となります！
また、関係代名詞は文型の原則に当てはめるために、抜けたSやOの代わりとして存在していると考えると、英語は実に論理的に作られていることも分かりますよね。

目的格の関係代名詞の省略

実は**目的格の関係代名詞は省略可能**なんです。次の英文を見てください。

_SShe can't _Vagree to the plans _She _Vhas made.　　　　　＊agree to …に同意する

「え、1つの英文にSVが2つずつ…、しかも接続詞みたいなものが見当たらない！　なんや、この英文は?!」
と驚く人もいるでしょう。
実はこの英文、**目的格の関係代名詞が抜けた英文**だったんです。
She can't agree to 先行詞 the plans **(that)** he has made.
（彼女は彼が作った計画に同意できません。）

関係代名詞節の中はSやOが抜けているんでしたね。

その証拠にmadeのOがありません。Oが関係代名詞thatになり、さらに省略されてしまったんですね。最初から関係代名詞が省略されていることは多く、きちんと頭の中で省略された関係代名詞を的確に補えるかどうかが大切です。

ちなみに**主格の関係代名詞は省略できません**ので注意しましょう！

（×）This is the book **was written by him.**

（○）This is the book **which** was written by him.（これは彼によって書かれた本です。）

Output Stage

Lesson26の復習問題

1 次の( )内の動詞を適切な分詞に変え、正しい位置に入れて全文を書き直しましょう。

(1) Animals in a cage look unhappy. (keep)

(2) The white dog in the garden is Runa. (run)

(3) My brother bought a car like you last year. (use)

(4) You need some water. (boil)　　　　　　　　　　　　　　　＊boil 沸かす

2 次の英語をほぼ同じ内容になるように言い換えた場合、　　　に当てはまるものを書いてみましょう。

(1) My mother will visit my brother. He stays in England.　　＊England イングランド（イギリス）
→ My mother will visit my brother 　　　　　　　　　　England.

(2) She bought a new house. It is over there.
→ A new house 　　　　　　　　　 her 　　　　　　 over there.

3 次の( )内の語(句)を自然な意味になるように正しく並び替え、全文を書きましょう。

(1) My son (a book / in / enjoys / English / reading / written / .)

(2) (is / a Japanese doll / this / called / *Kokeshi* / .)

(3) (wearing / is / the boy / his brother / a cap / .)

Lesson27の演習問題

1 次の英文のうち関係代名詞が使われている（省略されている）ものを3つ選びましょう。

(a) Which bus do you take?   (b) I have a flower which grows without water.
(c) Hiroshi has a girlfriend his friends don't like.   (d) Which is yours?
(e) Did you see that car last night?   (f) He has a brown dog that smells bad.

_____   _____   _____

2 次の日本語に合うように____に正しい英語を書きましょう。

(1) 私はオーストラリアから来た友人に手紙を書きました。
I wrote to a friend _____ _____ _____ Australia.

＊write to …に手紙を書く

(2) 父はたくさんの子供たちが見ているそのTV番組を知りません。
My father doesn't know the TV program _____ _____ _____ watch.

(3) 2年前にオープンしたそのお店はとても人気があります。
The shop _____ _____ 2 years ago _____ very popular.

3 次の（ ）内の語（句）を自然な意味になるように正しく並び替え、全文を書きましょう。

(1) He (I / buy / bought / to / two years ago / the car / has wanted / .)
_____

(2) Have you (yet / the baby / was born / who / last week / seen / ?)
_____

4 次の2つの英文を、<u>that以外の関係代名詞</u>を用いて1つにしてみましょう。

(1) (a) Kanako has a little dog.   (b) It has long ears.
_____

(2) (a) That building is Mr. King's.   (b) The architect built it 9 years ago.   ＊architect 建築家
_____

Evine's Words

他人と比較せずに昨日の自分と比較してください。

Lesson28 関係代名詞 その2 所有格

今日のポイント！
今日は関係代名詞の英文解釈のコツを伝授したいと思います。
もともと2つの文が1つになったのですから、当然普通の英文よりは複雑な構造になります。
でも大丈夫！ 皆さんの苦手な長文読解力のブラッシュアップも狙って頑張りましょう！

Input Stage

パターン3　所有格の関係代名詞

今日は3つ目の関係代名詞、**所有格**の関係代名詞です。これで関係代名詞のパターンは全て終了します。
では早速、所有格の関係代名詞を使って1つの文にまとめてみましょう。

(a) I met **a girl**. (私は女の子に会った。)
(b) **Her** father teaches at the university. (彼女の父親はその大学で教えている)

この2つの文を合わせて「私は父親がその大学で教えている女の子に出会った。」にしていきましょう。

(a) a girlが先行詞なのはもうお分かりですね、そして (b) に代名詞はherしかありません。これが関係代名詞になるのですが、このherは**主語（主格）**でもなければ**目的語（目的格）**でもありませんね。**これは何でしたか？**
所有格です！ Herは所有格の関係代名詞になります。所有格の関係代名詞は1つだけ。
先行詞が何であっても所有格の場合は**whose**を使います。形が同じだけで、疑問詞のwhoseとはまったく使用法は違いますから注意してくださいね。

> 所有格の関係代名詞　→　**whose**だけ

herを**所有格の関係代名詞**に変えて**先行詞**a girlの後につなげてみましょう。
(a) I met **a girl**.　(b) <u>whose</u> father teaches at the university.

(a) ＋ (b) ＝ I met a girl **whose** father teaches at the university.
(私は**父親がその大学で教えている**女の子に出会った。)

訳し方は「〜が…である先行詞」、「〜が…する先行詞」という感じで押さえておきましょう！
a woman **whose mother teaches art**　（母親が芸術を教えている女性）

もとの英文を見て、関係代名詞が**主格・目的格・所有格のどの形になるのか**決定するわけですが、そこで代名詞の形をスッカリ忘れてしまっていては話になりません。復習もしっかりと心掛けておきましょう。

I met **the man**.　所有格 **His** father survived in a war.
➔　I met the man **whose** father survived in a war.
（僕はお父さんが戦争で生き残った男性に会った。）

I met **the man**.　My daughter married 目的格 **him**.
➔　I met the man 省略可 **[who(whom)]** my daughter married.
（私は娘が結婚した男［娘の夫］と会った。）

I met **the man**.　主格 **He** can speak several languages.
➔　I met the man **who** can speak several languages.
（僕は数カ国語を話すことのできる男性に会った。）

所有を示すwith

実は、関係代名詞の所有格whoseは**表現が硬いという印象**を持たれることがあります。

She lives in a house **whose** garden is very big.（彼女は**庭がとても大きな**家に住んでいます。）

とはいっても、whomのようにwoやthatで**置き換えることもできません**。
そこで便利なのが**前置詞with**です。
withには「…と共に、…が付いている、…を持っている」などの**所有の意味**があるので、これを利用してほぼ同じ内容で言い換えることができます。

⇔　She lives in a house **with** a very big garden.
（彼女は**とても大きな庭のある**家に住んでいます。）

ただし、**withの後ろの単語の語順が関係代名詞の場合とは異なる**点に注意して下さい。

whose garden is very big ➔　（関係代名詞＋名詞）＋V
with a very big garden ➔　前置詞with＋名詞（句）

関係代名詞節は**節**ですから**SVを含む語句のカタマリ**になります。**前置詞の後ろにSVはありません。**

関係代名詞that

関係代名詞thatは**先行詞に左右されない**とても便利なものでした。僕の生徒は使い分けを考えるのを嫌がって片っ端からthatを使っていました…。
とは言っても、先行詞によってはthatを用いるほうが自然なケースもあります。
早速、thatと相性のいい先行詞で基本的なものを2つチェックしておきましょう。

① **限定要素が強い**先行詞
the same ...（同じ…）/ **the only ...**（唯一の…）/ **the 最上級**（1番…）

He has **the same** book **that** my brother bought yesterday.
（彼は僕の弟が昨日買った**同じ**本を持っています。）
This is **the only** thing **that** makes me sad.
（これは私を悲しくさせる**唯一の**ものです。）
It is **the best** stadium that you find here in Osaka.
（そこはここ大阪で見られる**1番**すばらしい競技場です。）

② **「人＋人以外のもの」**が先行詞
The artist and his work that were featured in the TV program were very popular in Paris.
（そのテレビ番組で特集されていた芸術家と彼の作品は、パリでとても人気がありました。）

これ以外にもありますが、まずはこの2点をキッチリ押さえておけば基本は十分です。

関係代名詞の解釈

英文解釈に欠かせないスキルはたくさんありますが、特に**修飾関係をきちんとクリア**にし、**文型を見抜く力**はとても重要です。これが始めはとても難しい。
いくら単語や熟語を覚えても**文の構造が見抜けなくては頭に情報が入ってこない**んですね。

次の2文を比較して、どちらがパッと頭に情報が入ってきますか？
(a) The boy has a book.　　(b) The boy in the room has a book to read.

(a)のほうが簡単でしょう？　**(a)には修飾語句がない**からです。(b)はどうでしょうか？

The boy _{修飾語句} **in the room** has a book _{修飾語句} **to read**.

2つの修飾語句が入るだけで**文の構造が複雑になったように感じますね**。
(a)（その男の子は本を持っている。）　(b)（部屋にいるその男の子は読むための本を持っている。）

関係代名詞のある英文は、**修飾関係がより複雑になります**。

Lesson28 関係代名詞 その❷ 所有格

The people who climbed up the mountain stayed in a lodge which was very old.
（その山に登った人々はとても古い山小屋に泊まった。）

どうでしょうか？ 2つの関係代名詞節が入り、ちょっと嫌な英文に見えますよね…。
しかし、下線部の**関係代名詞節をうまく処理できればとても単純なSV文型**であることがわかります。
では、もう少し詳しく関係代名詞を用いた英文解釈の練習をしておきましょう。
次の英文を見てください。 2つのisの違いは何でしょう？

The young man who <u>is</u> standing at the bus stop <u>is</u> Yuki.
（バス停で立っているその若い男はユウキです。）

isが2つあるだけで不可解に思ってしまう人もいますが、ここは冷静にクリアしたいですね。
では、この英文の文型を考えてみましょう。**デッカクとらえて**ください！

_S The young man who is standing at the bus stop _V is _C Yuki.

The young manは**主語**、isは**不完全自動詞**で、その後ろは**補語**のYukiです。
ここで、主要素のみを抜き出してみましょう。

The young man is Yuki.（その若い男はユウキです。）
どうでしょうか？ とてもシンプルな**SVC文型**ですね。
ここをまずは浮き彫りにしなければダメなんですね！

そして**主要素以外のものはMとして解釈可能**でしたね。つまり、（　）でくくってしまってもOK！

The young man _{関係代名詞節}（ who is standing at the bus stop ）is Yuki.

（　）でくくった部分は関係代名詞節ですね。結局、関係代名詞節は、**名詞（先行詞）を詳しく説明しているだけの文**で、**主要素ではないので文型解釈する場合は除外しても構わない**のです。

> 関係代名詞節は、前の名詞を説明するただの形容詞のカタマリ（形容詞節）

結局、この英文中に存在する2つのisのうち、最初のisは関係代名詞節の中に存在するもので、全体から見れば主要素ではありません。そして後ろのisが全体の主要素となる動詞だったんですね。

今回のように、1つの英文の中にbe動詞や一般動詞がいくつも混在する場合、ほとんどの初心者はパニックになります。まずは文型をきちんと見抜く方法を押さえ、常に英文を冷静に解釈しようとする意識と、この本で学んだ基本的な文法知識があれば、必ず対応できるはずです。

Output Stage

Lesson27の復習問題

1 次の英文の( )内の語句で正しいほうを○で囲みましょう。

(1) He has a friend who (live / lives) in France.
(2) She wants a dog (who / which) has a long tail.   *tail しっぽ
(3) I saw street lights which (was shining / were shining) over there.   *shining < shine

2 次の日本語に合うように____に正しい英語を書きましょう。

(1) ポストのそばで座っている犬はルビーです。
The dog _____ _____ _____ by the post _____ Ruby.

(2) あの男性がかつて愛した女性を見ました。
I saw the woman _____ _____ _____ once.

(3) 彼らは時々、私たちが必要でない古い物を売ります。
They sometimes sell old things _____ _____ _____ need.

3 次の( )内の語(句)を自然な意味になるように正しく並び替え、全文を書きましょう。

(1) He (a friend / well / speaks / who / has / English / .)
_____

(2) Perth was (one / of / wanted / to / the cities / I / visit / .)   *Perth オーストラリアの地名
_____

4 次の英文は何文型になるでしょうか？ 英語の記号で答えましょう。

(1) Ayako studies a subject a lot of people are interested in. _____ 文型   *subject 科目
(2) The girl who is swimming in the pool is his sister. _____ 文型

Lesson28の演習問題

1 次の日本語に合うように____に適語を書きましょう。

(1) 彼は赤い髪をしたその少女が好きだった。
He liked the girl _____ _____ _____ red.

(2) つまり、それは私が今までに聞いた一番面白い経験だった。
I mean it was the _____ _____ experience _____ I have ever heard.

(3) おじさんがニューヨークに住んでいる友達がいます。
I have a friend _____ _____ _____ in New York.

(4) オーストラリアにはあなたが日本で見ることのできる同じ木があります。
Australia has the same tree _____ _____ can _____ in Japan.

2 次の英文(a)(b)がほぼ同じ内容になるように____に適語を書きましょう。

(1) (a) Azusa understood the example written in English.　*example 例、用例
　　(b) Azusa understood the example _____ _____ _____ in English.

(2) (a) Satoshi has wanted a car whose color is white.
　　(b) Satoshi has wanted a car _____ _____ _____ color.

(3) (a) Takashi doesn't read novels written by her.
　　(b) Takashi doesn't read novels _____ _____ .

3 次の2つの英文を、このレッスンで学んだ関係代名詞を用いて1つにしてみましょう。

(1) (a) The man is Mr. Black.　(b) His mother is a designer.
_____

(2) (a) I love her and my life.　(b) They make me happy.
_____

(3) (a) The woman is Maria.　(b) I want to see her.
_____

(4) (a) I have a friend.　(b) His wife has been a chef for 12 years.
_____

Evine's Words

修了しても何かあるたびにこのドリルを開いてください。
読めば読むほど味があります。

月　日　1☐　2☐

Lesson29　英文解釈のコツ

今日のポイント！
レッスン最後は英文解釈のポイントを総復習しましょう。
句と節の違いは？　副詞節って何？　さあ、このような疑問を完全に吹き飛ばして、初心者を脱するために英文解釈力をブラッシュアップしましょう！

Input Stage

単語のカタマリ

それではちょっと整理していきましょう！
dogは**単語**、これに形容詞などを付けるとa brown dogという**句**になります。2語以上の意味のある単語の連なりで句！
そして句に**SV**があるものを**節**と呼びます。

では、次の英文の中に句はいくつありますか？
That young man wearing a brown shirt works hard to go to New York.

この英文には**3つの句**があり、それぞれ**名詞、形容詞、副詞**の役割をしています。

名詞句 **That young man** 形容詞句 **wearing a brown shirt** works hard 副詞句 **to go to New York**.
（茶色のシャツを着ている　あの若い男性は　ニューヨークに行くために　懸命に働きます。）

主語になる名詞句　→　That young man（あの若い男性）
名詞を修飾する形容詞句　→　wearing a brown shirt（茶色のシャツを着ている…）
目的を示す副詞句　→　to go to New York（ニューヨークに行くために）

句は、役割に応じて**名詞句・形容詞句・副詞句**と呼び名が変わります。
英文が複雑になれば句の数も増えていきますから、それぞれの句を整理しながら英文構造を見抜く日々の練習が大切です。

名詞節と形容詞節

では、今度は節です。次の英文の中に節はいくつありますか？

My sister knows that it is the skirt that I want.

節は2つです。1つは**that節**でもう1つは**関係代名詞節**になります。
節が英文の中で**主語、目的語、補語**のいずれかになるとき、その節を**名詞節**と呼びます。この例文で用いられた**接続詞thatは名詞節を作る代表選手**のようなものですので覚えておきましょう。

一方、関係代名詞によって導かれた節は、前の名詞を修飾する**形容詞の働き**をします。ですから関係代名詞節のことを**形容詞節**とも呼びます。

My sister knows 名詞節[that it is the skirt 形容詞節 that I want].
(私の妹はそれが私の欲しいスカートであるということを知っています。)

[knowの目的語となる名詞節]
that it is the skirt which I want（それが私の欲しいスカートであるということ）

接続詞thatに作られる節はknowの目的語(O)になっています。Oになれるのは何だったでしょうか？
はい、**名詞だけ**でしたね！　この節はOになれる**名詞のカタマリ**だから**名詞節**と判断できるんですね。

[名詞the skirtを修飾する形容詞節（関係代名詞節）]
that I want（私が欲しい…）

関係代名詞thatに作られる節は前の**名詞を修飾**しています。**名詞を修飾できるのは形容詞**だけ。
名詞を修飾できる**形容詞のカタマリ**だから**形容詞節**と判断できるんですね。

副詞節

節の面倒なところは句と違って**SVが含まれる**ということです。節が増えれば英文に**いくつもSVが存在することになる**から大変ですよね。ここでしっかりと頭の整理をしてください。
さて、名詞節や形容詞節以外では**副詞節**があります。これが初心者の皆さんにとって難しいようです。順を追って、ポイントをしっかり押さえておきましょう。まず副詞って何だったでしょうか？

副詞は修飾語（M）で、名詞以外のものをより詳しく説明する働きのある単語でしたね。
文型解釈する場合は（ ）でくくって処理できるというのも特徴でした。

I'm working hard.（僕は**一生懸命に**働いています。）　　　　　　　　　　　＊副詞hardがworkの程度を説明

このような副詞の役割をする、「SVを持った単語のカタマリ」が**副詞節**です。

We will cancel the tour _{副詞節}if it's windy tomorrow.
(明日風が強いなら、私たちはそのツアーをキャンセルするだろう。)

全体を眺めて文型を考えてみればWeが**S**、cancelが**V**、そしてthe tourが**O**の**SVO文型**で**完結**しています。前半部分で文型が完成しているわけです！　ということは、**残りは主要素ではない修飾語句**ということになります。
修飾語には**副詞と形容詞**がありますが、if以下は名詞を修飾しているわけではなく、**文全体を修飾**し、「風が強いなら…」という条件をつけているので、**副詞の節と判断**するのです。

動詞＋副詞

副詞は文型解釈する場合に、（　）でくくることのできる単語ですが、**「動詞＋副詞」**で**1つの自動詞、もしくは他動詞**として働く場合があります。
これを**群動詞（句動詞）**と呼びますが、簡単に言えば**熟語（イディオム）**というやつです。このような動詞はカタマリで1つの主要素として解釈しなければなりません。

[自動詞] **Stand up**, everybody.（皆さん、起立！）　　**Sit down**, everybody.（皆さん、着席！）
[他動詞] I'll **put on** _Othis coat.（このコートを着るよ。）　　　　＊このonは前置詞ではなく副詞です。

自動詞＋前置詞

L.16（前置詞と名詞）で触れた、**「自動詞＋前置詞」**で1つの**他動詞の働き**をするものを見ておきましょう。

I was **waiting for** _Oyou.（私はあなたを待っていました。）
They **looked at** _Oyour album.（彼らは君のアルバムを見ました。）

waitもlookも**1語では自動詞**ですが、**前置詞と一緒になることで他動詞の働き**になっています。
これらの動詞は前置詞が変われば大きく意味も変わる場合がありますので注意しましょう。

They **looked for** your album.（彼らは君のアルバムを探しました。）　　　＊atからforになり意味が変化

Lesson 29 英文解釈のコツ

英文解釈力を高める

本書を通して、皆さんが**適切な英文解釈をするために必要な基本要素は全て**お伝えしました。

今の段階で、必要なものは全てそろっているはずです。さあ、それを試しておきましょう。

次の英文を**文型、文法的な内容、修飾関係の3つの観点**から自分なりに解釈してください。

[英文1]
My sister has studied how to speak English very hard since last year because she wants to live abroad.

[英文2]
The teacher I met at the school on the mountain always told me a lot of stories.

[英文1] 骨組みをまずはチェック！　**SVO文型**

S My sister　V has studied　O how to speak English .
（僕の姉は英語の話し方を勉強しています。）
まずは文型構造を見抜くことが先決ですね。それでは細かい部分をチェックしていきましょう。

S [My sister]　V [studyの現在完了形（継続用法） has studied]
O [疑問詞+不定詞 how to V speak O English]　M [副詞 very hard]
M 副詞句 [前置詞 since 名詞句 last year]
M 副詞節 [従属接続詞 because S she V wants 不定詞の名詞的用法 (O) to live 副詞 abroad.]

ボォーっと眺めているだけでは、単語が細かい部品のように見えてしまいますが、落ち着いて**SVを見抜くことから始める**と、sinceがヒントとなり**現在完了の継続用法と判断**できます。主節の「**疑問詞＋不定詞**」や副詞節内の不定詞がそれぞれ**名詞として動詞の目的語になっている**のもポイントでした。
（僕の姉[妹]は海外に住みたいので、去年から英語の話し方をとても一生懸命勉強しています。）

[英文2] 骨組みをまずはチェック！　**SVOO文型**

S The teacher　V told　O₁ me　O₂ a lot of stories .
（その先生は僕にたくさんの話を聞かせてくれた。）
S [The teacher 目的格の関係代名詞の省略 (that) 形容詞節 S I V met 副詞句 at the school 形容詞句 on the mountain]
M [副詞 always]　V [told]　O₁ [me]　O₂ [形容詞 a lot of 名詞 stories.]

主語（The teacher）を修飾する形容詞節の中に、副詞句（at school）やschoolを修飾する形容詞句（on the mountain）があり、頭デッカチの英文になっています。
動詞が主語から離れた位置にあり文型がとらえにくいのですが、**Mを全て（）でくくってしまうこと**で、SとVの位置関係が明らかになります。そして、この英文の動詞toldはOを2つ取っていると判断できるかどうかもポイントでした。
（山の上にある学校で私が出会ったその先生は、いつも私にたくさんの話を聞かせてくれました。）

いかがでしたでしょうか？
ここでチェックしたものは全て本書で勉強済みで、知らない表現はないはずです。
皆さんはすでにここまで徹底的に英文解釈する底力は養われているんです。
本書で勉強する前と今の自分の英文解釈力を比較してください！　確実にレベルUPしているはずです。
あとは本書を繰り返し復習すること、そして地道にボキャブラリーの力を磨くこと。
短文が理解できずに長文読解はありえません。
まずはやさしくて短いものから取り組み、背伸びをしないことです。そして復習を忘れないでください。

本書が今後も初心者の皆さんの良きパートナーとなれば幸いです。
皆さん、最後まで、どうもお疲れさまでした！

Output Stage

Lesson28の復習問題

1 次の日本語に合うように ___ に適語を書きましょう。

(1) サトシは肌 (skin) が黒いブタを飼っています。
Satoshi has a pig _____ _____ _____ black.

(2) アズサは素敵なキッチンのある家をずっと欲しがっています。
Azusa has wanted a house _____ _____ nice _____.

(3) 顔を赤く塗られたあの人たちは誰ですか？
Who are _____ _____ _____ _____ are painted red?

2 次の英文を日本語に直しましょう。

(1) He is the only person that I can trust.

(2) I did everything that I could do for you.

3 次の( )内の語(句)を自然な意味になるように正しく並び替え、全文を書きましょう。

(1) (like / whose / very / a man / I / long / is / don't / hair / .)

(2) I don't (which / to / know / train / take /.)

(3) Bryan Adams is (singer / the / makes / that / best) me excited.

(4) The boy (is / who / is / talking / on the phone / my classmate /.)　　＊on the phone 電話で

Lesson 29の演習問題

1 次の英文の下線部の解釈として正しいものを下から選んで記号で答えましょう。

(1) They were sleeping <u>when I had the trouble</u>.

(2) They were waiting for you <u>in the rain</u>.

(3) The books <u>on his desk</u> are yours.

(4) They watched the movie <u>which was very popular in Japan</u>.

（ア）形容詞節　（イ）形容詞句　（ウ）副詞節　（エ）副詞句

2 次の英文の下線部の句の説明文として正しいものを1つずつ選んで記号で答えましょう。

(1) My father and mother start jogging at 7 <u>in the morning</u>.

(2) Have you seen <u>the famous baby</u>?

(3) The boy's dream is <u>to become a comedian</u>.

(4) The baby <u>with white socks</u> is very cute.

（ア）Cとなる名詞句　（イ）Mとなる副詞句　（ウ）Oとなる名詞句　（エ）Mとなる形容詞句

3 次の英文の文型を答えましょう。

(1) I worked very hard because I needed more money.　　　　　文型

(2) The family I know well will help you.　　　　　文型

(3) I will call you when I'm ready.　　　　　文型

(4) He wants to stay in a city which has a large casino.　　　　　文型　＊casino カジノ

4 次の英文を日本語に直しましょう。

(1) You will find something that makes other people happy.　　　　　＊other 他の

(2) He can talk with people from Japan by using the Japanese he has learned.

Evine's Words

真剣に取り組みさえすれば、
このドリルはあなたの期待に応えてくれるはずです！

Communication Stage 5

ここまで学んできたことを使って、Mr. Bryanとの会話にチャレンジ!
Hint! の中の単語を並び替えて、会話表現を作ろう。

Mr. Bryan: Your English is getting much better.

Evine: Thank you. 君は良き先生だよ。
Hint!（ been / you / a good teacher / have / . ）
Let's Speak! → [1.]

Mr. Bryan: Actually, I don't teach you.

Evine: どういうこと？
Hint!（ mean / do / you / what / ? ）
Let's Speak! → [2.]

Mr. Bryan: We just enjoy speaking English.

Evine: Oh, that's right. 僕らは楽しんでるんだ。
Hint!（ having / we / fun / are / . ）
Let's Speak! → [3.]

Mr. Bryan: I have met a lot of students studying English at school. Most of them don't enjoy it.

I think so, too. そして、彼らは英語を話そうとしないんd。
Hint! (don't / English / and / try / they / speak / to / .)

Let's Speak! → [4.]

Speaking English is the most important thing.

Yes, it is. 話す練習をする生徒は、英語が好きになるんだ。
Hint! (will / who / practice speaking / the students / like English / .)

Let's Speak! → [5.]

That's right, Evine. You know it.

僕たちはコミュニケーションを楽しむために言葉を勉強するんだからね。
Hint! (to enjoy communication / we / a language / study / .)

Let's Speak! → [6.]

Evine's Column

英文法嫌いの方の多くは「英文法の勉強は英会話に直結しない！」と思い込んでいます。でも、本書で学んだ英文法なくして、これだけの会話をするのは不可能です。現在完了、分詞や関係代名詞によって状況をより細かく伝えることが可能になり、英語コミュニケーションに必要なスキルは全てそろいました。
Communication Stage で扱った5つのダイアローグは、いままで学習した表現の中でも本当に基本的なものだけで構成されています。本書で勉強した知識を100%振り絞ればこんなもんじゃありません！自信を持ってください、もう脱・初心者です！

Proficiency Test

全レッスン修了テスト

ここまで勉強してきたことを総動員して、このテストにチャレンジしてみましょう。
別冊の解答集(Answer Key)で答え合わせをして、自分の達成度を測ってみてください。
自分の弱いところを再確認したら、レッスンに戻って復習を忘れずに！

それでは、健闘を祈ります!! →

Proficiency Test 全レッスン修了テスト
（制限時間60分）

今日は皆さんの努力を証明する日です！
このテストにより基本英文法の定着度と文型解釈力をしっかりと確認することができます。
では、早速始めていただきましょう！

1. 次の英文を（ ）内の指示に従って、全文を書き直してください。

(1) She doesn't catch a cold.（thenを加えて、過去の否定文に） ＊catch a cold 風邪をひく

(2) Did Mr. Miura know the way to the station?（現在の疑問文に） ＊the way to に行く道

(3) Mr. Otsuka is my good friend.（since last yearを加えて、現在完了形の文に）

(4) Ms. Kaino and her husband read some books in English.（否定文に）

(5) You'll find a railroad on your right.（「できる」の意味を加えて） ＊on one's right 右側に

(6) It includes tax and service charge.（疑問文に） ＊charge 料金

(7) My headache disappears after I take medicine.（過去形に） ＊disappear 消える

(8) That <u>event</u> causes us a lot of trouble.（下線部の名詞を複数形に） ＊event 出来事
＊cause AB AにBを引き起こす

(9) Are there traditional <u>ceremonies</u> in Japan?（下線部の名詞を単数形ceremonyに） ＊traditional 伝統的な

(10) Does Maki go to the doctor for a regular check-up?（現在完了形の文に） ＊regular check-up 定期検査

2. 次の英文の下線部を( )内の主語に変えて、全文を正しく書き直してください。

(1) My daughter washes our dishes every night.（You and I）

(2) You understand her neighbors very well.（Akiko's sister） *neighbor 近所の人

(3) We don't drive on a narrow street at night.（Your brother） *narrow 狭い

(4) Does your sister tell you such things?（they）

(5) Your brothers sometimes study art in the museum.（He）

3. 次の英文中の( )内の語を適切な形に書き直してください。 *1語とは限りません。

(1) Mayu is tired from looking for (he).　　　　　　　*be tired from で疲れている
(2) Mr. Otani hopes (see) you again.
(3) His wife left home without (tell) him.
(4) (Walk) to school every day is a good exercise .
(5) My co-workers didn't know (she) name.　　　　　*co-worker 同僚
(6) A dentist finished (treat) my toothache.　　　　　*treat 治療する
(7) I saw a man who (be) lying on the grass.　　　　 *lying < lie 横たわる

4. 次の疑問文に対する答えとしてもっとも適切なものを後から選び、記号で答えましょう。

(1) How does Ayako go shopping?
(2) Who was making dinner for us?
(3) When will the shop open?
(4) How many centimeters does one meter have?　　　*centimeter（単位）センチ
(5) What are they doing?

(a) Next week.
(b) They are rescuing a puppy. *rescuing < rescue 救助する　*puppy 子犬
(c) On foot.
(d) One hundred.
(e) His father was.

5. 次の日本語に合う内容になるように、＿＿＿＿に適切な英語を書きましょう。

(1) 神戸は3日間、雨が続いています。
＿＿＿＿ ＿＿＿＿ ＿＿＿＿ rainy ＿＿＿＿ three days in Kobe.

(2) 昨夜、僕の車の窓が誰かに壊されました。
Last night, my car window ＿＿＿＿ ＿＿＿＿ ＿＿＿＿ someone.

(3) 私の彼氏はブライアン・アダムスよりもバックストリート・ボーイズのほうが好きだった。
My boyfriend liked The Backstreet Boys ＿＿＿＿ ＿＿＿＿ Bryan Adams.

(4) 私たちの甥と姪は外国に今まで行ったことがありません。
Our nephew and niece ＿＿＿＿ ＿＿＿＿ to foreign countries.

(5) その女性が、彼女たちみんなの中で1番かわいく見えました。
The woman looked ＿＿＿＿ ＿＿＿＿ them ＿＿＿＿.

(6) 彼はあなたよりもずっと多くのお金を持っています。
He has ＿＿＿＿ ＿＿＿＿ money ＿＿＿＿ you.

(7) 彼らの1人は冒険心を持った賢い男だった。
One ＿＿＿＿ them was a wise man ＿＿＿＿ a spirit of adventure.

(8) 私は木曜日までにこの仕事を終えなければなりません。
I have to finish this work ＿＿＿＿ ＿＿＿＿.

(9) 彼女たちは夕食前、英語で彼と一緒に話をしていました。
They ＿＿＿＿ talking ＿＿＿＿ him ＿＿＿＿ English ＿＿＿＿ dinner.

(10) 流し台に汚れたお皿がありました。
＿＿＿＿ ＿＿＿＿ ＿＿＿＿ dirty dish in the sink.

(11) 火曜日まで、誰のカバンを僕は持っていなければなりませんか?
＿＿＿＿ ＿＿＿＿ do I have to keep ＿＿＿＿ ＿＿＿＿?

(12) 彼は毎週土曜日、日本語を書いたり話したりする練習をします。
He practices ＿＿＿＿ ＿＿＿＿ speaking Japanese ＿＿＿＿ ＿＿＿＿.

(13) あなたは彼らについて何を知りたかったのですか。
＿＿＿＿ ＿＿＿＿ you ＿＿＿＿ know ＿＿＿＿ them?

6. 次の下線部がOとして働いている英文を4つ選んで記号で答えてください。

(a) My father isn't interested in <u>studying English</u>.
(b) <u>Learning another culture</u> is really exciting.
(c) Don't you think <u>she's very happy</u>?
(d) My dream was <u>to be a detective</u>. ＊detective 刑事
(e) I hear drinking <u>a lot of water</u> is really good.
(f) The girl <u>who is dancing there</u> is my sister.
(g) They aren't used to <u>living here</u>. ＊be used to に慣れている
(h) <u>To understand this trick</u> is very hard.

7. 次の下線部の説明として正しいものを選んで記号で答えて下さい。

(1) He doesn't know she is <u>from Switzerland</u>. ＊Switzerland スイス
(2) The lady <u>who wanted to see me</u> was my boss.
(3) You may think <u>smoking every day</u> is very bad.
(4) Takashi and Tomohisa didn't have time <u>to talk</u> at all.
(5) Mr. White and Ms. Red went to the store <u>to buy some water</u>.

(a) 名詞句　　(b) 形容詞節　　(c) 形容詞句　　(d) 副詞句

8. 次の英語をほぼ同じ内容になるように言い換えた場合、＿＿＿＿に当てはまるものを書いてみましょう。

(1) Generally, this is an average score. ＊average 平均的な
→ Generally, this _____ _____ average.

(2) She didn't have any books.
→ She _____ _____ books.

(3) Scuba diving is my favorite sport. ＊scuba diving スキューバダイビング
→ I like scuba diving _____ _____ all.

(4) He looks happier than you.
→ You don't look _____ _____ _____ he.

(5) She has wanted a car whose seats are wide.
→ She has wanted a car _____ _____ _____ .

231

9. 次の( )内の語句を正しく並べ替えて、自然な英文を完成させてください。

(1) She (when / back / didn't / he / know / came / .)

(2) (this / interesting / my father / movie / found / very / .)

(3) (a story / in England / he / the students / written / told / was / always / which / .)

10. 次の英文を日本語に直してください。

(1) It was hard for us to give up traveling to Australia so we decided to make more money.

(2) We are looking for someone who knows how to operate this system but we haven't found anybody yet.   *operate 操作する

(3) He felt that there was nothing strange about choosing Japan as the first country to visit, when he began searching for a new direction in his life.   *as として

11. 次の英文に当てはまる文型をそれぞれ記号で答えてください。

(1) Mr. Blue gave me some money yesterday.

(2) Somebody wrote a letter to me.

(3) Mr. White is bright, active and, above all, excellent.
　　＊above all　何よりも

(4) This movie shown on TV last week made me very bored.

(5) His father bought his son a nice boat on his birthday.

(6) My son and daughter love to sing my songs in this room.

(7) One of my students in my class became a teacher two years ago.

(8) The heavy rain kept water in the river very cold.

(9) My girlfriend who lives in Tokyo sent these books to me last summer.

(10) That building opens at 11 o'clock in the morning.

(a) SV文型　　(b) SVC文型　　(c) SVO文型　　(d) SVOO文型　　(e) SVOC文型

著者紹介

Evine（エヴィン）

本名、恵比須大輔。神戸在住。株式会社evinet biz代表取締役。Teaching Director。神戸と大阪で社会人向けの「やりなおし英語JUKU」(https://evinet.biz/)と学生向けの「Evineの英語塾」(https://www.evinez-es.com)を主宰。幅広い世代の学習者を対象に、コア英文法を軸とした実際に使える英語・英会話の指導を行っている。観光専門学校での「英文法＆英会話クラス」や「TOEICクラス」、教員向けセミナーなど多方面で活動実績がある。
『Mr. Evineの中学英文法を修了するドリル2』『新装版 Mr. Evineの中学英文法＋αで話せるドリル』『新装版 Mr. Evineのアルファベットから英語の基礎をなんとかするドリル』『Mr. Evineの中学英文法修了 解きまくり問題集』『Mr. Evineの英文法ブリッジコース[中学修了▶高校基礎]』（アルク）や『Mr. Evineの英語塾　コア英文法』（ベレ出版）など著書多数。
趣味は映画鑑賞と旅行。
Evineが主宰する教室に関するお問い合わせはinquiry@evinet.bizまで。

Mr. Evineの中学英文法を修了するドリル

発行日	2007年5月31日（初版） 2025年6月20日（第37刷）
著者	Evine（恵比須大輔）
編集	株式会社アルク 出版編集部
英文校正	Peter Branscombe、Owen Shaefer、Joel Weinberg
デザイン	細山田光宣 岡 睦（細山田デザイン事務所） 朝倉久美子（細山田デザイン事務所）
イラスト	アラタ・クールハンド
DTP	株式会社秀文社
印刷・製本	日経印刷株式会社
発行者	田中伸明
発行所	株式会社アルク 〒141-0001 東京都品川区北品川6-7-29 ガーデンシティ品川御殿山 Website：https://www.alc.co.jp/

・落丁本、乱丁本は弊社にてお取り替えいたしております。
　Webお問い合わせフォームにてご連絡ください。
　　https://www.alc.co.jp/inquiry/
・本書の全部または一部の無断転載を禁じます。
　著作権法上で認められた場合を除いて、本書からのコピーを禁じます。
・定価はカバーに表示してあります。
・製品サポート：https://www.alc.co.jp/usersupport/

© 2007 Evine (Daisuke Ebisu) / ALC PRESS INC.　Printed in Japan.
PC：7007026　ISBN：978-4-7574-1222-4

地球人ネットワークを創る

アルクのシンボル
「地球人マーク」です。

5文型から関係代名詞まで

Mr. Evineの中学英文法を修了するドリル

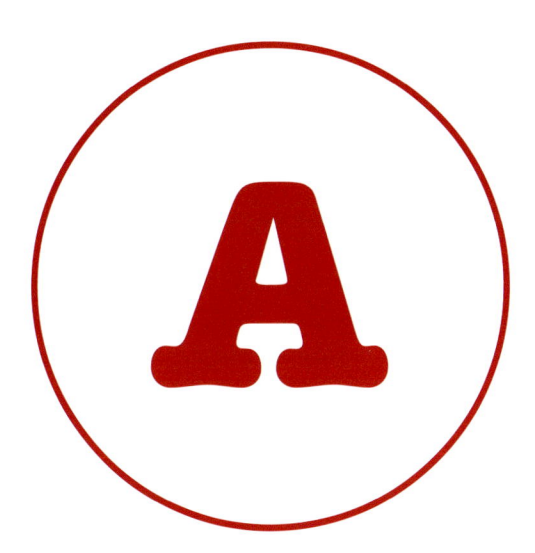

A

Answer Key
Output Stage
Communication Stage
Proficiency Test

解答集

Answer Key
Output Stage
Communication Stage
Proficiency Test

解答集

Contents

Lesson01	p.2	Lesson17	p.33
Lesson02	p.3	Lesson18	p.35
Lesson03	p.5	Lesson19	p.38
Lesson04	p.7	Lesson20	p.40
Lesson05	p.9	Lesson21	p.43
Lesson06	p.11	Lesson22	p.45
Lesson07	p.13	Lesson23	p.47
Lesson08	p.15	Lesson24	p.49
Lesson09	p.17	Lesson25	p.51
Lesson10	p.19	Lesson26	p.53
Lesson11	p.21	Lesson27	p.55
Lesson12	p.23	Lesson28	p.57
Lesson13	p.25	Lesson29	p.59
Lesson14	p.27	Proficiency Test	p.61
Lesson15	p.29	Communication Stage	p.68
Lesson16	p.31		

付録1　あればうれしい文型別動詞リスト(英語版) ─── **p.70**
付録2　あればうれしい文型別動詞リスト(日本語版) ── **p.72**
付録3　不規則変化動詞リスト ─────────────── **p.74**

p.18〜19

Lesson01 / Answer Key

合格点 40 点

英語の語順 SV文型

モヤモヤ解消ポイント！
- 英文最小単位のSV文型 → SとVだけを見抜けばいい！
- Sは主語、Vは動詞で、Mは修飾語！

1 (2点×3)
(1) V (2) M (3) S

SVMなどの記号を見て、すぐに**主語・動詞・修飾語**であると判断できればOK。

2 (3点×2)
(ア)(エ)

説明文(イ)は、SやVについての説明。(ウ)はVのみについてのことで不適切。
修飾語Mは文型を構成する主要素ではありませんが、英文全体やある単語をより詳しくする言葉で、影の大黒柱としてその役割はシッカリと覚えておく必要があります。修飾語＝**説明語**と押さえてもOK。

3 (完答：3点×5)
(1) 主語(I) 動詞(sit) 修飾語(under the tree)
(2) 主語(You) 動詞(go) 修飾語(to a bank in the afternoon)
(3) 主語(I) 動詞(sleep) 修飾語(with my dog every night)
(4) 主語(You and I) 動詞(swim) 修飾語(in the river on Wednesdays)
(5) 主語(We) 動詞(die) 修飾語(some day)

(1) 「…の下で」を意味するunderは**前置詞**と呼ばれ、名詞the treeの前に置く。「前置詞＋名詞」からなる**前置詞句**はMとなり形容詞や副詞の機能に変化。この問題では、under the treeが1つのカタマリで「座る」場所を詳しく説明するMになっています。(**僕は木の下に座る。**)
(2) toは「…へ」という意味。to a bank(銀行へ)も、in the afternoon(午後に)も(　)でくくっても文法上OKのMになる。Mの並べ方は**場所・時**の順番。(**あなたは午後に、銀行へ出かける。**)
(3) withは「…と一緒に」という意味。with my dog(僕の犬と)もevery night(毎晩)も、英文をより詳しくするM。(**僕は毎晩、僕の犬と一緒に寝る。**)
(4) inは「…(の中)に」、onは「…の上」「(…曜日)に」という意味。in the riverもon Wednesdaysも**前置詞句**でMと解釈。ちなみにon＋曜日sで「**毎週…曜日に**」という意味。
またandは**接続詞**と呼ばれ、A and Bは「AとB」という意味。この接続詞andに関してはあとのレッスンで勉強します。(**あなたと僕は毎週水曜日、川で泳ぎます。**)
(5) some day([未来の]いつか)は熟語で、動詞dieを修飾するMと考えます。
(**私たちはいつか死んでしまう。**)

4 (3点×5)
(1) You listen to the song. (2) We live in the village. (3) I work at an airport.
(4) You stand under the tree. (5) We walk to the office in the morning.

英単語の意味が分からなければ、並べようがない。そんな初心者の方も多いはずですが、あえて単語の意味は載せていません。
SとVだけを感覚で見抜きましょう。

(1) $_S$You $_V$listen $_M$to the song.（あなたはその歌を聞きます。）
まずは、「YouとlistenがSとVになりそうだ！」とピーンとくればOK。こういうところから英語感覚を養っていきましょう。

(2) $_S$We $_V$live $_M$in the village.（私たちはその村に住んでいます。）
We liveがSVとして見抜けたかどうかがポイント。villageの意味が分からなくても最初はOK。

(3) $_S$I $_V$work $_M$at an airport.（僕は空港で働いています。）
前置詞atは「…で」という意味。

(4) $_S$You $_V$stand $_M$under the tree.（君はその木の下に立ちます。）
「前置詞句っていつも最後なのかぁ？」という勘もそろそろ働いてきたのではないでしょうか？

(5) $_S$We $_V$walk $_M$to the office $_M$in the morning.（僕らは歩いて午前中、職場へ行く。）
ここでも前置詞句は最後ですね。前置詞句に関しては今後のレッスンで何度も登場しますので、今はなんとなくの理解でもOK。

5 （順不同：4点×2）

(1)(b) You run fast.　(2)(c) I come here tonight.

(b) You fast run. ではSMVの語順となり誤り。SVMにしてあげると正解。Mの位置についてはL.04で詳しく。
(c) come I tonight here. はVSMMというデタラメな語順。**まずはSVと直し**、残った2つのMは場所 ➡ 時の順番で並べることができれば正解。

---

p.24〜25

Lesson02 / Answer Key　　　　　　　　　　合格点 40点

英語の語順 SVC文型

モヤモヤ解消ポイント！

・SVC文型 ➡ S＝Cの素敵な関係！
・Cになるのは名詞か形容詞だけ！

[Lesson01の復習問題]

1 （完答：1点×3）

(1) $_S$We $_V$volunteer on the beach.　(2) $_S$I $_V$come to the city.
(3) $_S$You and I $_V$relax under the roof.

(1) on the beach（その砂浜［の上］で）はMと解釈。(2) to the city（その町へ）はMと解釈。
(3) underは「…の下で」という意味。under the roof（その屋根の下で）はM。

2 （3点×2）

(1) You ski here in winter.　(2) You and I cook in the kitchen every day.

(1) まずはSV。そして残りの修飾語句は「場所 ➡ 時」の順番。skiは名詞「スキー」だけでなく動詞「スキーをする」という意味があります。（SV＋MM）

003

(2) You and I「あなたと私」は3語まとめて1つのSと考えます。cookがVで残りはM。(SV＋MM)

[Lesson02の演習問題]

1 (2点×5)

(1)× (2)○ (3)× (4)× (5)○

(1) SVC文型において、~~VとCはイコールの関係である。~~(SとCがイコールの関係)
(3) Cは~~主要素として解釈されない。~~(Cは文型の主要素で必要不可欠)
(4) Cは~~主語により必要かどうかが決まる。~~(Sではなく、Vにより決まる！)

2 (2点×5)

(1)SVC (2)SVC (3)SV (4)SV (5)SVC

(1) from Osakaは副詞ではなく**形容詞として、Cの役割**。([参] L.02)
「存在」のbe動詞はSV文型ですが、「私はいる、大阪出身」では不自然。ということで、このbe動詞はCを必要とする「…です」の意味であると判断すればOK。(**私は大阪出身です。**)
(2) SVC文型の**S＝Cルール**では、「SはCです」と自然な日本語で成り立つかどうかがポイント！
you = sad「あなたは悲しいです」→ 日本語として自然 → SVC文型と判断！
seemは「…のようだ」という意味で、後ろにCを必要とする動詞。難しいかもしれませんが、前後関係を考えて、なんとか構造を見抜いてください。(**君は悲しんでいるようだ。**)
(3) arriveは**自動詞**であり、at the farm(農場で)もin the afternoon(午後に)もM。この英文にCはありません。(**私は午後、農場に到着する。**)
(4) ここでのstartは問題(3)のarriveと同じく**自動詞**で、最後のat eleven o'clock(11時に)は前置詞句でM。o'clockは〇〇時ピッタリの場合にのみ使われます。(例)11時10分　at eleven ten　＊o'clockは必要なし
(**あなたは11時に出発します。**)
(5) You = teacherの関係が成り立つSVC文型。(**あなたは先生になる。**)

3 (3点×5)

(1) She is Rieko. (2) He is from Okinawa. (3) You look tired.
(4) I am a student here. (5) You are kind.

(1) 後ろにCを必要とするbe動詞。Cになるのは形容詞か名詞。ここでは人の名前(固有名詞)がC。
(**彼女はリエコです。**)
(2) 前置詞句from Okinawa はCと解釈。
He is in Okinawa.(彼は沖縄にいます。)で使われる「存在」を表すbe動詞と区別しましょう。
(**彼は沖縄出身です。**)
(3) tiredは形容詞「疲れた」で、ここではCと解釈し、Youと意味の上でイコール関係。(**あなたは疲れているように見える。**)
(4) 問題(1)と同様、名詞a studentがCになります。hereはM。(**私はここの生徒です。**)
(5) Cとして形容詞kindが使われています。(**あなたは親切です。**)

4 (2点×3)

(1)(イ) (2)(イ) (3)(ア)

(1) (イ) _SYou _Vare _Cfrom China. (**あなたは中国出身です。**)
　　(ア) _SYou _Vstart _Mat 7 o'clock. (**あなたは7時に出発する。**)
(2) (イ) _SAyako _Vis _Cmy wife. (**アヤコは僕の妻です。**)

（ア）$_S$Ayako $_V$is $_M$in Kyoto $_M$now.（アヤコは今京都にいます。）
同じbe動詞でも後ろにくるものが変われば、文型が異なる可能性があることを常に意識しましょう。
(3)（ア）$_S$You $_V$look $_C$unhappy.　（あなたは不幸せそうに見えます。）
（イ）$_S$You $_V$work $_M$hard.（あなたは一生懸命働きます。）
unhappyはhappyの反意語。un-は否定を意味する接頭語で覚えておくと便利。
（例）fair（公平な）⇔ unfair（不公平な）

p.30～32

Lesson03 / Answer Key　　　合格点 41点

英語の語順 SVO文型

モヤモヤ解消ポイント！
- 目的語は他動詞と密接な関係！
- 目的語Oになるのは名詞だけ！

[Lesson02の復習問題]

1（2点×3）

（ア）（ウ）（エ）

（ア）$_S$You $_V$are $_C$new $_M$here.（君はここでは新入りだ。）
形容詞new「新しい」には「新入りの」という意味もあります。You＝newの関係で**SVC文型**と判断。
（イ）$_S$You $_V$come $_M$to my room.（あなたは僕の部屋に来る。）
to my roomは場所を教えてくれる追加情報のMで、You ≠ to my room となり、SVC文型ではありません。You comeで完結の**SV文型**。
（ウ）$_S$You $_V$are $_C$a king.（あなたは王様です。）
SVC文型であればS＝Cですが、この場合「SはCです。」に当てはめて、日本語が成り立つかどうかをチェックします。「あなたは王様です。」→ 問題なしで**SVC文型**。
（エ）$_S$You $_V$look $_C$hungry.（あなたはお腹が空いているように見えます。）
You ＝ hungryで**SVC文型**。ちなみにhungryの反意語はfull「いっぱいの」です。
I'm full.（僕はお腹がいっぱいだ。）
（オ）$_S$I $_V$walk $_M$to the hospital $_M$in front of the kindergarten.（私は幼稚園の前にある病院へ歩いていきます。）
I ≠ to the hospital → Vの前後関係がイコールでなければSVC文型ではない

2（3点×3）

(1) We swim in a pool today.　(2) You and I look strange.　(3) You stay in the classroom.

(1) in以下は場所を示す前置詞句のM。つまり省略可能。残るのはSVだけです。（私たちは今日プールで泳ぐ。）(SV)
(2) strangeは形容詞で「奇妙な」という意味でlookのCになっています。ちなみにstrangerは名詞で「見知らぬ人」「よその人」という意味。（君と僕は奇妙に見える。）(SVC)
(3) SVの語順を意識し、残りは前置詞句と考えれば簡単に並べることができるはずです。ボキャブラリーが増えていけば、文型知識はもっともっと力を発揮するようになります。（あなたはその教室にとどまる。）(SV)

[Lesson03の演習問題]

1 (1点×3)

(1) × (2) ○ (3) ×

(1) SVO文型において、×SとOはイコールの関係である。（イコール関係はない）
(2) Oは動詞により必要かどうかが決まる。（全くその通り！）
(3) Oは、×形容詞か名詞のどちらかである。（Oになるのは名詞のみ！）

2 (2点×5)

(1) SV (2) SVO (3) SVC (4) SVO (5) SVC

(1) $_S$I $_V$am $_M$in a trade company.（僕は貿易会社にいます。）
　このbe動詞は**存在**を示す自動詞でSV文型を作ります。in以下は前置詞句でM。

(2) $_S$I $_V$finish $_O$my job $_M$at five.（私は5時に仕事を終えます。）
　Iとmy jobはイコール関係ではないことからmy jobはCでないと判断。
　finishはOが必要な他動詞。at以下は前置詞句でM。時間を示すo'clockは省略可能。

(3) $_S$I $_V$am $_C$your brother.（私はお前の兄［弟］だ。）
　I = your brother の関係でyour brotherはCと判断。またCを取る動詞を**不完全自動詞**と呼びました。問題(1)と比較してください。

(4) $_S$I $_V$answer $_O$the question.（僕はその質問に答えます。）
　Iはthe questionとイコール関係ではありませんからCではないと判断。answerは他動詞でOが必要。

(5) $_S$I $_V$become $_C$a member.（私はメンバーになります。）
　becomeは常にCを取る動詞。ここでは名詞a memberがC。

3 (完答：2点)

(a) O (b) S (c) C

(a) $_S$You $_V$like $_O$Naoko.（あなたはナオコが好きです。）
　動詞likeは他動詞で後ろにOを必要としますからNaokoはO。
(b) $_S$Naoko $_V$is $_C$your sister.（ナオコはあなたの姉［妹］です。）
　単純ですね。NaokoはSとして文頭に位置しています。ちなみにSになるのは**名詞のみ**。
(c) $_S$Your sister $_V$is $_C$Naoko.（あなたの姉［妹］はナオコです。）

4 (2点)

(b)

(a) **自動詞のsee**には「**わかる、理解する**」という意味があります。
　相手から指示や説明を受けた場合の**返事**に用いられる会話表現です。$_S$I $_V$see.
(b) 後ろにOになりそうな名詞があることから他動詞であると判断。名詞が意味もなくあるということはありません。特殊な挨拶表現で、Sは省略されています。このままのカタチで覚えておきましょう。
　この表現で、**副詞**later「あとで」は省略されることもあります。$_V$See $_O$you $_M$later.

5 以下の3つのポイント全て説明できれば満点。1つ欠ければ-1点 (3点)

・haveはOを必要とする他動詞。
・Oになれるのは名詞のみ。
・形容詞であるhappyをhaveの後ろに置くことはできない。

$_S$You $_V$have ×happy. → (○) $_S$You $_V$are $_C$happy.（君は幸せです。）

正しくはこのようになりますね。このタイプの問題が今の段階でできれば優秀です！

6 (3点×3)

(1) We study music in the library.　(2) I use an eraser.　(3) You become a musician.

(1) study は他動詞で music は O。in the library は場所を示す M。(SVO＋M)
(2) use は他動詞で、後ろの an eraser は O。(SVO)
(3) become は不完全自動詞で常に C が続きます。You = a musician の関係が成立。(SVC)

7 (3点×2)

(1) I study English in the evening.
(2) I enjoy a Japanese festival in summer.

(1) English が他動詞の O になります。**(私は英語を夕方に勉強します。)**(SVO＋M)
(2) O として a Japanese festival を持ってきます。3つの語を1つの O として解釈します。このように常に O は1語であるとは限りません。詳しくは次のレッスンで。
　(私は夏に日本のお祭りを楽しみます。)(SVO＋M)

---

p.38〜39

Lesson04 / Answer Key　　　　　　　　　　　　合格点 35 点

形容詞と副詞

モヤモヤ解消ポイント！

・形容詞は人やモノの性格（性質）・色・形・程度（数量）を詳しく説明！
・副詞は名詞以外の色々なものに色付けし英文を豊かに仕上げる飾りのエキスパート！

[Lesson03の復習問題]

1 (2点×5)

(1) SV　(2) SVO　(3) SVO　(4) SV　(5) SV

(1) $_S$You $_V$study $_M$hard $_M$on a daily basis. **(あなたは日常的に一生懸命勉強します。)**
　　study には他動詞・自動詞の両方の機能があるので、後ろに何が続いているのかチェック。この英文では study 以下は M と考え、主要素は SV のみと判断。
(2) $_S$I $_V$study $_O$social studies $_M$very hard. **(私はとても一生懸命、社会科を勉強します。)**
　　問題(1)と比較しましょう。後ろには social studies という名詞があり、それが O であると判断。ちなみに social studies で1つの教科名として覚えておきましょう。
(3) $_S$You $_V$eat $_O$dinner $_M$every day. **(あなたは毎日夕食を食べます。)**
　　問題(2)と同じ考え方。ここでは O として dinner があります
(4) $_S$You $_V$eat $_M$slowly. **(あなたはゆっくりと食べます。)**
　　study と同じく eat も自・他動詞両機能。動詞の後ろは M だけなので自動詞と判断。
(5) $_S$I $_M$always $_V$walk $_M$to school. **(私はいつも歩いて学校に行く。)**
　　1つの英文に M が複数あることは普通です。M が増えれば増えるほど英文が難解なものに見えてきます。そのためにも文型を見抜き、まずは骨組みを押さえることが大切です。

2 (3点×2)

(1) You play tennis after school.　(2) I watch a movie on Sunday.

> (1) play は O を必要とする他動詞。(**あなたは放課後テニスをします。**)(SVO＋M)
> (2) とにかく名詞があれば、それが主要素(S/C/O)になっていないかどうかを考えることです。ここでは a movie が他動詞 watch の O の役割をしています。(**私は日曜日映画を見ます。**)(SVO＋M)

[Lesson04の演習問題] 形容詞と副詞をなんとなくの理解で放置しないことが大切です。

1 (完答：2点×4)

(1) 形容詞(bad)　副詞(never)　(2) 形容詞(good)　副詞(usually)
(3) 形容詞(old)　副詞(seldom)　(4) 形容詞(nice)　副詞(very)

> (1) 細かく見れば、O の中に形容詞が名詞の修飾語として入っています。ですが文型を考える場合は、大きく a bad joke で1つの名詞として考えます。(**私たちは決して悪い冗談は言いません。**)
> (2) 問題(1)と同じ考え方。形容詞 good と名詞 Japanese で1つの O。
>   (**あなたはたいてい上手な日本語を話します。**)
> (3) 問題(1)と同じ考え方。形容詞 old と名詞 friends で1つの O。(**私はめったに旧友を訪ねません。**)
> (4) very と nice は同じ M の働きですが nice very とはできません。相性があり、very は形容詞、nice は名詞にそれぞれつながることを押さえておきましょう。(**あなたはとても素敵な人です。**)

2 (2点×3)

(1) M(very)が(tall)を修飾　(2) M(good)が(parent)を修飾　(3) M(pink)が(car)を修飾

> (1) very は副詞で後ろの形容詞 tall を修飾。tall は C として機能。(**彼女はとても背が高いです。**)
> (2) good は形容詞で後ろの名詞 parent を修飾。(**あなたはよい親です。**)
> (3) pink は形容詞として名詞 car を修飾。(**私はピンク色の車を持っています。**)

3 (2点×3)

形容詞のM(c)　形容詞のC(a)　副詞(b)

> (a) ₛYou ᵥare ₘvery ₒfast.(**あなたはとてもせっかちですね。**)
>   この英文の fast は S とイコール関係となる形容詞の C の役割。形容詞の fast には「速い」という意味の他に「**性急な**」という意味があります。
> (b) ₛYou ᵥswim ₘso ₘfast.(**あなたはとても速く泳ぎます。**)
>   swim は自動詞で後ろに主要素は必要なし。ですから残りの部分は全て M。M は形容詞か副詞ですが、形容詞は名詞だけを修飾するため so も fast も副詞と判断。so のように**副詞は他の副詞を修飾することが可能です。**
> (c) ₛThis ᵥis ₒa fast train.(**これは高速の電車です。**)
>   a fast train で1つの C として考えますが、細かく見れば fast は名詞 train を修飾する形容詞。

4 (2点×4)

(1) イ　(2) イ　(3) ウ　(4) イ

> (1) ₛAyako ᵥis ₘreally ₒlucky.(**アヤコは本当にツイてます。**)
>   really は「本当に」という副詞で形容詞 lucky を修飾。
> (2) ₛYou ᵥhave ₒa red bike.(**あなたは赤い自転車を持っています。**)
>   形容詞 red は名詞 bike を修飾。そして形容詞＋名詞で1つの O と解釈。
> (3) ₛSatoshi ᵥis ₘin my room.(**サトシは僕の部屋にいます。**)
>   in my room で1つのカタマリとして「場所」を示す M。「存在」を示す be 動詞は自動詞で SV 文型。

SVC文型を作る不完全自動詞といつでも区別できるようにしておきましょう。
(4) $_S$You $_V$look $_M$very $_C$tired. (あなたはとても疲れているように見える。)
副詞veryは後ろの形容詞tiredを修飾。

5 (3点×3)
(1) I often eat a lot of food.　(2) You sometimes speak English well.
(3) My brother has a little money.

(1) 副詞oftenは動詞eatを、a lot ofは名詞foodをそれぞれ修飾。a lot of foodで1つのOとする。(私はよく、たくさんの食べ物を食べる。)(SVO)
(2) 副詞sometimesは動詞speakを、副詞wellも同じ動詞speakを修飾。wellは**程度を示す副詞**で頻度を示す副詞と同様、地道に覚えていきましょう。(あなたはときどき上手に英語を話す。)(SVO＋M)
(3) a littleは不可算名詞を修飾する形容詞です。可算名詞を修飾するa fewと区別しておきましょう。
(例) a few books「2、3冊の本」(僕の兄［弟］は少しだけお金を持っています。)(SVO)

---

p.44～46

Lesson05 / Answer Key　　合格点 40 点

英語の語順 SVOO文型

モヤモヤ解消ポイント！

・他動詞には目的語を2つも取る贅沢なものがある！
・SVOO ↔「SVO＋to [for]＋人」に置き換え可能

[Lesson04の復習問題]

1 (2点×2)
(1)(ア)　(2)(イ)

(1) I usually come home at 5 o'clock. (私はたいてい5時に帰宅します。)
頻度を示す副詞は原則として一般動詞の前ですが、実際には**文頭に来ることも多い**です。
Usually I come home at 5 o'clock.
(2) You have **many** cars. (あなたはたくさん車を持っています。)
形容詞は名詞を直接修飾するため、その直前に置きます。

2 (2点×2)
(1) in the library　(2) in the classroom

Mは(　)でくくれます。
(1) Tom is (in the library). (トムは図書館にいます。)(SV＋M) このbe動詞は「**存在**」を示す自動詞でSV文型。残りはM。
(2) The boy (in the classroom) is Kenta. (教室にいる男の子はケンタです。)(SVC)
The boyをくわしく説明するM。「…にいる少年」とMが後ろから前の名詞を直接修飾。
(1)は動詞を修飾する**副詞句**で(2)は名詞を修飾する**形容詞句**です。

3 (2点×3)

(1) You like a very cute girl.　(2) I want a luxury car very much.
(3) You have many interesting books.

> (1) 副詞＋形容詞＋名詞の語順。very は副詞、cute は形容詞です。(君はとてもかわいい女の子が好きです。)(SVO)
> (2) luxury は形容詞ですから名詞の前に置きます。(僕は高級な車がとてもほしい。)(SVO)
> (3) (2)と同様。interesting は形容詞で名詞の前。(君はたくさんの面白い本を持っています。)(SVO)

[Lesson05の演習問題]

1 (2点×3)

(b) (c) (e)

> (a) $_S$You $_V$show $_O$a good actress $_M$to me. (君は素晴らしい女優を私に教えてくれます。)
> 　　SVOOへの書き換えもチェック → You show me a good actress.
> (b) $_S$I $_V$send $_O$you $_O$a useful dictionary. (私はあなたに役立つ辞書を送ります。)
> 　　SVO＋Mへの書き換えもチェック → I send a useful dictionary to you.
> (c) $_S$I $_V$make $_O$you $_O$lunch $_M$at home. (僕は君に家でランチを作ります。)
> 　　SVO＋Mへの書き換えもチェック → I make lunch for you at home.
> (d) $_S$You $_V$teach $_O$math $_M$to me. (あなたは数学を私に教えてくれる。)
> 　　SVOOへの書き換えもチェック → You teach me math.
> (e) $_S$I $_V$write $_O$you $_O$a letter. (僕はあなたに手紙を書きます。)
> 　　SVO＋Mへの書き換えもチェック → I write a letter to you.

2 (3点×4)

(1) You cook an omelet for me.　　(2) You write a letter to me.
(3) I teach English to you.　　　　(4) I sing a song for you.

> (1)「cook AB」⇔「cook B for A」です。(あなたはオムレツを私に料理してくれる。)
> (2)「write AB」⇔「write B to A」です。(あなたは手紙を私に書いてくれる。)
> (3)「teach AB」⇔「teach B to A」です。(私は英語をあなたに教える。)
> (4)「sing AB」⇔「sing B for A」です。(私は歌をあなたに歌います。)

3 (3点×6)

(1) I teach you Japanese today.　　(2) You show me nice pictures.
(3) You buy it for me.　　　　　　(4) You sometimes tell me a story.
(5) I often send a letter to you.　　(6) I make dinner for you.

> (1) SVOOからSVO＋Mへの書き換えもチェック → I teach Japanese to you today.
> (2) SVOOからSVO＋Mへの書き換えもチェック → You show nice pictures to me.
> (3) SVO＋MからSVOOへの書き換えをすると、You buy me it. で代名詞がO_2の位置になるので誤り。
> (4) SVOOからSVO＋Mへの書き換えもチェック → You sometimes tell a story to me.
> (5) SVO＋MからSVOOへの書き換えもチェック → I often send you a letter.
> (6) SVO＋MからSVOOへの書き換えもチェック → I make you dinner.

p.51～53

Lesson06 / Answer Key

合格点 39 点

英語の語順 SVOC文型

モヤモヤ解消ポイント！

・SVOC → O=Cの素敵な関係！

[Lesson05の復習問題]

1 (1点×4)

(1) I give you a vacation.　(2) I buy some onions for you.
(3) You teach science to me.　(4) We show you a list.

- (1) SVOOからSVO＋Mへの書き換えもチェック → I give a vacation to you.
- (2) SVO＋MからSVOOへの書き換えもチェック → I buy you some onions.
- (3) SVO＋MからSVOOへの書き換えもチェック → You teach me science.
- (4) SVOOからSVO＋Mへの書き換えもチェック → We show a list to you.

2 (2点×5)

(1) SVO　(2) SVC　(3) SVOO　(4) SV　(5) SVOO

- (1) $_S$You $_V$teach $_O$English $_M$at elementary school.（あなたは小学校で英語を教えている。）
  at以下は前置詞句でM。Englishはteachの O。
- (2) $_S$You $_V$become $_C$a father.（あなたは父親になります。）
  becomeはSVC文型を作る**不完全自動詞**。（[参] L.02）
- (3) $_S$I $_V$show $_{O1}$you $_{O2}$a homemade apple pie.（私はあなたに自家製アップルパイを見せます。）
  showはOを2つ取ることも可能。a homemade apple pieで1つの直接目的語と考えます。
- (4) $_S$I $_V$am $_M$in the kitchen.（僕は台所にいます。）
  in以下は前置詞句でM。このbe動詞は主要素を全く必要としない「存在」を表す自動詞です。
- (5) $_S$I $_V$teach $_{O1}$you $_{O2}$English.（私はあなたに英語を教えます。）
  teachはOを2つ取ることも可能。Oが1つしかない問題(1)と比較しましょう。

[Lesson06の演習問題]

1 (2点×3)

(1) (b)　(2) (a)　(3) (b)

- (1) $_S$I $_V$make $_O$you $_C$very happy.（私はあなたをとても幸せにします。）
  SVOCのOCは「OはCです」と解釈できるようになっています。英文(a)を見ると、I make very happy you. で「very happyはyouです」という不自然な語順になっていることから誤りと判断。
- (2) $_S$We $_V$are $_C$very good players.（私たちはとても優秀な選手です。）
  「副詞＋形容詞＋名詞」が正しい語順ですので、英文(b)のplayers（名詞）＋very（副詞）＋good（形容詞）の順番は誤りと判断。
- (3) $_S$You $_V$want $_O$a lot of fun.（君はとても楽しいことを望んでいます。）
  これは難問。a lot ofは1つのカタマリとして名詞を修飾する形容詞です。

形容詞は名詞につながりますので「a lot of＋名詞」になるのが文法的に正しい。そこで英文(a)のinterestingは形容詞で不適切と判断し、**名詞である**funを用いるのが正解と判断します。

2 (2点×5)

(1) SVOO　(2) SVOC　(3) SVOC　(4) SVOO　(5) SVOC

(1) $_S$I $_V$find $_{O1}$you $_{O2}$a nice house. （私はあなたに素敵な家を見つけます。）
find AB で「AにBを見つける」の意味。

(2) $_S$I $_V$find $_O$you $_C$very interesting. （僕はあなたがとても面白いと思う。）
これは難問！ findはマルチな動詞です。他動詞としてOが1つ、2つのときもあれば、不完全他動詞としてOCを取るパターンもあるんです。find OC で「OがCであると思う、分かる」という意味。

(3) $_S$You $_M$usually $_V$make $_O$me $_C$so angry. （あなたはたいてい、私をとても怒らせる。）
make OC で「OをCにする」という意味ですね。Oが1つであれば「…を作る」というお馴染みの他動詞用法。

(4) $_S$I $_M$sometimes $_V$give $_{O1}$you $_{O2}$a call. （僕はときどきあなたに電話をします。）
問題文のcallは動詞ではなく**名詞**で「電話、呼び出し」という意味。

(5) $_S$You $_M$always $_V$keep $_O$your room $_C$clean. （あなたはいつも部屋を綺麗にしています。）
keepには他動詞「…を飼う」「…を預かる」という意味以外に、keep OC で「OをCの状態にしておく」という**不完全他動詞の用法**があります。cleanは形容詞で「きれいな」の意味。

3 (4点×2)

(1) teach many languages to you.（SVO）文型
(2) always make me sad.（SVOC）文型

(1) SVOOへの書き換えもチェック → We teach you many languages.
（私たちはたくさんの言語をあなたに教えます。）
(2) make OCパターンですね。（あなたはいつも私を悲しくさせます。）

4 (完答：3点×4)

(1)（SVOC）文型　　S(You) V(name) O₁(the machine) C(Mr.Big) O₂(×)
(2)（SVOC）文型　　S(I) V(call) O₁(you) C(Momo) O₂(×)
(3)（SVOO）文型　　S(I) V(show) O₁(you) C(×) O₂(the right way)
(4)（SVOO）文型　　S(You) V(tell) O₁(me) C(×) O₂(the address)

(1) nameの**不完全他動詞としての用法**に注意。（あなたはその機械にミスター・ビッグと名づける。）
(2) call OC「OをCと呼ぶ」ですね。（私は時々あなたをモモと呼びます。）
(3) showの「…を教える」という意味に注目。show AB「AにBを教える」。ちなみにrightは形容詞で、「正しい」「右の」。またwayは「方法」や「道」。（私はいつも君に正しい道を教えます。）
(4) neverが使われると**否定「決して…ない」**の意味になります。（あなたは決して住所を私に言いません。）

p.61〜62

Lesson07 / Answer Key

合格点 39 点

主語と動詞

モヤモヤ解消ポイント！

- be動詞 → 日本語にはしづらい動詞！ → **SV/SVC**文型のみに出現！
- 一般動詞 → 具体的な動作を示す！　一般動詞があればbe動詞は不要！

[Lesson06の復習問題]

1 (完答：4点×2)
(1) gets you a key. (SVOO) 文型
(2) finds you kind. (SVOC) 文型

(1) getはOを2つ取ることが可能。後ろの2つの名詞（ここではyouとa key）が目的語。この場合、getは「(人)に…を取ってくる、買ってあげる」という意味。また「…の鍵」という意味にする場合、前置詞toを用います。
(例) key to a car「車の鍵」(彼があなたに鍵を取ってきます。)
(2) findはOとCの両方を取ることが可能。この場合、「OはCである」という関係が成り立つかが判断基準。(彼女はあなたが親切だと思っています。)

2 (完答：3点×4)
(1) (a)と(f)　(SVOO) 文型　(2) (c)と(h)　(SVOC) 文型
(3) (d)と(g)　(SVC) 文型　(4) (e)と(i)　(SVO) 文型　＊順不同

(a) $_S$We $_V$show $_{O1}$you $_{O2}$our garden. (私たちはあなたに私たちの庭を見せてあげます。)
　showはOを2つ取ることが可能。SVOOはSVO＋Mへの書き換えもチェック。
　→ We show our garden to you.
(b) $_S$He $_V$is $_M$in the factory. (彼は工場にいます。)
　このbe動詞はSV文型パターンでSの存在を示すものでしたね。
(c) $_S$She $_M$sometimes $_V$makes $_O$me $_C$tired. (彼女は時々、僕を疲れさせます。)
　副詞sometimesの語尾がsのため、勘違いして動詞の語尾変化(sを付ける)ことを忘れる人もいます。つづりが同じでも**性質は異なる**ので惑わされないように注意。
(d) $_S$He $_V$is $_C$Takashi, $_M$too. (彼もタカシです。)
　文末のtooはコンマを伴って、「…も」という意味を追加します。
(e) $_S$She $_V$teaches $_O$math $_M$at school $_M$on Saturday. (彼女は土曜日、学校で数学を教えます。)
　teachはOを2つ取ることができますが、この英文にはOになれる名詞がmathの1つしかありませんので普通の他動詞機能です。
(f) $_S$He $_M$also $_V$buys $_{O1}$me $_{O2}$a pair of pants. (彼はまた、私にズボンを1着買ってくれます。)
　buyはOを2つ取ることが可能。SVO＋Mへの言い換えもチェック。
　→ He also buys a pair of pants for me.
　pair ofはgloves「手袋」、glasses「メガネ」など、**2つからなるもの**に対して使われます。
　＊2組以上 → two pairs of shoes「2足のくつ」
(g) $_S$You $_V$get $_C$busy $_M$soon. (あなたはすぐに忙しくなる。)
　get＋形容詞で「(…な状態)になる」という意味がありSVC文型になります。
(h) $_S$They $_V$call $_O$me $_C$Dai-chan. (彼らは僕をダイちゃんと呼びます。)

callの後ろがO1つであれば「…を呼ぶ、…に電話をする」という意味があり、OCを取れば「(人)を…と呼ぶ」という意味に変化します。
(i) $_S$He $_V$calls $_O$me $_M$every night.（彼は毎晩、私に電話をします。）
英文(h)と比較しましょう。SVO文型を作るcallです。　＊every＋単数名詞「毎…」

3 (1点×4)

(1) (d)　(2) (a)　(3) (b)　(4) (c)

(1) $_S$We $_V$call $_O$you $_C$Morimori.（私たちはあなたをモリモリと呼びます。）
後ろに**OCを取る動詞は不完全他動詞**です。OCかどうかの判断は「…は〜です」の関係が成り立つのかどうかチェックしてみることでしたね。「あなたはモリモリです。」これで問題なし、OKです。

(2) $_S$They $_V$are $_M$in the garage.（彼らは車庫にいます。）
in the garageは「場所」を示すMですから、主要素ではありません。主要素を必要としない動詞を自動詞と呼びましたね。

(3) $_S$I $_V$call $_O$you $_M$at 8 o'clock.（私はあなたに8時に電話します。）
英文(1)と比較しましょう。at以下はMですから主要素となりそうなものはyouが1つだけです。ここはyouがOになっているんですね。Oを取る動詞は他動詞です。

(4) $_S$She $_V$is $_C$from Australia.（彼女はオーストラリア出身です。）
from AustaraliaはSを補足説明するC。Cを必要とする動詞は不完全自動詞。
英文(2)と比較して押さえておきましょう。

[Lesson07の演習問題]

1 (2点×3)

(ア)(エ)(カ)

具体的な動作を示すか、示さないか、それがポイントです！
(ア) The man is famous.（SVC）　　**(イ)** I know you.（SVO）
(ウ) I understand you.（SVO）　　**(エ)** The question is easy.（SVC）
(オ) It rains a lot in June.（SV＋MM）　**(カ)** You and I are very good friends.（SVC）
(イ)(ウ)(オ)はそれぞれ**具体的な動作を示す**一般動詞を使うことが可能でbe動詞は不要。
(オ)のrainには名詞「雨」以外に**自動詞**で「**雨が降る**」という使い方があります。
(カ)Iで引っかかりbe動詞をamとしてはいけません。YouとIで主語は複数ですからbe動詞はare。

2 (2点×3)

(1) It is rainy today.　(2) I am different from you.　(3) They love sports.

(1) ×It rainy today.　rainyは「**雨降りの**」という形容詞です。SとCをつなげるbe動詞が必要。Itは形式主語。（SVC）
(2) ×I different from you.　differentは形容詞で、このままではVがない英文になってしまいます。具体的な動作を示しているわけではないので、SとCをつなぐためにbe動詞を使えばOK。
be different from ...は、「…とは異なっている、違う」という意味。（SVC＋M）
(3) They ×are love sports. 「…が大好き」は一般動詞loveで表しますのでbe動詞は不要。（SVO）

3 (2点×4)　＊小文字でもOK

(1) It　(2) They　(3) We　(4) You

(3) 複数でIが含まれればWe。
(4) 複数でyouが含まれればyou。youは単複同形でしたね。

4 (2点×3)

(1) She carries heavy bags every day.　(2) He is from New Zealand.
(3) You wash the car in the morning.

(1) 主語がHe/She/Itのいずれかであれば一般動詞が変化。変化パターンは全て頭に入れてしまいましょう。そのうち感覚でも判断できるようになります。(**彼女は毎日重いカバンを運びます。**)(SVO)
(2) 主語がHe/She/Itのいずれかであればbe動詞はis。(**彼はニュージーランド出身です。**)(SVC)
(3) 主語がHe/She/Itのいずれにも該当しない場合は、一般動詞は変化しません！(**あなたは午前中、その車を洗います。**)(SVO)

p.68〜69

Lesson08 / Answer Key　　　合格点 37点

名詞と代名詞

モヤモヤ解消ポイント！

・英語は数の変化に厳しい！
・代名詞を見るたびに、もとの名詞が何だったのか意識すること！

[Lesson07の復習問題]

1 (2点×3)

(1)(ア)are　(2)(ア)watches　(3)(ア)is

(1) 文意から考えてもspeakを選択するのはおかしいですね。Sが複数ですのでbe動詞はare。(**あなたと私は良い生徒です。**)
(2) 文意からも判断できますし、be動詞を使えば前後が意味的にイコール関係になることを考えればここはbe動詞を選べないですね。(**ミサキはTVで音楽番組を見ます。**)
(3) ここはつなぎ言葉のbe動詞を選択すると完璧。Your carはItで置き換えられbe動詞はis。(**あなたの車はとても古いです。**)

2 (2点×3)

(1) Your sister is a famous doctor.　(2) Your brother gets sleepy easily.
(3) You carry knives and forks quickly.

(1) your sisterは2語で1つの主語と解釈してください。yourだけにまどわされてbe動詞がareだと勘違いしてはいけません。your sister = she。主語がHe/She/Itのいずれかに該当すればbe動詞はis。
(**あなたの姉[妹]は有名な医者です。**)(SVC)
(2) your brother = heと考え一般動詞は変化。sleepyは動詞sleepが**形容詞**となったものです。getは後ろに形容詞を取ることができます。「(…な状態)になる」という意味。
(**あなたの兄[弟]は簡単に眠くなります。**)(SVC)
(3) 主語がHe/She/Itのいずれにも該当しない場合は、一般動詞は変化しません。(**あなたは素早くナイフとフォークを運びます。**)(SVO)

3 (2点×4)

(1) We love concerts.　　　(2) They answer a question easily.

(3) She is always very rude. (4) He climbs the mountain.

(1) are が不要。「大好きです」の「です」につられて単純にbe動詞を選ばないでください。(SVO)
(2) are が不要。「…に答える」はanswerという一般動詞を使いますからbe動詞は不要。(SVO)
(3) becomes が不要。もし「…になります」なら一般動詞becomeが使えますが、今回はただのつなぎのbe動詞。(SVC)
(4) is が不要。「…に登る」という具体的な動作を示すものがあるのでbe動詞は不要。(SVO)

[Lesson08の演習問題] 代名詞は種類が多いので使って覚えるしかありません。

1 (1点×4)
(1) They (2) Its (3) them (4) Mine

(1) **They** sometimes play soccer after school. (彼らは時々、放課後にサッカーをします。)(SVO)
play を見ると語尾変化していません。語尾変化しないのはSが複数かIの場合ですからTheyを選びます。sometimesのsで語尾変化していると勘違いしてHeを選ばないようにしましょう。
(2) She has a dog. **Its** name is Ponta. (彼女は犬を飼っています。その名前はポンタです。)(SVO / SVC)
「a dogの名前」と言いたいのでa dogを一度itに置き換えて、さらに「…の」という所有格の代名詞の形itsにすれば完了。
(3) My aunt is very kind to **them**. (私のおばさんは彼らにとても親切です。)(SVC)
前置詞の後ろは**前置詞の目的語**と解釈され、**代名詞は目的格**の形になります。これは重要！
(4) You have a new bike. **Mine** is really old. (あなたは新しい自転車を持っています。僕のは本当に古いです。)(SVO / SVC)
相手の自転車と「自分のもの」を比較する場合、**所有代名詞**が便利。ここでは、直接Sになっています。このような使い方も会話では普通にありますので覚えておきましょう。

2 (1点×5)
(1) He (2) They (3) her (4) them (5) his

(1) **He** asks a lot of questions. (彼はたくさんの質問を尋ねます。)(SVO)
Tom's は「トムの」という意味。Tom's son をHeと1語にできるのが代名詞の便利なところ！
(2) **They** enjoy TV programs every night. (彼女たちは毎晩TV番組を楽しみます。)(SVO)
daughtersのsは複数を意味しますから、代名詞は3人称で複数を表すTheyが使えます。
(3) I know **her** family. (私は彼女の家族を知っています。)(SVO)
「人名＋'s」は人の所有を示しますので、所有格の代名詞で言い換えることが可能。
(4) Her father plants **them**. (彼女のお父さんはそれらを植えます。)(SVO)
これくらいの問題がスムーズにできれば慣れた証拠です。tree＝it で、複数はtheyです。さらに問題文では他動詞plantの**目的語**になっていますから**目的格**に変化させthemとなります。
(5) That picture is yours. This picture is **his**. (この絵は彼のものです。)(SVC / SVC)
his pictureのように「所有格の代名詞＋名詞」は**所有代名詞**(mine、yoursなど)に言い換えることが可能です。所有格のhisと所有代名詞のhisのつづりが同じなので注意。

3 (3点×3)
(1) These markers are hers. (2) You often notice my mistakes.
(3) Our ship arrives at a port in Kobe.

(1) markerが複数形になれば、それを直接修飾するthisも複数形。
さらにSが複数となりbe動詞はareに変化。(これらのマーカーは彼女のものです。)(SVC)
(2) 位置を入れ替えれば、代名詞がその位置で**主格、所有格、目的格**のいずれになるのか考える必要がでてきます。ここではIは**主格から所有格**に、yourは**所有格から主格**に変わるんですね。

（あなたはしばしば僕の間違いに気が付きます。）(SVO)
(3) Our shipは代名詞Itで置き換えることができますので一般動詞の語尾は変化。
　　（我々の船は神戸の港に到着します。）(SV)

4 (2点×6)

(1) glasses　(2) babies　(3) men　(4) eggs　(5) children　(6) boxes

(1) コップ (2) 赤ちゃん (3) 男性 (4) タマゴ (5) 子供 (6) 箱
複数形のパターンの表を参照。(3)は不規則変化。不規則変化の例をいくつか挙げておきましょう。
woman(女性)-women / foot(足)-feet / tooth(歯)-teeth / mouse(ハツカネズミ)-mice / knife(ナイフ)-knives / leaf(葉っぱ)-leaves　などなど。
また、複数でも形が変化しないものもあります。(単複同形)
fish(魚) / sheep(ヒツジ) / deer(シカ) など

---

p.74～75

Lesson09 / Answer Key　　　合格点 35 点

否定文と疑問文

モヤモヤ解消ポイント！

- be動詞 ➡ プラスnotで否定、文頭移動で疑問！
- 一般動詞 ➡ do / doesを使って否定、疑問を作る！

[Lesson08の復習問題]

1 (2点×2)

(1) They give their uniforms to her brothers.　(2) That is his father's car.

(1) giveの後ろにOをいくつ並べる必要があるのか考えます。ここではto人という前置詞句Mがあるので、SVO＋Mパターンであると判断。（彼らはユニホームを彼女の弟たちにあげます。）(SVO＋M)
(2)「所有格の代名詞＋名詞's＋名詞」の語順。（あれは彼の父親の車です。）(SVC)
　　＊thatを「あの」と解釈しThat car is his father's.（あの車は彼の父親のです。）も可能。

2 (1点×5)

(1) its　(2) us　(3) ア (their) イ (him)　(4) theirs

(1) She knows its relationship.（彼女はその関係を知っています。）(SVO)
　　後ろに名詞がありますので、その名詞を修飾するために「…の(名詞)」という**所有格**にします。
(2) You never tell us the truth.（あなたは決して私たちにその真実を話しません。）(SVOO)
　　tell＋OOの形ですから、代名詞は目的格に。名詞truth(真実)の形容詞はtrue「本当の」です。
(3) I send their clothes to him.（私は彼らの服を彼に送ります。）(SVO＋M)
　　(ア)は(1)と同じで所有格となり、(イ)は前置詞の目的語になりますので目的格とします。
　　ちなみに単数形のclothは「布切れ」「生地」という意味。
(4) This isn't yours. It's theirs.（これはあなたたちのではありません。彼らのものです。）(SVC / SVC)
　　前の文が所有代名詞を用いた形ですので、それに合わせて次の文も所有代名詞を使います。

3 (完答：3点×2)

(1) building、ours　(2) Its、are

(1) 問題文(b)は指示代名詞としてのthis / thatの形で「この…、あの…」という意味。(a)と同じ内容にしようと考えれば、最後の空欄は**1語**で所有を示す所有代名詞を用いるのが自然ですね。
　(a) That is **our building**. (あれは我々のビルです。) (SVC)
　(b) That **building** is **ours**. (あのビルは我々のものです。) (SVC)

(2) 発想の転換ですね。「それは」➡「その…は」と、何を主語にするかで文型が異なります。
　(a) **It** has blue eyes. (それは青い目をしています。) (SVO)
　(b) **Its** eyes **are** blue. (その目は青いです。) (SVC)

4 (4点)　＊下線部は部分点

<u>Those pictures</u>₁点 <u>have</u>₁点 <u>their</u>₁点 <u>titles</u>₁点.

英語は**数に厳しい**んです。Sが複数になったら、英文全体の変化を意識してください。
(あれらの絵にはタイトルが付いています。) (SVO)

[Lesson09の演習問題] be動詞の特徴はしっかり理解しておきましょう。

1 (2点×5)

(1) doesn't　(2) Are　(3) Do　(4) don't　(5) isn't

(1) Mr. Black **doesn't** support his family. (ブラック氏は彼の家族を支援しません。) (SVO)
Mr. Black＝Heで、動詞supportが原形のままではおかしいのと、文末に？がないので、否定文であると判断。be動詞ではないのでdon'tかdoesn't。He/She/ItがSであればdoesn'tでした。

(2) **Are** you Ms. Nakayama? (あなたはナカヤマさんですか？) (SVC)
空欄以外を見ると動詞がありません。ということは文頭の空欄に動詞があると判断できます。be動詞の疑問文ですね。youのbe動詞はare。

(3) **Do** Chika and Nao go fishing on Mondays? (チカとナオは月曜日、魚釣りに行きますか？) (SVC)
疑問文で、he/she/it以外のSパターンですからDoを使います。go -ingは「…しに行く」という特別な言い方です。この場合の-ingは**文法上**、Cとして解釈されます。

(4) You and I **don't** like the cave very much. (あなたと私はあまりその洞窟が好きではありません。) (SVO)
問題(1)と主語パターンが異なる問題。He/She/It以外はdon'tです。また**not … very**は「あまり…ない」という訳し方をします。(×)「とても好きではない」

(5) Your mother **isn't** very tired. (あなたのお母さんはあまり疲れていません。) (SVC)
空欄以外に動詞がありませんのでtiredとyour mother(＝She)を結び付けるbe動詞が入ると考えます。選択肢には三人称単数のbe動詞は否定形しかないのでこれが入ると判断。

2 (3点×3)

(1) You don't have any hats.　(2) Is your doctor kind to you?
(3) My dogs don't eat vegetables.

(1) You ×<u>not</u> have any hats.　一般動詞の否定文はnotだけでは足りません。don't / doesn'tを動詞の前に置くんでしたね。Sがyouですからdon't。またanyはsome「いくつかの」が変化したものです。someは**否定文・疑問文**では**any**になります。さらにnot … anyで「**まったく…ない**」という意味。(あなたは全然帽子を持っていません。) (SVO)

(2) ×<u>Are</u> your doctor kind to you?　yourをyouと勘違いしbe動詞をareにしてはいけません。your doctorはhe / sheですね。(あなたのお医者さんはあなたに親切ですか？) (SVC)

(3) My dogs ×<u>doesn't</u> eat vegetables　主語に付いているsは複数形を意味します。主語が複数であればdon'tにな

るはず。(僕の犬は野菜を食べません。)(SVO)

3 (3点×2)

(1) Do his brothers play soccer?　(2) My students don't respect their parents.

(1) Sが複数ですのでDoesではなくDo。また所有格の代名詞がどの名詞に付くのかもポイント。
(**彼の兄[弟]たちはサッカーをしますか？**)(SVO)
(2) (1)と同じく、Sは複数ですのでdoesn'tではなくdon't。**名詞の複数形に敏感になりましょう。**(**私の生徒たちは彼らの両親を尊敬しません。**)(SVO)

4 (3点×2)

(1) Study music every night.　(2) Don't be crazy about him.

(1) 命令文は動詞の原形から始まります。この問題では一般動詞の原形ですね。(**毎晩、音楽を勉強しなさい。**)
(2) もとの動詞がbe動詞なら命令文はBe ...となり、さらにDon'tを付ければ禁止の表現になります。
(**彼に夢中になってはいけません。**)

---

p.80～81

Lesson10 / Answer Key　　　合格点 40点

過去形

モヤモヤ解消ポイント！

・過去形 ➡ とにかく現在形が基本で過去の形を覚えるだけ！

[Lesson09の復習問題] 今の段階で、現在形のパターンは完璧にしておきましょう。

1 (2点×6)

(1) (否定文) He doesn't study history.
　　(疑問文) Does he study history?
(2) (否定文) They aren't baseball fans.
　　(疑問文) Are they baseball fans?
(3) (否定文) She doesn't have any pets in her room.
　　(疑問文) Does she have any pets in her room?

(1) SがHe/She/Itのいずれかであれば、doesを使って否定・疑問文。動詞は原形に戻ります。
(否)(**ナオヤは歴史を勉強しません。**)(疑)(**ナオヤは歴史を勉強しますか？**)
(2) be動詞はそれ自体にnotを付けて否定文、文頭に移動して疑問文。
(否)(**ミカとトムは野球ファンではない。**)(疑)(**ミカとトムは野球ファンですか？**)
(3) (1)と同じdoes。形容詞someは、否定文では基本的にanyに、疑問文でも「提案」「申し出」以外の場面ではanyにするのが基本です。
(否)(**サヤカは部屋で全くペットを飼っていません。**)(疑)(**サヤカは部屋でペットを飼っていますか？**)

2 (2点×5)

(1) is (2) dry (3) are (4) collects (5) tell

> (1) My mom **is** not 50 years old.（僕のお母さんは50歳ではありません。）(SVC)
> My mom＝Sheですからbe動詞はisですね。「数字＋years old」で年齢を表します。
> (2) Does she **dry** dishes in the morning?（彼女は午前中に、食器を乾かしますか？）
> 疑問文・否定文であれば、一般動詞は原形に戻ります。ちなみに、このdryは動詞ですが、形容詞で「乾燥した」という意味でも使われます。またdishは「(皿に盛られた)料理」という意味もあります。
> (3) You and I **are** in the same course.（あなたと私は同じコースにいます。）(SV)
> Sが複数であれば、be動詞はare。You and I＝We「私たちは」で複数形ですね。
> (4) She **collects** your luggage.（彼女はあなたの荷物を受け取ります。）(SVO)
> 問題(2)と比較しましょう。肯定文で主語がSheであれば一般動詞の語尾は変化します。ちなみにluggageの仲間にはbaggage「手荷物」があります。2つとも不可算名詞。
> (5) He doesn't **tell** any stories to me.（彼は僕に1つの話もしてくれません。）
> 否定文では一般動詞は常に原形でしたね。anyはsomeが変化したもの。

[Lesson10の演習問題]

1 (2点×4)

(1) Your brother **studied** English in my room.
(2) **Was** this stick long or short?
(3) **Did** your teacher **solve** this hard homework? No, he **didn't**.   ＊完答
(4) The messages **weren't** important at all.

> 現在形があやふやなまま先に進まないようにしましょう。
> (1) sudiesがstudiedに。（あなたの兄[弟]は僕の部屋で英語を勉強しました。）(SVO)
> (2) am / is の過去形はwas。orは接続詞でA or B「AかB」という意味になります。([参] L.19)
> （この棒は長かったですか、それとも短かったですか？）
> (3) do/doesは過去形ではdid。Sの形に関係なくdidを用いるので簡単です。hardは「難しい」という意味の形容詞。文末に来て、「熱心に」という意味の副詞でもありましたね。
> （あなたの先生はこの難しい宿題を解きましたか？ いいえ、解きませんでした。）
> (4) areの過去形wereの否定・短縮形です。（それらのメッセージは全く重要ではなかった。）

2 (2点×4)

(1) Does he watch that show every day? (2) They carried the box out of this room.
(3) She didn't use this bed last night. (4) Did he wash his shoes in the garden yesterday?

> (1) 現在形の疑問文。SがHe/She/Itならばdoes。（彼は毎日、あのショーを見ますか？）
> (2) 過去形の肯定文。（彼らはこの部屋からその箱を運び出しました。）(SVO)
> (3) 過去形の否定文。否定文であれば動詞は原形。（彼女は昨夜、このベッドを使いませんでした。）
> (4) 過去形の疑問文。yesterdayのような**時を示す副詞**は普通、**文末か文頭**に置かれます。
> （昨日、彼は庭で彼の靴を洗いましたか？）

3 (2点×6)

(1) Were (2) didn't 、her 、then (3) Did 、last

> (1) **Were** you there?
> このthereは場所を示す副詞ですから**存在を表現する**be動詞が適切ですね。過去形で疑問文ですから文頭にWereを書けば正解。

(2) He **didn't see her** then.
　　過去形で一般動詞の否定はdidn'tを動詞の前に置けばOK。
(3) **Did it rain** last night?
　　このrainは「雨が降る」という意味の**一般動詞**です。**名詞と同じつづりで名詞にも動詞にもなる**驚きの単語ですね。
　　ちなみにrainyは形容詞で「雨降りの」という意味です。It is rainy today.（今日は雨です。）

p.86〜87

Lesson11 / Answer Key　　　　　　　　　　　　　　　合格点 40 点

冠詞と名詞

モヤモヤ解消ポイント！

・冠詞1つで名詞のニュアンスが変わる！
・theは名詞を限定する！　わざわざ限定イメージにする必要があるのかよ〜く考えて！

[Lesson10の復習問題]

1 (完答：3点×6)
(1) Did、call、last　(2) didn't、rain、yesterday　(3) don't、speak
(4) ago、were　(5) Does、write、to　(6) wasn't、his、at、that

(1) **Did he call her last** Sunday?
　　「電話しましたか？」なので過去形です。一般動詞の過去の疑問文はDidで始まりましたね。
(2) It **didn't rain** in Tokyo **yesterday**.
　　このItは形式主語で、訳しません。このrainは一般動詞ですからIt wasn't rain. では×。
(3) They **don't speak** English at all.
　　現在形で一般動詞の否定文。主語がHe/She/It以外ですからdon't。
(4) A year **ago**, we **were** in London.
　　aは「1つの」を意味しa yearで「1年」。a year agoは時を示す副詞句として文頭に来ています。
　　いつも文末とは限りません。「…にいる」は「存在のbe＋in＋場所」と押さえておけばOK。
　　＊「(一定時間)居続ける」という状況であればwereをstayedで言い換えてもOKです。
(5) **Does** she **write** a letter **to** him?
　　現在形で一般動詞の疑問文。Sがsheですから Does。write a letter to ... で「(人)に手紙を書く」となります。
　　write him a letter に言い換え可能。
(6) She **wasn't his** girlfriend **at that** time.
　　過去形の否定文ですが、具体的な動作を示すものがありませんのでbe動詞でOK。

2 (3点×4)
(1) You didn't mix a salad then.　(2) Was your mother in his house yesterday?
(3) You and I played the guitar well last week.　(4) Did he drive a car at last?

(1) You ×don't mix ... ． 過去を示す単語thenがあるので現在形don'tはまずいですね。
　　（あなたはその時、サラダを混ぜませんでした。）
(2) ×Were your mother ... ? your mother＝sheですからbe動詞はwas。yourにつられてbe動詞をwereとするのはNG。（あなたのお母さんは昨日彼の家にいましたか？）
(3) You and I ×play ... ． 過去を示すlastがあるのでplayが現在形のままではダメ。過去形にしましょう。（あなたと

021

私は先週上手くギターを弾きました。)
(4) Did he ×drove ...？ 疑問文では動詞は原形。(ついに、彼は車を運転しましたか？)

[Lesson11の演習問題]

1 (1点×6)

(1)(ア)　(2)(エ)　(3)(ウ)　(4)(エ)　(5)(ウ)　(6)(イ)

(1) I don't have a rabbit.
特定のウサギを指しているわけではありません。不特定で単数名詞であれば不定冠詞a。
問題文がrabbitsであれば、無冠詞でもOK。
(2) I want milk.（SVO）
数えられない名詞で、おまけに特定の牛乳というわけでもありませんので無冠詞。
(3) The joke is not good.
「その…」とありますので特定のジョークを意味し定冠詞the。
(4) I live in Kyoto.（SV）
国の名前、都市の名前などは無冠詞。
(5) The boys are very famous.（SVC）
特定の男の子たちを指していますので定冠詞theが必要。
(6) I need an opinion.（SVO）
不特定で単数名詞なのでaかan。opinion は母音で始まりますので不定冠詞は an。

2 (2点×2)

(1) This is an old machine.（SVC）　　(2) Open the window, please.（SVO）

(1)「a (an)＋形容詞＋名詞」の語順ですね。(これは古い機械です。)
(2) 一般動詞の命令文。ここでなぜtheが使われているかですが、「窓を開けて」という状況の場合、「どの窓のことなのか」**共通の認識**があると考えられ、いきなりwindowが会話に出てきても、普通はtheが使われます。(窓を開けてください。)

3 (2点×5)

(1)×　(2)×　(3)an　(4)the　(5)×

(1) There was water in the glass.（コップに水が入っていました。）(SV)
「…がいる、ある」という意味の**There is / are**。waterは不可算名詞で無冠詞。
(2) He is my brother.（彼は僕の兄です。）(SVC)
名詞の前に所有格の代名詞やthis / that などがあれば冠詞は不要です。
(3) Is there an old tree in your garden?（あなたの庭には古い木はありますか？）
There is/ are構文は必ず不特定の名詞(つまりaやanのつく名詞や無冠詞の可・不可算名詞)が続きます。oldは母音で始まるのでan。
(4) She doesn't play the piano.（彼女はピアノを演奏しません。）
「演奏する」という場合、「the＋楽器」になります。
(5) We had dinner in his house.（私たちは彼の家で夕食を食べました。）(SVO)
食事は無冠詞です。ちなみに、このhad（have）はeatの意味。

p.92〜93

Lesson 12 / Answer Key 　　　合格点 37 点

進行形

> **モヤモヤ解消ポイント！**
> ・単なる習慣 ➡ 現在形や過去形が担当
> ・一時的な進行状況 ➡ be＋-ing が担当

[Lesson11の復習問題]

1 (1点×2)

(1) (b)　(2) (a)

> 英語感覚を養うには小さな冠詞にも敏感になることです。
> (1) **A man looks like a child.** 個人的な見解でもありますが、広い意味で一般論を述べていると考え、不定冠詞のaが正解。
> 　この場合のaやanには「…というのは」というニュアンスがあります。
> 　A dolphin is a mammal.「イルカ（というの）は哺乳類です。」
> (2) **Dogs are our friends.** 漠然と、**犬全般**について述べていますので無冠詞が適切。一般的なことについて話す場合は、a dogとするか、この解答のように**無冠詞で複数形**とします。
> 　ちなみに英文(b)のthe dogsは**特定種の犬全般**を指すことになります。

2 (2点×7)

(1) a、The　(2) ×　(3) An　(4) the　(5) ×　(6) the

> (1) **I have a car. The car is really nice.**（私は車を持っています。その車は本当に素敵なんです。）(SVO/SVC)
> 　**一度言及されたことにより、話し手同士の中で共通認識されるので、不特定のaから特定のthe**になります。
> 　新情報のa ➡ 旧情報のthe
> (2) **Her friend teaches me English words.**（彼女の友達は私に英単語を教えてくれる。）(SVOO)
> 　her, his, myやyourなどの**所有格の代名詞と冠詞が一緒になることはありません**。
> (3) **An hour has 3,600 seconds.**（1時間は3,600秒あります。）(SVO)
> 　hour はhが発音されず、母音で始まりますから an になります。
> 　＊3,600 = Three thousand six hundred
> 　ちなみに複数形で**hundreds [thousands] of** で「何百（何千）もの…」という表現があります。
> (4) **You see the moon at night.**（夜、月が見えます。）(SVO)
> 　月は**この世で唯一の存在**ですから定冠詞the。もし、これが無数に存在する星などであればa starあるいはstarsとなります。
> (5) **That mountain looks great in November.**（11月、あの山は壮大に見える。）(SVC)
> 　thisやthatなどの**指示代名詞と冠詞が一緒になることはありません**。
> (6) **Don't close the door, please.**（ドアを閉めないでください。）
> 　話し手と聞き手の間で、どのドアのことなのか自然に特定されるであろう場合にはtheです。

3 (1点×6)

rain、money、food、tennis、Australia、milk

雨、お金、食べ物、テニス、オーストラリア、牛乳は不可算。以下、すべて**可算名詞**
minute（分）/ husband（旦那）/ people（人々）　＊person「人」の複数形

4 (3点×2)

(1) They study Japanese four hours a day.　(2) The sun also rises.

(1) a dayはこの場合、副詞として「…につき」という意味になります。ここではfour hours a dayで**1つのMとなって単位を示します。**
（彼女たちは1日に4時間、日本語を勉強します。）(SVO)
(2) 太陽はこの世で唯一のものですから定冠詞theが必要です。副詞alsoは普通、一般動詞の前に置かれます。この英文はことわざとしてよく引用されます。いいフレーズですね。**（陽はまた昇る。）(SV)**

[Lesson12の演習問題]

1 (2点×4)

(1) Some countries are producing new stars.　(2) Was he collecting maps and stamps?
(3) Her father wasn't hunting birds in the forest.
(4) The professionals are thinking about an international society.

(1) 語尾eはing形では消えます。Some ... を主語にした文は「～する…もいる、ある」と解釈する場合もあります。もちろん「いくつかの」という意味で解釈されても間違いではありません。
（新しいスターたちを生み出している国もある。）
(2) 進行形の疑問文はbe動詞の疑問文と同じ。doやdoesは消えてしまいます。
（彼は地図と切手を集めていましたか？）
(3) 進行形の否定文もbe動詞と同じ考え方。doやdoesは関係ありません。
（彼女のお父さんは森で鳥を狩っていませんでした。）
(4) 肯定文ですからthinkをthinkingにするだけ。Sが複数なのでbe動詞はare。
（その専門家たちは国際社会について考えているところです。）

2 (3点×3)

(1) They are swimming in the pool.　(2) Her sister was crying last night.
(3) The man is not smoking.

(1) swimの語尾は「**短母音＋子音**」のため、mを1つ増やしてswimmingですね。
（彼らはプールで泳いでいます。）(SV)
(2) 動詞のyは現在形ではiesになる場合もありますが進行形では変化しません。
（彼女の姉［妹］は昨夜、泣いていました。）(SV)
(3) smokeはeを取ってing。ちなみに**名詞では「煙」**という意味もあります。
（その男性はタバコを吸っていません。）(SV)

3 (1点×5)

(1) enjoying　(2) getting　(3) running　(4) having　(5) studying

(1) enjoy や play は「**母音＋子音**」ですからyを1つ増やすことはありません。
また三人称単数の語尾(ies)の発想で、yをiに変えることもないですね。進行形にはそんなパターンはありません。
(2) etは「**短母音＋子音**」ですから最後の子音tを1つ増やしてing形にします。
(3) unは「**短母音＋子音**」です。(2)を参照。
(4) haveのeを消してingでしたね。

(5) studyのyは変化しません。普通に＋ingです。

p.101～103

Lesson13 / Answer Key

合格点 37点

未来の表現

モヤモヤ解消ポイント！

- be going to ➜ 確実性・実現性の高い未来、すでに実現に向かっている感じ
- will ➜ 単純未来、予定は未定というアバウトな感じ

[Lesson12の復習問題] しっかりとした積み重ねがなければ、このへんでバランスを崩してしまいます。

1 (2点×4)

(1) Bob isn't watching a movie.　(2) Was this fax machine working last night?
(3) They weren't dancing then.　(4) Is your sister worrying about her son?

(1) 否定文ですからbe動詞も否定形に。(**ボブは映画を観ていません。**)
(2) 疑問文で過去ですからbe動詞の過去形を文頭に。workは**物をSにして「作動する、機能する」**という意味があります。(**昨夜、このFAX装置は作動していましたか？**)
(3) danceの語尾はeですから、eを消してing形にします。danceはもちろん**名詞で「ダンス」**という意味もあります。(**彼らはその時、踊っていませんでした。**)
(4) yourにつられてAre yourとならないように注意しましょう。(**あなたのお姉さんは彼女の息子のことを心配していますか？**)

2 (完答：2点×4)

(1) was、studying　(2) live、in　(3) Do、know　(4) isn't、watching

(1) 「…していました。」は**過去進行形**。He **was studying** English. (SVO)
(2) 「…います」と日本語的には進行形ですがliveは進行形にならない**状態動詞**。
　　I **live in** Kyoto. (SV)
(3) knowも状態動詞で進行形はNG。**Do** they **know** about me?
(4) **現在進行形の否定文**。She **isn't watching** TV.

3 (3点×3)

(1) Do you understand me, Satoshi?　(2) Your father wasn't working yesterday.
(3) Is Hiroko cooking fish in the kitchen now?

(1) ×Are you ×understanding …?
　　understandは進行形にできません。一般動詞の普通の疑問文に変えます。コンマ(,) Satoshiは相手に対しての**呼びかけ**ですね。(**サトシ、あなたは私を理解してるの？**)
(2) Your father ×weren't working …．
　　Your father＝Heですからbe動詞はwas。(**あなたのお父さんは昨日、働いていませんでした。**)
(3) Is Hiroko ×cook …?
　　be動詞で始まり、nowという現在進行形とよく一緒になる副詞がありますからcookをing形にします。ちなみにfishは**不可算名詞で無冠詞**になっています。(**ヒロコは今、台所で魚を料理していますか？**)

025

[Lesson13の演習問題]

1 (3点×2)

(1) His cousin isn't going to build a house.　(2) She will offer some advice.

> will と be going to にはニュアンスの違いがあることを意識しましょう。
> (1) もとの英文が否定文ですから be 動詞も否定形。won't とすれば8語に満たないのでダメ。
> 　　**(彼のいとこは家を建てるつもりではありません。)**
> (2) 語数が少ないので will を使います。未来の表現では動詞は原形に戻りましたね。advice は **不可算名詞**。ちなみに c を s にすると動詞 advise で「…に助言する」という意味になります。
> 　　some は不可算名詞の修飾も可能。**(彼女はいくらかのアドバイスを提案するだろう。)** (SVO)

2 (2点×2)

(1) Are you going to go to Europe?
(2) The popular writer isn't going to write a new essay.

> (1) go to が重なりますが、going to は未来表現で別の機能として働いています。
> 　　このような英文にも慣れておきましょう。**(君はヨーロッパに行くつもりなのですか?)**
> (2) won't で否定文であると判断できますので be 動詞も否定形。
> 　　**(その人気作家は、新しいエッセーを書くつもりはありません。)**

3 (2点×2)

(1) Helen will talk to you next time.　(2) Will they invite the teacher at the end of February?

> (1) will が主語によって変化することはありません。**(ヘレンは次回あなたに話しかけるだろう。)**
> (2) 疑問文では will は be 動詞と同じように文頭に移動するのでした。ちなみに **invite A to ...** で「Aを…に招待する」という意味があります。**(彼らは2月の終わりに、その先生を招待するだろうか?)**

4 (2点×4)

(1) (b)　(2) (b)　(3) (a)　(4) (b)

> (1) (a) 客観的な判断。強い自信はありません。**(今夜は雨が降るだろう。)**
> 　　(b) 天気予報や実際の空模様から、自信を持って予測、判断しています。
> (2) (a) 事実上、そうなることを予測しています。**(私は明日、家にいない。)**
> 　　(b) 単純に未来のことを述べています。
> (3) (a) 前から決めている予定を述べています。
> 　　(b) 単純に、先の計画を述べています。**(私は明日、レポートを提出するだろう。)**
> (4) (a) 話し手が確信している事実を述べています。**(彼女は学校の先生になるつもりはありません。)**
> 　　(b) フォーマルな響きで未来の事柄を述べています。

p.109～111

Lesson14 / Answer Key

合格点 35 点

助動詞

モヤモヤ解消ポイント！

・助動詞 → 動詞の直前に置いて、プラスαの意味を味付けサポート！
・助動詞の疑問文・否定文はbe動詞パターン

[Lesson13の復習問題]

1 (完答：2点×4)
(1) isn't、going、to、begin(startでも可)　(2) It、won't、tomorrow
(3) will、be、next、year　(4) Are、going、to、tonight

(1) He **isn't** going to begin a new sport in July.
　自信のある判断・予想はbe going toを使います。否定文ですからbe動詞にnotでしたね。
(2) It **won't** snow **tomorrow**.
　天気や時を示す形式主語Itを使います。また客観的な未来予想はwillで、ここは否定文ですからwill not となり、短縮形won'tとします。
(3) She **will be** 20 years old **next year**.
　ただ先のことを述べているだけの場合はwillを使います。「…歳になる」は「be / become / turn＋年齢」で表します。
(4) **Are** you **going to** go out **tonight**?
　近く確実な計画はbe going toを用います。ちなみにgo outをeat outとすると「外食する」という意味になります。

2 (3点×2)
(1) Will you graduate from a school next year?
(2) Are you going to wear this jacket tomorrow?

(1) toが不必要。単純に未来の出来事について述べている場合はwill。
　（あなたは来年、学校を卒業するんですか？）
(2) willが不必要。話し手が「そうなる！」と判断しているような場合でもbe going toは使えます。
　（あなたは明日、このジャケットを着るつもりですか？）

3 (3点×2)　＊下線部は部分点
(1) ₂点 He won't ₁点 buy a house.　(2) ₂点 I'm going to ₁点 see the movie.

(1) 客観的判断のwill。あるいは単純に先のことを話していると考えてもOK。
　特定の家について述べているのではありませんのでa houseとなります。
(2) 「事実そうなる！」と話し手が判断しているような場合、be going toを使うといいですね。
　「映画を見に行く」場合、普通は頭に何の映画を見るかが決まっていると想定されるので定冠詞theを使っていますが、不定冠詞aも正解とします。seeはwatch、theはaでも可

[Lesson14の演習問題] 助動詞を学べば、ずいぶんと会話の幅が広がるはずです。

1 （完答：2点×5）

(1) should　(2) must　(3) can　(4) will　(5) may

(1)「…すべきだ」はshould。助動詞は動詞の前。
　　He **should** get up early. （SV）
(2) mustはhave toと言い換えることが可能でしたね。「at about＋時間」で「…時頃に」という意味でよく使われます。get homeで「帰宅する」という意味ですがgetはgoでもOK!
　　I **must** get home at about 4 o'clock. （SV）
(3)「…してもよい」と許可をする表現は2通りあります。もしmayを使えば**canよりも丁寧**になります。
　　You **can** have lunch here. （SVO）
(4) とっさの決心、判断のwillです。単純未来とはまた違った用法として押さえておきましょう。
　　I **will** send an email to her. （SVO）
(5) mayをmightに置き換えると**推測の確実さがより低くなります。現在形でもmightは使えます。**
　　She **may** not be happy. （SVC）

2 （3点×5）

(1) Did he have to do this job on Thursday?　(2) She will be able to raise her children.
(3) Tom doesn't have to express his feelings.
(4) My brother should catch a taxi on his way to the station.
(5) I would like to have dinner with you.

(1) mustには**過去形が存在しません。**そこで一度have(has) toに置き換えて考える必要があります。
　　He **had to** … . （過去形）　　**Did** he **have to** … ? （過去疑問文）
　　（木曜日、彼はこの仕事をしなければならなかったのですか？）
(2) (×) She will can raise …. とならないように注意しましょう。
　　raiseは「(子供を)養育する」という意味以外に「上げる、起こす」という意味もあります。bring upでも「育てる、養育する」という意味があります。（彼女は子供たちを育てることができるだろう。）（SVO）
(3) have(has) to は通常の一般動詞と同じ否定の作り方。
　　must not は**禁止**、don't (doesn't) have to は**不必要**を意味することも大切です。
　　（トムは感情を表現する必要はない。）
(4) 助動詞の後ろの動詞は原形。on one's way toのone'sは名詞が所有格になることを意味しています。ここはMy brother＝Heが所有格hisとなっています。Sheであればher wayとなります。（弟は駅への途中でタクシーを捕まえるべきだ。）（SVO）
(5) wantの丁寧な言い方がwould likeです。
　　（あなたと夕食をご一緒させていただきたいです。）

3 （5点）

（ウ）

助動詞の会話表現の活用例をもう一度チェックしておきましょう。
[許可] Can I stay inside?（中にいてもいいですか？）
[依頼] Will you open this bottle?（このビンを開けてくれませんか？）
[申し出] Shall I wake him up?（彼を起こしましょうか？）　＊wake 人 up (人)を起こす
[提案] Shall we change the schedule?（予定を変更しましょう。）　⇔ Let's change the schedule.

Lesson15 / Answer Key

合格点 33 点

疑問詞を使った疑問文

モヤモヤ解消ポイント！

・疑問詞＋普通の疑問文（一部が疑問詞に変身）→ 具体的な質問

[Lesson14の復習問題]

1 (1点×3)
(1)(c)　(2)(b)　(3)(a)

(1) 許可。Can は May に変えても OK です。ちなみに「**try＋代名詞＋on**」で「…を試着する」という意味。**名詞**が来れば try on ... と語順が変わります。I'll try on this shirt.（このシャツを試着します。）（これを試着してもいいですか？）（もちろん。）
(2) 提案。他にも、**Yes, let's.**（はい、行きましょう。）　**No, let's not.**（いいえ、やめときましょう。）
　＊この that は前にでてきた文章の内容を指し「それ、それは」と訳します。
　（この夏、キャンプに行きましょうか？）（それは面白そうだね。）
(3) 申し出。他にも、**No, thank you.**（いいえ、けっこうです。）
　（あなたの両親のお世話をしましょうか？）（はい、お願いします。）

2 (3点×2)
(1) Did she have to be(become) a housekeeper?
(2) You should not(shouldn't) cross the road.

(1) have to の疑問文は do/does を使います。ここでは過去形ですから did。
　Did she have to ... ? の形をまず作り、have to の後ろの動詞は何になるかがポイント！
　be 動詞の原形 be は「…になる」「…である」という意味で助動詞や未来の表現でよく使われます。
　（彼女は家政婦にならなければならなかったんですか？）
(2) 助動詞の否定形は、「助動詞＋not」。（あなたはその道路を渡るべきではない。）

3 (完答：2点×3)
(1) Don't　(2) Let's　(3) wasn't、able、to

(1) must not は**禁止の命令文**「Don't＋動詞の原形」に言い換え可能。
　Don't laugh at him.（彼を笑うな。）
(2) Shall we は周りの人への提案ですから、「…しましょう。」と呼びかける Let's 動詞の原形に言い換え可能。go for a drive で「ドライブに出かける」という意味ですが drive を beer に変えると「ビールを1杯やりにいく」という意味に早がわり。
　Let's go for a drive.（ドライブに出かけましょう。）
(3) can は be able to と言い換え可能。
　He wasn't able to control the situation.（彼はその事態を掌握できなかった。）

4 (完答：2点×3)

(1) Would、will (2) must、be (3) can

(1) Will you ...？を丁寧にした表現。Could you ...？と言い換えることも可能です。
相手からの依頼を受ける場合に、**意志表示として will** が使えます。Yes, I would. とはなりません。
Would you call me? Yes, I **will**.

(2) must be ... で「…である（…にいる）に違いない」という意味です。このhomeは**副詞**で「**家に**」という意味です。
He **must** **be** home now.

(3) canは**推量**の意味がありましたね。可能性にとても近いニュアンス。
ちなみにmistakeだけでも「**間違える**」という意味があります。問題では**名詞**として使われています。
She **can** make a mistake.

[Lesson 15の演習問題]

1 (1点×6)

(1) (b) (2) (e) (3) (d) (4) (a) (5) (c) (6) (f)

(1) 交通手段を尋ねるhow。「by＋交通機関名」で「…で」という意味。**必ず無冠詞**。
How will you go to Hokkaido next year?（来年、どのように北海道に行くのですか？）
By air.（飛行機です。）（×）by an air

(2) 所有者を尋ねるwhose。「whose＋名詞」という語順の場合「**誰の…**」という意味で、単独で使われた場合は「**誰のもの**」という意味になります。
Whose cap is this?（これは誰の帽子ですか？） It's mine.（私のです。）

(3) 「which＋名詞」という語順の場合「**どの…**」という意味。単独で使われた場合は「**どちら**」という意味になります。また人の名前に 's は「…の」という所有を示します。
Which chair is Takashi's?（どのイスがタカシのですか？） The white one.（白いやつです。）

(4) How much で**金額**を尋ねます。
a month で「1ヵ月で」という副詞。ちなみに＄はdollar(s)とつづります。
How much is this lesson?（この授業［講義］はいくらですか？）
It's $250 a month.（1ヵ月で250ドルです。）

(5) 疑問詞whoが直接Sになっています。答えの英文は、「**人＋be動詞またはdo/does**」になります。
Who broke my cup?（誰が僕のカップを割ったのですか？）
Your brother did.（君の弟ですよ。）

(6) 疑問詞whyで原因・理由を尋ねることができます。
Why are you so tired?（なぜそんなに疲れているの？）
I couldn't sleep very well last night.（昨日の夜、あまりよく眠れなかったんだよ。） ＊副詞well「十分に」

2 (完答：3点×6)

(1) How、can (2) Which、is (3) Where、did、buy (4) Who、is
(5) What、music、do (6) What、time、did

(1) 程度を尋ねるhow。how farで「どれくらい遠く」という意味。「歩けますか？」はcanを使います。
How far **can** he take a walk?

(2) whichは形容詞用法で名詞と一緒になる場合と、この問題のようにSになる名詞として単独で使われる場合があります。形容詞用法で、次のように言い換えることが可能です。
Which is your bag? ⇔ Which bag is yours?（どのカバンがあなたのですか？）

(3) 「疑問詞＋普通の疑問文」の語順をしっかり覚えておきましょう。
Where did you buy this?

(4) WhoがSとして働く場合、後ろに直接動詞が続きます。

Who is sleeping?（誰が寝ているの？） Who brought this?（誰がこれを運んだの？）
（×）Who did bring this?　（×）Who did this bring?
Who is that man?

(5) Whatの形容詞用法。**後ろに名詞**が続きます。
What music do you like?

(6) 時間はwhat time、yesterdayのような時を尋ねる場合はwhenです。
What time did you call me yesterday?

3 (3点×2)

(1) When does it rain a lot?　(2) How many records did your mom have?

(1) 普通の疑問文 Does it rain a lot <u>in June</u>? からさらに下線部を**when**で尋ねます。
a lot of の of を取ると形容詞から**副詞**として機能し文末に置くことが可能。

(2) 普通の疑問文 Did your mom have <u>20 records</u>? から下線部を how many で尋ねます。「How many＋複数名詞」で数を尋ねる表現です。

---

p.125〜127

Lesson 16 / Answer Key　　　　　合格点 38 点

前置詞と名詞

モヤモヤ解消ポイント！

・前置詞＋名詞 ➔ 1つのカタマリで形容詞か副詞になる！

[Lesson15の復習問題] 質問する力を磨けば自然と会話も弾みます。

1 (1点×5)

(1) How　(2) When　(3) Who　(4) Which　(5) What

(1) 返事の中で**交通手段のby**があるので疑問詞はそれを尋ねる**how**。
How can I get to the place?　You can get there **by** bus.
（どうやってその場所へ行けますか？）（バスでそこへ行けます。）

(2) 誕生日を尋ねる表現。
When is your birthday?　It's **June 28**.
（あなたの誕生日はいつですか？）（6月28日です。）

(3) 答えにNaokoと出ていますので人を尋ねる**who**です。
Who called you?　**Naoko** did.
（誰があなたに電話をしたの？）（ナオコです。）

(4) 「紫色の…」と具体的な物を示していますので、ある物事を特定するために用いる**which**。
代名詞のoneは同じ名詞（dress）の繰り返しを避けるために使われます。
Which dress is yours?　The purple **one**.
（どのドレスがあなたのものですか？）（紫色のやつです。）

(5) 具体的な行動内容を答えていますので物事の内容を尋ねる**what**。このdoは「…をする」という意味の他動詞ですね。
What is he doing?　He is smoking outside.
（彼は何をしているのですか？）（外でタバコを吸っています。）

2 (順不同：3点×2)

(1) (b) What color did your sister choose?   (2) (e) Which train will you take tomorrow?

- (a) (○) How long did you stay in Nagano?（君は長野でどれくらい滞在しましたか？）
  期間を尋ねる how long。
- (b) (×) What did your sister choose ×color?（あなたの妹は何色を選びましたか？）
  この what は形容詞として機能しており、修飾する名詞 color と一緒でなければなりません。
  例えば、blue color「青い色」の形容詞 blue が what になったものとお考え下さい。
- (c) (○) Whose was that cellphone?（あの携帯電話は誰のものでしたか？）
- (d) (○) How old is the ship?（その船は製造何年ですか？）
  how old は人間の年齢だけでなく建物の築年数などを尋ねる場合にも使えます。
- (e) (×) Which train ×you will take tomorrow? → Which train will you take tomorrow?
  （明日、どの電車に乗るんですか？）
  「疑問詞＋普通の疑問文」の語順。you will では疑問文ではない肯定文の語順でダメ。
- (f) (○) What day is today?（今日は何曜日ですか？）
  曜日を尋ねる表現。　What day is it today? でもOK。

3 (完答：2点×3)

(1) How、old、is　(2) Whose、is　(3) What、do、call (say)

(1) 年を尋ねる表現は人間にだけ使うのではないことを覚えておきましょう。
   How old is this building?
(2) 所有者を尋ねる whose はこのように単独でもOK。または次のように言い換えることも可能です。
   Whose is that black car? → **Whose black** car is that?（あれは誰の黒い車ですか？）
(3) 英語での言い方を知りたい場合に便利な表現。call の代わりに say を使うことも可能です。
   What do you **call** "pan" in English?

[Lesson16の演習問題]

1 (1点×5)

(1) in　(2) on　(3) in　(4) at　(5) on

(1) They go hiking **in** spring.（彼女たちは春にハイキングに出かけます。）(SVC)
   季節は in。また go -ing で「…に出かける」という意味。この表現は SVC 文型に分類されます。
(2) We practice *kendo* **on** Saturday.（私たちは土曜日に、剣道を練習します。）(SVO)
   曜日は on。
(3) It rains a lot **in** June.（6月にたくさん雨が降ります。）(SV)
   月は in。この rain は自動詞「雨が降る」。
(4) You go to bed **at** 10 o'clock.（あなたは10時に寝ます。）(SV)
   時刻は at。
(5) He opened a new shop **on** April 1.（彼は4月1日に、新しい店をオープンしました。）(SVO)
   特定日は on。

2 (完答：3点×6)

(1) from　(2) by　(3) of　(4) at、in　(5) in、front、of　(6) to、with

(1) 場所だけでなく、時にも from を使うことが可能です。
   They will learn Spanish **from** Monday. (SVO)
(2) by は動作の完了期限（…までに）。first of all「まず第一に」と一緒に at first「最初は」も覚えておきましょう。

At first we didn't study English.（最初は英語を勉強しませんでした。）
First of all, we must do this job **by** Wednesday.（SVO）

(3) A of B で（BのA）という意味。この場合、of の後ろは所有代名詞（his）または所有格の代名詞＋名詞（his friends）になります。
I met a friend **of** his one day.（SVO）

(4) 場所は at、広がるイメージを持たせるものは in で表します。
I work **at** a hotel **in** Osaka.（SV）

(5) in front of ... は熟語表現として押さえておきましょう。この stop は名詞で「停留所」という意味です。
There is a bus stop **in front of** the shop.（SV）

(6) 方向・到着ポイントを示す to。with は（…と一緒に）という意味があります。
My father went **to** the park **with** my dog.（SV）

3 (2点×5)

(1) A (2) B (3) A (4) B (5) B

(1) My favorite flowers 〔形容詞〕**in the garden** were very beautiful.（庭に咲いている私のお気に入りの花はとても美しかった。）（SVC）
名詞を後ろから修飾する形容詞句。

(2) We were 〔副詞〕**in Okinawa**.（私たちは沖縄にいました。）（SV）
場所を示す副詞句。この be 動詞は SV パターンの完全自動詞。

(3) They are 〔形容詞〕**from South Africa**.（彼らは南アフリカ出身です。）（SVC）
前置詞句が形容詞として C になって S の補足説明。

(4) We ran 〔副詞〕**in the park**.（私たちは公園を走りました。）（SV）
場所を示す副詞句。この run は自動詞。

(5) I met him 〔副詞〕**at the station**.（私はその駅で彼に会いました。）（SVO）
場所を示す副詞句。

p.134〜136

Lesson17 / Answer Key

合格点 36 点

不定詞

モヤモヤ解消ポイント！

・to ＋動詞の原形 ➡ 名詞・形容詞・副詞として機能！

[Lesson16の復習問題] ここまで来たらそう簡単に挫折してはいけませんよ。頑張りましょう！

1 (完答：3点×4)

(1) at (2) till (3) on (4) between、and

(1) My father enters his office **at** 2 every day.（SVO）
時刻の at。ちなみに enter の後ろに in や to は必要ありません。

(2) You should stay here **till** tomorrow.（SV）
動作の継続を示す till。until は書き言葉で見られます。意味は全く同じです。

(3) The popular shop is **on** this floor. (SV)
お店がピタリとその階に乗っかる感じをonで表しています。
(4) The store is **between** the post office **and** the fire department. (SV)
between us（私たちの間で）という使い方もあります。

2 (1点×3)

(1) on　(2) for　(3) by

(1) (a) Your glasses are **on** your head.（君の眼鏡は頭の上だよ。）
(b) I have to study the subject **on** May 2.（僕は5月2日にその教科を勉強しなければならない。）
場所「…の上」や曜日「…に」を表すonです。「眼鏡」の意味ではglassはいつも複数形。レンズは普通2枚ですから。
(2) (a) She will stay in London **for** six weeks.（彼女は6週間、ロンドンに滞在する予定です。）
(b) I will buy something **for** you.（僕はあなたに何か買うつもりです。）
期間「…の間」や気持ちの対象「…のために」を表すforです。
(3) (a) My cat likes to sleep **by** the chair.（僕のネコは椅子のそばで寝るのが好きです。）
(b) He didn't go to Osaka **by** train.（彼は電車で大阪に行きませんでした。）
場所「…のそばで」や交通手段のbyです。

3 (3点×2)

(1) She loves movies like her father.
(2) I will stay in Hawaii during this summer holiday.

(1) このlikeは「…のように」を意味する前置詞です。sheとher fatherの語順に注意です。もしsheがlikeの後ろであれば前置詞の目的語としてherになっていなければなりません。
（彼女はお父さんと同じように映画が大好きです。）(SVO)
(2) ある一定期間を示すduringです。
（私はこの夏の休日の間、ハワイに滞在する予定です。）(SV)

[Lesson17の演習問題] 5文型を意識し、形容詞と副詞を復習しておけば理解できるはず!

1 (完答:2点×5)

(1)(ウ)(名詞的)用法　(2)(エ)(形容詞的)用法　(3)(イ)(名詞的)用法　(4)(エ)(副詞的)用法　(5)(ア)(名詞的)用法

(1) 不定詞がits purposeとイコール関係のCになっています。
（その目的は人々を助けることです。）(SVC)
(2) 不定詞がthingsを後置修飾。「A to 動詞」で「…するためのA」「…するべきA」です。
（私は昨夜、たくさんすべきことがあった。）(SVO)
(3) wantの目的語として不定詞to visitが来ています。want to で「…したい（と思っている）」という意味の熟語として押さえてもOKです。ちなみに「神社」はshrineです。
（彼の妹は京都のいくつかのお寺を訪れたかった。）(SVO)
(4) 不定詞が「驚いている」原因を示しています。ちなみにcustomはerを付けるとcustomer「客、顧客」という意味になります。**（彼女はその習慣を知ってとても驚いていた。）(SVC)**
(5) 不定詞が主語になっています。**（子供たちに教えることが僕の仕事になるだろう。）(SVC)**

2 (2点×2)　＊下線部は部分点

(1) ₁点 It is difficult for us ₁点 to speak English.
(2) ₁点 My sister's job is ₁点 to write books.

> (1) 8語という字数指定を考えるとIt is ... for 人 to不定詞が使えます。次の表現で言い換えることも可能です。To speak English is difficult for us. ただし、It is ...(for 人)toの表現がより一般的です。
> (2) SV＋C(不定詞)文型で英作します。「本」は一般的なものであると考え無冠詞の複数形で表すか、単にa bookとしてもOK。ただし、ここでは字数制限で無冠詞としました。
> 「姉の」はsister'sになりますね。

3 (3点×3)

(1) I was very sad to hear the bad news.　(2) They decided to go abroad to find a new job.
(3) He had nothing to tell me last night.

> (1) 原因「…して」を示す副詞的用法。(**僕はその悪い知らせを聞いて、とても悲しんでいました。**)(SVC)
> (2) to goはdecideのOで名詞的用法。そしてto findは目的「…するために」を示す副詞的用法です。(**彼らは新しい仕事を見つけるために、海外に行くことを決めた。**)(SVO)
> (3) 代名詞nothingを後ろから修飾する形容詞的用法。nothingは「何もない」という意味で、否定の意味ですから、否定文で言い換え可能です。⇔ He didn't have anything to tell me ... .
> nothing＝not ... anythingですね。(**彼は昨夜、僕に話すことが何もなかった。**)(SVO)

4 (3点×2)

(1) SVC　(2) SVO

> (1) S[His dream] V[was] C[名詞的用法 to become a firefighter 形容詞的用法 to help people].
> to become以下がC。その中身を見るとさらに不定詞to helpがあります。この不定詞は目的を表す副詞的用法(…するために)と解釈してもOK。(**彼の夢は人々を助ける消防士になることだった。**)
> (2) S [They] V [took] O [me] M [前置詞 to a cliff in Saipan].
> toを見れば不定詞と思い込まないように注意しましょう。後ろが名詞なら前置詞です。
> (**彼らは私をサイパンのある崖に連れて行ってくれました。**)

p.142 〜 143

Lesson18 / Answer Key　　　合格点 35 点

動名詞と不定詞

モヤモヤ解消ポイント！

> ・動詞ing ➡ 名詞として機能！ ➡ S/O/Cになる！
> ・進行形で用いるingの形から、継続のニュアンスが含まれる！

[Lesson17の復習問題]

1 (3点×5)

(1) Does your father like to draw pictures?
(2) We went to the zoo to see foreign animals one day.
(3) It takes an hour to finish this job.
(4) My brother doesn't know how to use a computer.
(5) Her goal is to lose weight.

段々内容が難しくなりますが、もう半分もありません。最後まで行きましょう！

(1) 不定詞がlikeの目的語。Oになるのは**名詞のみ**ですから**名詞的用法**です。
(あなたのお父さんは絵を描くことが好きですか。)

(2) SV＋目的を示す副詞句(to see ...)の文。ちなみにforeignにerを付けてforeigner「**外国人**」という意味がありますが「よそ者」というニュアンスを含みダイレクトに使うべきではありません。
　(△) He is a foreigner. (彼は外国人です。)
直接、国籍を使うか、「他の国から来た人」という表現を使いましょう。
　(○) He is an Australian. (彼はオーストラリア人です。)
　(○) He is a person from another country. (彼は他の国から来た方です。)
(ある日、私たちは外国の動物たちを見るために動物園に行った。) (SV)

(3) SVO＋目的を示すto finish...の文。このitは天気や時間を示す形式主語。
(この仕事を終わらせるのに1時間かかります。) (SVO)
この表現は色んなパターンがあります。
　It takes 〈人〉me 〈時間〉2 hours to get there. (そこに着くのに2時間かかります。)
takeをcost「**費用がかかる**」に変えた関連表現もついでにチェックしておきましょう。
　It costs 〈人〉me 〈金額〉$200 to join the event.
　(そのイベントに参加するのに200ドルかかります。)

(4) 「**疑問詞＋to不定詞**」がknowの目的語になったものです。
(私の弟はコンピューターの使い方を知りません。) (SVO)

(5) 不定詞がCになり、Sとイコールの関係になっています。weightは不可算名詞で無冠詞。
(彼女のゴールは体重を減らすことです。) (SVC)

2 (完答：3点×2)

(1) To、decide、was　(2) something、drink

(1) もとの英文はIt is ... to不定詞の構文で形式主語のitが使われています。このitはto以下の内容を指しますから、そのままitの代わりにto以下のカタマリを移動させたものが解答になります。
where to stay (w-疑問詞＋to不定詞)はdecideの目的語。
(どこで滞在するべきか決めることは、とても重要でした。) (SVC)

(2) 「僕は何か飲みたい」から「僕は何か飲むためのものが欲しい」という表現への言い換え。名詞的用法から形容詞的用法になっています。(SVO)

3 (1点×3)

(1) イ　(2) ウ　(3) ウ

(1) The girl loves **to sing** the song. (その女の子は、その歌を歌うことが大好きです。) (SVO)
the songを目的語にし、その前にto sing(歌うこと)を入れて「その歌を歌うことが」とします。

(2) You have many things **to do**. (あなたにはたくさんのすべきことがあります。) (SVO)
to doを形容詞的用法と考え、many things「多くのこと」を後ろから修飾できるように、その後ろに入れます。「するための多くのこと」となります。
ちなみにmanyの関連表現として、次の熟語も重要です。一緒に押さえておきましょう。
a number of「多くの…」、**a great [good] number of**「非常に多くの…」

(3) We went to the cafeteria **to study**. (私たちは勉強するためにカフェに行きました。) (SV)
to studyが目的を表す副詞的用法と考え、文末に入れてあげましょう。

[Lesson18の演習問題] 覚えることを嫌がる人は結局、先には進めません。

1 (2点×6)

(1) to train　(2) drinking　(3) going　(4) playing　(5) to get　(6) working

> (1) He wanted **to train** his dog. (**彼は自分の犬を訓練したかった。**) (SVO)
> 　　**want は不定詞を目的語にします。**他動詞 train を training にすると名詞「訓練」、trainer にすれば文字通り「トレーナー、訓練士」になります。
> (2) Please enjoy **drinking** now. (**さあ、飲むのを楽しんで下さい。**) (SVO)
> 　　enjoy/finish/stop などの動詞は**動名詞を目的語にします。**now には副詞で「さあ、さて」という意味もあります。drink は単独で使って「お酒を飲む」という自動詞の意味でも使えます。
> (3) Don't give up **going** to Tokyo. (**東京に行くのをあきらめるな。**) (SVO)
> 　　give up で1つの他動詞と考え、**動名詞を目的語にします。**英文は否定の命令文「…するな」ですね。
> (4) Ayako is good at **playing** volleyball. (**アヤコはバレーをするのが得意だ。**) (SVC)
> 　　**前置詞の後ろに動詞が来る場合は動名詞。**be good at は後ろに名詞が来ることもあります。
> 　　He is good at **sports**. (彼はスポーツが得意だ。)
> (5) I hope **to get** some fresh air. (**僕は新鮮な空気を得たいと思っています。**) (SVO)
> 　　hope は不定詞を目的語にします。不可算名詞を修飾する some は訳さないことも多いです。
> (6) The artist stopped **working** in Paris. (**そのアーティストはパリで働くことを止めました。**) (SVO)
> 　　stop は動名詞を目的語に取ります。不定詞が後ろにあったとしたら、それは目的語ではなくて**副詞**です。
> 　　He stopped 〈副詞的用法〉 **to light a cigarette**. (彼はタバコに火をつけるために立ち止まった。)
> 　　この light は動詞で「点火する」という意味です。

2 (完答:2点×4)

(1) To、learn　(2) sending、to　(3) helping　(4) playing、the

> (1) **To learn** about a new culture is very exciting. (SVC)
> 　　不定詞(to+動詞の原形)は主語になれました。より自然な表現として It is very exciting to learn about a new culture. で言い換え可能です。空欄が1つであれば動名詞 learning でもOKですね。
> (2) Thank you for **sending** an email **to** me. (SVO)
> 　　Thank you for -ing で「…してくれてありがとう」という1つの熟語として覚えてしまいましょう。
> 　　send+OO は send+O+to 人の形で言い換え可能でしたね。
> (3) My job is **helping** sick people. (SVC)
> 　　動名詞がCになっています。細かく見れば、動名詞 helping の後ろにOが続いています。これはもともと help が他動詞だからですね。
> (4) He practices **playing the** guitar every day. (SVO)
> 　　practice は動名詞だけをOに取ることが可能。

3 (2点×3)

(1) (b)　(2) (a)　(3) (a)

> 不定詞の to はもともと**方向**「…へ」を意味している単語です。ここから、**未来志向**が強いことが分かります。

Lesson 19 / Answer Key

合格点 37 点

p.149〜151

接続詞

モヤモヤ解消ポイント！
- 接続詞で作られた単語のカタマリ ➡ 名詞・形容詞・副詞として機能！
- 副詞節 ➡ 時・理由・原因・結果・条件などを示す **SV** を含んだカタマリ！

[Lesson18の復習問題] 情報量がかなり増えてきましたね。復習も大切な勉強の1つです。

1 (順不同：3点×2)

(1) (a) What time did you finish washing the windows?
(2) (d) We hope to have dinner with Mr. Mizushima some day.

- (a) finish ×to wash …
  finishのOは動名詞。What time「何時に…」は時間を尋ねる表現ですね。
  （何時にあなたは窓を洗い終わったのですか？）
- (b) (○) Did she want to marry you?（彼女は君と結婚したかったのですか？）
  wantのOは不定詞のみです。
- (c) (○) Ken's father likes to sit between the sofa and the table.（ケンの父はソファーとテーブルの間に座るのが好きです。）(SVO)
  likeは動名詞・不定詞の両方をOに取れます。sitの関連表現にtake a seat「座る」も覚えておきましょう。
- (d) We hope ×having.
  hopeのOは不定詞です。（私たちはいつかミズシマ氏と一緒に夕食を食べたいと思っています。）(SVO)

2 (3点×2)

(1) He is looking forward to dancing with you.　(2) She decided to move without saying anything.

- (1) このtoは前置詞ですから、後ろに動詞を置く場合は動名詞にしなければなりません。（彼はあなたと踊れるのを楽しみにしています。）(SVO)
- (2) decideは不定詞をOに取ります。またwithout -ingで「…せずに」という意味ですね。anythingが肯定文で使われる場合、「何でも、どんなものでも」という意味になります。（彼女は何も言わずに引越すことを決心した。）(SVO)

3 (2点×6)

(1)(エ)　(2)(ア)　(3)(ウ)　(4)(イ)　(5)(イ)　(6)(ア)

- (1) ₛThe old man ᵥstopped 不定詞の副詞的用法 to wait for his wife.
  （その老人は妻を待つために立ち止まった。）(SV)
  stopは不定詞を目的語に取りません。イキナリto＋動詞の原形がstopの後ろにある場合、不定詞の副詞的用法でMと解釈してください。wait forの応用表現として「wait for 人 to＋動詞の原形」で「人が…するのを待つ」という表現があります。
- (2) ₛSpeaking English ᵥis c a lot of fun.（英語を話すことはとても楽しい。）(SVC)
  動名詞がSになっています。a lot of fun は very interesting と置き換えることが可能。
- (3) ₛHer job ᵥis c writing an article in a monthly magazine.（彼女の仕事は月刊誌の記事を書くことです。）(SVC)
  動名詞がSとイコール関係になるCになっています。

(4) $_S$We $_V$love $_O$talking with you.（私たちはあなたと話すことが大好きだ。）(SVO)
　　動名詞がloveのOになっています。
(5) $_S$She $_V$is $_C$good at 前置詞の目的語 drawing pictures.（彼女は絵を描くのが上手です。）(SVC)
　　動名詞が前置詞の目的語になっています。
(6) $_S$To go there can $_V$be $_C$very dangerous.
　　（そこへ行くのは、とても危険である可能性がある。）(SVC)
　　不定詞がSになっています。ちなみにdangerous（危険な）の名詞はdanger（危険）です。

[Lesson19の演習問題]

1（2点×6）
(1) but　(2) or　(3) and　(4) when　(5) that　(6) Because

(1) He was very rich **but** he wasn't happy.（彼はとても裕福であったが、幸せではなかった。）
　　［ポジティブ］but［ネガティブ］になっていますね。反対のことをつなげるのがbutです。
(2) Which do you like, rice **or** bread?（ライスかパンの、どちらが好きですか？）
　　選択のor。
(3) She is cute **and** her mother is kind.（彼女は可愛い、そして彼女のお母さんは優しい。）
　　対等のand。
(4) I was sleeping **when** my mother called me.（母が私に電話したとき、私は寝ていました。）(SV)
　　同時進行を表せるwhen。
(5) You don't know **that** the amusement park is far from the center of Kobe.
　　（君はその遊園地が神戸の中心から遠いということを知らない。）(SVO)
　　目的語の名詞節を導くthatです。このthatは省略可能。
(6) **Because** you didn't study hard, you couldn't pass the examination.
　　（君は一生懸命に勉強しなかったので、その試験に合格できなかったんだ。）(SVO)
　　原因を導くbecause。examinationはexamとしてもOK。

2（2点）
(イ)

(ア) That woman looks very happy.（あの女性はとても幸せに見える。）(SVC)
　　thatは指示代名詞で「あの…」という意味。省略不可。
(イ) I hear **that** he left Osaka for Tokyo last Sunday.（彼がこの前の日曜日、東京に向けて大阪を出発したそうだ。）
　　(SVO)
　　このthatは後ろに節を導く接続詞。that節がhearの目的語になっています。実は接続詞のthatは省略可能なんです！
　　leave ...「…を出発する」に目的地を追加する場合は「leave O for＋目的地」となります。
(ウ) Is that your card?（あれはあなたのカードですか？）
　　(ア)と比較しましょう。指示代名詞thatは単独でSになれます。「あれは…」ですね。
(エ) Hey, don't do that.（おい、やめろ！［それをするな！］）
　　このthatは前に出てきた話や行動内容を表す代名詞です。「それ」と訳すことが多いですね。

3（完答：2点×6）
(1) must、though　(2) if、calls、me　(3) so　(4) that　(5) but、didn't
(6) will、go、to、Canada

(1) I **must** stay home all day long **though** it sounds interesting. (SV)
　　譲歩を示すthough。althoughでもOKです。

(2) I'll say "Thank you" **if** she **calls** me tonight. (SVO)
　前半がSVO文型で完結し、if以下は**副詞節**。この副詞節は**条件**を示していますので**未来の内容でも現在形**にします。
　(×) will call

(3) I felt sorry **so** I sent an email to her. (SVC)
　これは難しかったかもしれませんが、ここで覚えてください。「**原因＋so＋結果**」になります。

(4) It is true **that** he came back. (SVC)
　この英文は形式主語itが使われた構文です。itはthat節の内容を示します。
　that節は名詞節となり、目的語以外にもSやCになることも可能です。itが仮の主語になっていますが、本当の主語はthat he came backになります。

(5) The boy stole the box **but** my son **didn't**. (SVO)
　反対（逆接）のbutです。didn'tの後ろにはsteal the boxが省略されています。
　関連する接続詞として**however（しかしながら、でも）**も押さえておきましょう。**butよりも弱い逆接**です。
　We were expecting him. However, he didn't come.
　「私たちは彼を待っていました。でも、彼は来ませんでした。」　＊howeverはコンマを一緒に使います。

(6) I'm so sad to hear he **will** go to Canada. (SVC)
　hearとheの間には接続詞**that**が**省略**されています。to hear that「…ということを聞いて」となります。接続詞に導かれる節が時や条件を表す副詞節であれば、未来の内容でも現在形ですが、この英文では当てはまりません。この節はhearの目的語となる**名詞節**。

p.157～159

Lesson20 / Answer Key　　合格点 37 点

比較の表現 その1 比較級と最上級

モヤモヤ解消ポイント！

・比較級（-er than）は2人（2つ）、最上級（the -est）は3人（3つ）以上の範囲で優劣を表現する形！

[Lesson19の復習問題] 接続詞を制するものは長文読解を制すと言っても過言ではありません！

1 (3点×2)
(1) When the shop opens, I will go shopping at once.
(2) We didn't know that our daughter wanted to work.

(1) 時を示す未来の副詞節は現在形。（その店がオープンしたら、僕はすぐに買い物に行くつもりだ。）(SVC)
(2) 主節が過去形であれば、続く接続詞の中も過去形にしなければなりません。これを**時制の一致**と呼びます。ただし、いくら主節が過去形でも接続詞の中身が普遍の事実を表す場合は、現在形のままでもOKです。
　Some students didn't know the sun rises in the east and sets in the west.
　（何人かの生徒は太陽が東から昇り、西へ沈むことを知りませんでした。）
　（私たちは、娘が働きたがっていることを知りませんでした。）(SVO)

2 (1点×4)
(1) (d)　(2) (c)　(3) (b)　(4) (a)

(1) I was very lazy **so** he got angry at me.（僕はとてもダラダラしていたので、彼は腹を立てた。）

結果が続くso。「get＋形容詞」は「…になる」という意味でSVC文型になります。
(2) I had to stay there **though** I didn't want to.（したくはなかったけれども、僕はそこに滞在しなければならなかった。）
譲歩のthough。want toの後ろには**stay there**が省略されています。
(3) We know he can't go there.（私たちは彼がそこへ行けないということを知っています。）
接続詞thatがknowの後ろで省略。that節のカタマリがknowのOになっています。
(4) He worked very hard to earn money **because he wanted to marry her**.
（彼はお金を稼ぐためにとても懸命に働いた、なぜなら彼は彼女と結婚したかったからだ。）
理由のbecause。to earnは不定詞で目的を表しています。ちなみにearn moneyではなく、make moneyにすると「**お金をもうける**」という意味になります。

3 (3点×2)

(1) Ken or you have to help her when I'm at work (2) You know he's going to leave Kobe next Monday

(1) Ken **or** you have to help her when I'm at work.
（私が仕事中の時、ケンかあなたかのどちらかが彼女を助けなければなりません。）
A or BがSとなる場合、動詞の形はBに合わせます。Bの位置にKenを置いてしまうと動詞はhasになりますので語順に注意。
(2) You **know** he's going to leave Kobe next Monday.
（あなたは彼が来週の月曜日、神戸を去るつもりだということを知っています。）
knowの後ろに節のカタマリを作る接続詞thatが省略されています。

4 (1点×3)

(1)(エ) (2)(ウ) (3)(イ)

(1) I don't think **my father is angry**.（僕は父が怒っているとは思いません。）
SVを含むカタマリで動詞のOとなるのは**名詞節**。
(2) That is **a very hard question**.（それはとても難しい問題です。）
語句のカタマリが名詞句として主語Thatを補うCになっています。Thatが前に出た話の内容を指す場合、「それは」と訳すのが自然。
(3) You lived in Okinawa **when I was a student**.（私が学生だったとき、あなたは沖縄に住んでいました。）
SVを含む節で時を表し文全体を修飾する**副詞節**になっています。

[Lesson20の演習問題] ややこしくなっても焦らず、慌てず、とにかく復習に努めてください。

1 (完答：1点×5) ＊最上級のtheはなくても正解とします。

(1) 比較級(more useful) 最上級(the most useful) (2) 比較級(less) 最上級(the least)
(3) 比較級(earlier) 最上級(the earliest) (4) 比較級(larger) 最上級(the largest)
(5) 比較級(better) 最上級(the best)

moreやmostを使ったものや、原級と全く違う形になる比較級や最上級にだんだんと慣れていきましょう。

2 (完答：2点×4)

(1) more (2) the、in (3) the most (4) the hardest

(1) Mayu is **more** beautiful than that woman.（マユはあの女性よりも美しい。）(SVC)
後ろにthanがありますから比較級の**more**。
(2) Ayako is **the** cutest **in** the class.（アヤコはクラスで1番かわいいです。）(SVC)
cutestですから最上級。形容詞の最上級には**the**が必要。

「(ある場所・集団)の中で」はinを使います。
(3) His business was **the most important of all**. (彼の仕事はすべての中で1番重要でした。)(SVC)
　　問題(2)と比較しましょう。importantは**more/most**タイプですね。また「全ての中で」は**of**を使って表します。
(4) He had to study **the hardest of them all**. (彼は彼らの中で1番懸命に勉強しなければならなかった。)(SV)
　　「of 複数名詞」がありますので最上級の表現と判断。all(全ての)と複数名詞をofの後ろにする場合、「**of 複数名詞 all**」の語順。of / inの使い分けは**複数であればof、それ以外はin**です。

3 (2点×4)

(1) hottest　(2) larger　(3) old　(4) earliest

(1) This area is the **hottest** in Wakayama. (SVC)
　　直前のtheと範囲を示すinがありますのでhotの最上級。hotのotは**短母音＋子音**ですので子音tを1つ増やしてestです。(この地域は和歌山で1番暑い。)
(2) Your cup isn't **larger** than mine. (SVC)
　　物と物を比較する場合、thanの後ろに来る対象物は所有代名詞(mine)か所有格の代名詞＋名詞(my cup)の形。(あなたのコップは私のよりも大きくありません。)
(3) The **old** radio is my grandfather's. (SVC)
　　比較表現とはまったく関係ありません。名詞を修飾する普通の形容詞。最後の's は**所有**を表しますね。(その古いラジオは私のおじいさんのものです。)
(4) Did she get up the **earliest** of us?
　　the とof usがありますので最上級。**子音＋y**はiestの語尾変化でした。
　　(彼女は私たちの中で1番早く起きましたか?)

4 (完答：2点×5)

(1) the、biggest(largest)、shop(store)　(2) more、than、she　(3) hardest、of、all
(4) earlier、than　(5) the、cutest(prettiest)、of、the

(1) Is this **the biggest(largest) shop(store)** in Kobe?
　　疑問文で最上級。
(2) Anna will be **more** beautiful **than** she. (SVC)
　　比較級の未来表現ですね。be動詞が文字どおりbeになるだけです。
(3) She studied **hardest of us all**. (SV)
　　副詞の最上級の**the**が省略。allの位置に注意しましょう。
(4) Can you come here **earlier than** I this time?
　　earlyは**yをiに変えて**erまたはest。
(5) The girl was **the cutest(prettiest)** of the five. (SVC)
　　最後の数字の前に**the**を忘れないようにしましょう。

p.165～166

Lesson21 / Answer Key

合格点 37 点

比較の表現 その2 比較のいろいろ

モヤモヤ解消ポイント！

・程度が同じ ➡ as 形容詞・副詞 asの形！
・not as - as ➡ 比較級を使って言い換え可能！

[Lesson20の復習問題]

1 (3点×2)

(1) Misaki is prettier than I. (2) Yuko studied English (the) hardest of the three.

(1)「…よりも」とあれば比較級「-er than」ですね。prettyの比較級はprettierでyがiになるので注意。
(ミサキは私よりもかわいいです。)(SVC)

(2)「3人の中で1番」という最上級の表現ですね。ここでのhardは副詞ですが、副詞の場合theは省略可能です。of以下、数字の前にtheを付けることも覚えておきましょう。
(ユウコは3人の中で1番、一生懸命に英語を勉強しました。)(SVO)

2 (1点×4)

(1) in (2) the most (3) of (4) worst

(1) This song is the most famous in Brazil. (SVC)
場所を表すin。(この歌はブラジルでもっとも有名です。)

(2) She drives the most carefully of the five. (SV)
carefullyはmore/most型です。veryも使えますが、ここでは後ろのof the fiveを見て最上級と判断します。
(彼女は5人の中で1番注意深く運転します。)

(3) That man looked the saddest of all. (SVC)
sadはdが1つ増えます。(あの男は全員の中で1番悲しそうに見えた。)

(4) His manner was the worst in his family. (SVC)
theがなければbadでも問題ありません。ここはtheと一緒にbadの最上級worstが使われたものと考えます。
(彼のマナーは家族の中で1番ひどかった。)

3 (2点×3)

(1) This car runs more slowly than that one. (2) It was the most wonderful movie of them all.
(3) She was the most popular student of us all.

(1) oneはcarを言い換えた代名詞。oneを省略してthan thatでもOKです。
(この車はあの車よりもゆっくりと走る。)(SV)

(2)「最上級＋名詞」(1番…な〜)の語順、そしてof them allの語順に注意しましょう。
(それは、それら全ての中でもっとも素晴らしい映画でした。)(SVC)

(3) 最上級の後ろに名詞が来る形も多く見られます。
(彼女は私達みんなの中でもっとも人気のある生徒でした。)(SVC)

4 (3点×2)

(1) This movie is more interesting than that one.
(2) He always finishes his work (the) most quickly in his company.

> (1) interestingの比較級は more ... than 型でお馴染みですね。
> **(この映画はあれよりも面白い。)(SVC)**
> (2) 副詞の最上級に付くtheは省略可能。workは**名詞**で「**仕事**」。
> **(彼はいつも、会社でもっとも素早く仕事を終わらせる。)(SVO)**

[Lesson21の演習問題] ここで覚えることをあきらめてはもったいない！ 前に進みましょう！

1 (完答：3点×6)

(1) cooler、than　(2) isn't、useful、than　(3) older、than、yours
(4) three、times、as　(5) can't、as、fast、as　(6) as、wide、as、his

> (1) It was **cooler** yesterday **than** today. (昨日は今日よりも涼しかった。)(SVC)
>   もとの英文は「今日は昨日よりも暖かいです。」という意味です。
>   「今日」と「昨日」が入れ替わっているので天気の状況も反対になります。
> (2) That pen **isn't** more **useful than** this one. (あのペンはこのペンよりも役に立ちません。)(SVC)
>   もとの英文は「このペンはあれよりも役に立ちます。」という意味です。
>   比較する語が入れ替わっているので単純に否定文。この英文は次のように言い換えることも可能。
>   ⇔ That pen **is less** useful **than** this one.
> (3) My car looks **older than yours**. (私の車はあなたのよりも古く見えます。)(SVC)
>   もとの英文は「あなたの車は私のよりも新しく見えます。」という意味です。
>   この問題も比較する語が入れ替わっているので、newの**反意語**oldを**比較級**にします。
> (4) His grandmother is **three times** as old as he. (SVC)
>   …times as 〜 as A で「Aの…倍〜だ」となります。2倍であればtwice as 〜 as。
>   **(彼のおばあちゃんは彼の3倍の年齢です。)**
> (5) You **can't** swim **as fast as** the boy.
>   もとの英文は「その少年はあなたより速く泳ぐことができます。」という意味です。
>   asの間の形容詞・副詞は原級。(あなたはその少年ほど速く泳ぐことはできない。)
> (6) Your pocket isn't **as wide as his**.
>   もとの英文は「彼のポケットはあなたのよりも幅広いです。」という意味です。「…ほど〜ではない」という形にします。his pocketはhis「彼のもの」に変えます。
>   **(あなたのポケットは彼のポケットほど幅広くはありません。)**

2 (完答：2点×5)

(1) Which、better、or　(2) couldn't、as、as　(3) better、than
(4) looks、much、older　(5) harder、than、any、other

> (1) **Which** did you like **better**, this song **or** that one?
>   orを使った比較選択の疑問文。Thanは必要ありません。
> (2) I **couldn't** sleep **as** well **as** you last night.
>   「よく」は副詞wellを使いましょう。as 〜 asの否定文は「…ほど〜でない」という意味でしたね。
>   ちなみにsleepの関連表現として**fall asleep**「寝入る」も押さえておきましょう。
> (3) She likes English **better than** Japanese.
>   likeの比較級表現。**like O better than …** で「…よりもOが好き」でしたね。
> (4) My car **looks much older** than yours.
>   比較級の強調語much「ずっと…」は比較級の直前に置かれます。

(5) He practiced **harder than any other** player.

最上級とほぼ同じ意味を表す「**-er than any other 単数名詞**」の形です。

p.172～173

Lesson22 / Answer Key　　　合格点 37点

受け身の表現

モヤモヤ解消ポイント！
- be＋過去分詞 ➔ もともと存在した **O** が **S** になる！
- 受け身を使う必要がなければ、能動態が1番！

[Lesson21の復習問題]「覚える」という過程は絶対に避けられません！ 覚悟を決めましょう。

1 (3点×3) ＊下線部は部分点
(1) 彼は 〔1点〕彼の姉［妹］ほど 〔1点〕熱心に 〔1点〕働きませんでした。
(2) 神戸は、日本で 〔2点〕もっとも美しい都市 〔1点〕の1つです。
(3) 〔1点〕誰が そのコンテストで 〔2点〕1番上手にその歌を歌うことができましたか？

> (1) **not as ～ as** で「…ほど～ではない」という意味。
> (2) **one of** の後ろは必ず**複数名詞**になるのがポイント。
> (3) この英文では the が省略されていますが、best は副詞 well の最上級。**副詞の最上級は the を省略可能**。

2 (2点)
What sport does your brother like (the) best?

> baseball を尋ねるので「何のスポーツ」が1番なのか、とすればいいですね。sport がなくても文法的に正しいので OK としましょう。最後の the は省略可能。日本語で「スポーツ」と言うので、原形が sports だと勘違いしないようにしましょう。sports は sport の複数形です。
> （あなたの兄［弟］は何のスポーツが1番好きですか？）

3 (完答：2点×5)
(1) as、early、as　(2) as、much、as、possible　(3) more、than　(4) likes、best
(5) older、and、older

> (1) She went to bed **as early as** I yesterday.
>   as を使った同等比較文。than は必要ありません。
> (2) Speak English **as much as possible**.
>   「たくさん」は much を使いましょう。as ～ as possible は as ～ as S can と言い換え可能。
>   ↔ Speak English as much as you can.
> (3) I have **more** CDs **than** my brother.
>   many CDs を比較級にした形です。
> (4) She **likes** summer **best**.
>   like を使った最上級の表現ですね。the best としても OK。
>   比較表現 like A better than B「B よりも A が好き」も押さえておきましょう。

(5) This building is getting **older and older**.
「get 比較級 and 比較級」で「ますます…になる」という意味。

[Lesson22の演習問題] 過去分詞もそろそろ地道に覚えていきましょう！

1 (完答：2点×5)
(1) to、them (2) hit (3) sleeping (4) are、in (5) Was、stolen

(1) An envelope was sent **to** me by **them**.
直接目的語をSとして受け身にした場合、「be sent to 人」の形になります。
(彼らから封筒が私に送られました。)
(2) My nose was **hit** by someone.
受け身ですからhitを過去分詞にします。hitは過去形・過去分詞形が原形と全く同じです。
(僕の鼻が誰かに殴られました。)
(3) The man was **sleeping** in a chair.
過去分詞にすると「眠る → 眠られる」と不自然ですから、普通に**過去進行形**であると考えるといいですね。
(その男性はイスで寝ていました。)
(4) A lot of flowers **are** seen **in** the park.
主語が複数形であればbe動詞はare。最後は場所を示す前置詞inですね。
(多くの花がその公園で見られます。)
(5) **Was** it **stolen** by the boys?
過去の受け身表現を疑問文にしたものです。(それはその少年たちに盗まれたんですか？)

2 (3点×5)
(1) English is spoken in Australia. (2) I'm called Mama by them.
(3) This book was read by him last night. (4) They weren't smiled at by her.
(5) Was she called Natsuko by him?

(1) 目的語のEnglishがSになります。英語を話すのは「人々」に決まっているのでわざわざby peopleを付ける必要はありません。(英語はオーストラリアで話されます。)
(2) SVOCの受け身はどちらが目的語なのかキチンと判断して下さい。meがOなので、これをIにして主語にします。CであるMamaがSにならないように注意。(私は彼らにママと呼ばれます。)
(3) もとの英文が過去であれば、受け身のbe動詞は過去。readは過去形・過去分詞が原形のままで、SがHeなのにreadsとなっていないことからも、これは過去形であると判断できます。
(この本は昨夜、彼に読まれました。)
(4) smile atはそのままの形で受け身になります。(彼らは彼女に微笑まれてはいませんでした。)
(5) SVOCの受け身はCの部分は過去分詞の後ろに残ります。(彼女は彼にナツコと呼ばれましたか？)

3 (順不同：2点×2)
(1) We were taught history by them. (2) History was taught to us by them.

(1) SVO₁O₂ → O₁ be動詞＋過去分詞＋O₂ (私たちは彼らに歴史を教えられた。)
(2) SVO₁O₂ → O₂ be動詞＋過去分詞＋to O₁ (彼らによって歴史が私たちに教えられた。)

p.179〜180

Lesson23 / Answer Key

合格点 37 点

重要表現いろいろ

モヤモヤ解消ポイント！

・覚えるべき表現は、例文と一緒に短期集中で丸ごと覚えましょう！

[Lesson22の復習問題] 復習はすぐに実行してください！ 早ければ早いほど定着します。

1 (2点×2)
(1) The story is told to me by the man.
(2) The baby was named Eiji by Satoshi and Azusa.

> (1) 人（間接目的語）の前に前置詞が来るのを忘れないようにしましょう。
> （その話は私に、その男性から伝えられます。）
> (2) nameはSVOCとなる動詞です。受け身になればO＋be動詞＋過去分詞＋Cとなります。前置詞は必要ありません。
> （その赤ちゃんはサトシとアズサにエイジと名づけられた。）

2 (3点×2)
(1) French is spoken in Canada.　(2) Her child was crying by the statue then.

> (1) 場所を示すinを用いた受け身。（フランス語はカナダで話されています。）
> (2) 過去進行形です。byだけで受け身と判断しないようにしましょう。このbyは「…のそばで」という意味です。
> （彼女の子供がその時、その像のそばで泣いていました。）

3 (3点)
Did the emperor build this tower?

> byの後ろが能動態のSになります。buildは一般動詞で、過去形ですから普通のDidを使った疑問文にしましょう。
> buildの過去形・過去分詞形はbuiltです。
> （その皇帝がこの塔を建てたのですか？）

4 (完答：3点×3)
(1) is、spoken、in　(2) were、killed、in　(3) When、was、built

> (1) What language **is spoken in** Hong Kong?（香港では何の言葉［何語］が話されていますか？）
> もとの英文にあるtheyは特定の人ではなく総称でpeopleの意味で使われ、「香港で人々は何の言葉を話していますか？」となります。問題ではWhat languageをSとして考えた受け身にします。
> (2) Many people **were killed in** a strong earthquake.（多くの人々が強い地震で亡くなった［殺された］。）
> もとの英文は「強い地震が多くの人々を殺した。」という意味です。
> 「地震で」を表す前置詞はbyではなくinになります。
> (3) **When was** your house **built**?（いつあなたの家は建てられましたか？）
> もとの英文は「あなたの家は何歳［築何年］ですか？」という意味です。
> そこで、「いつ建てられたのか？」という発想に頭を切り替えます。

[Lesson23の演習問題]

1 (2点×2)

(1) The students can use this room.　(2) This job had to be finished by us.

> (1) もとの英文は受け身の形なので**能動態**にします。受け身から能動態へ切り替えた場合、**by**の後ろにあったものがS。ここでもしbyのない受け身であれば一般的なものを指すYouやTheyがSとして使われます。(その生徒たちはこの部屋を使うことができます。)
>
> (2) 不定詞の受け身「**to be＋過去分詞**」です。
> 　(この仕事はわれわれによって完了されなければならなかった。)

2 (3点×3)　＊下線部は部分点

(1) ₁点 その人々は ₁点 日本について知ること ₁点 に興味があった。
(2) ₁点 大阪に着いたあと、₂点 私はあまりに忙しくて食べることができなかった。
(3) 彼は ₂点 サッカーだけでなく野球も ₁点 します。

> (1) be interested in の後ろには名詞だけではなく動名詞を持ってくることも可能。普通、knowのような状態動詞は進行形にならない動詞ですが、**動名詞にすることは可能**です。同じing形でも文法が異なれば臨機応変に考えましょう。
>
> (2) too ... to表現です。言い換え表現もチェックしておきましょう。
> 　↔ I was **so** busy **that** I **couldn't** eat after ....
> 　メインの文がwasで過去形ですからその後のthatの中も前に合わせて、過去形couldn'tにします。
> 　**時制の一致**ですね。またafterは**接続詞**で後ろはSVの語順になります。
>
> (3) not only A but (also) B構文です。結局、AもBも両方含まれますから次のように言い換え可能です。
> 　↔ He plays **both** soccer **and** baseball.

3 (2点×3)

(1) while　(2) he has　(3) milk to use

> (1) You were sleeping **while** we were studying hard. (私たちが必死に勉強している間に、あなたは寝ていました。)
> 　whileは接続詞で後ろはSVの語順。
>
> (2) Does he know what **he has** to do? (彼は何をしなければならないのか知っているんですか?)
> 　knowの目的語として間接疑問文が入ったものです。もとの疑問文は次のようになっていました。
> 　What does he have to do? これがOとして名詞節になった場合、「**疑問詞＋SV**」の語順に変化したわけです。
>
> (3) I didn't know which **milk to use** for cooking. (私は料理にどちらのミルクを使うべきか分からなかった。)
> 　(2)と比較しましょう。疑問詞＋to不定詞がknowの目的語。whatやwhichは後ろに名詞を付けることが可能です。

4 (完答：3点×3)

(1) neither、nor　(2) so、that、couldn't、clean　(3) asked、me、to

> (1) You can eat **neither** meat **nor** bread.
> 　either A or Bを否定の意味にしたものがneither A nor Bです。**頭のnは否定**を意味します。
> 　(あなたは肉もパンも食べることができません。)
>
> (2) He was **so** tired **that** he **couldn't clean** his room.
> 　too ... to表現はso ... that S can't Vで言い換えることができましたね。
> 　(彼はとても疲れていて部屋を掃除することができませんでした。)
>
> (3) She **asked me to** turn on the light.
> 　pleaseの気持ちが含まれたask O to不定詞を使います。問題にpleaseがなければtell。
> 　(彼女は私に電気を付けるように頼みました。)

p.188〜189

Lesson24 / Answer Key

合格点 37 点

現在完了形 その1 完了と結果

モヤモヤ解消ポイント！
- 現在完了形 → 過去形＋現在形 → キモチは今にある！
- 明らかに過去を示す語句と現在完了形は同じ文で使えない！

[Lesson23の復習問題] 慣用表現はどんどんストックしていきましょう！

1 (完答：3点×4)

(1) big、enough、to　(2) till(until)、I、call　(3) as、soon、as　(4) Are、interested、writing

(1) This house is **big enough to** live in.
enough to動詞の原形が**後ろから前の形容詞bigを修飾**しています。live inの後ろが寂しいですが、もともとlive inの目的語であったThis houseが**主語として前に移動**したと解釈しましょう。

(2) Stay home **till(until) I call** you.
このtillは接続詞。また、内容は未来ですが**条件を表す副詞節のため未来でも現在形**です。
(×) till I will call you

(3) He came back **as soon as** it began raining.
3つで1つの接続詞と考えましょう。後ろはSVと続きます。そのまま文頭に移動してもOK。

(4) **Are** you **interested** in **writing** Japanese?
inは前置詞ですから後ろに動詞を取る場合は動名詞になります。

2 (2点×3)

(1) The pond was filled with ice.　(2) *Sumo* wrestlers are known to many people in the country.
(3) I would like you to keep my bag.

(1) iceはwaterやmilkと同じで、**無冠詞の不可算名詞**ですね。ちなみにicyは形容詞で「氷の、氷のような」という意味になります。（池は氷でいっぱいだった。）

(2) toをasに変えると「…として知られている」という意味になります。
（相撲取りはその国の多くの人に知られている。）

(3) **would like 人 to**で「（人）に…していただきたい」という意味。would like toはwant toを丁寧に言い換えたものです。（私のバッグを持っていていただきたいのですが。）

3 (完答：2点×2)

(1) too、for、to　(2) when、to、talk

(1) This sentence is **too** difficult **for** me **to** read right now.
so ... thatはtoo ... toと置き換え可能。ここではreadの意味上の主語が必要。文法上の主語はThis sentenceですが、これがreadするわけではありません。意味上の主語を「for＋人」の形で、to不定詞の前に置きます。（この文章は私にはあまりに難しくて、今すぐに読むことはできません。）

(2) I don't know **when to talk** to her.
もとの英文の間接疑問文を「疑問詞＋to不定詞」で言い換えたもの。「w-疑問詞＋to不定詞」にはshouldの意味が含まれていましたね。（僕はいつ彼女に話しかけるべきか分かりません。）

[Lesson24の演習問題]

1 (2点×2)

(1) done (2) had

> (1) She has **done** her homework. (彼女は宿題をしてしまいました。)
>   doneは形容詞として「**済んだ、完了した**」という意味で使われることがあります。
>   Today's job is done.「今日の仕事は終わった。」
> (2) They haven't **had** breakfast. (彼らは朝食を食べていません。)
>   このhaveはeatの意味。

2 (完答：3点×3)

(1) 疑問文：Did Kimiyo have to work part-time?
  否定文：Kimiyo didn't have to work part-time.
(2) 疑問文：Has Ayako eaten dinner yet?
  否定文：Ayako hasn't eaten dinner yet.
(3) 疑問文：Does Mutsuo have a lot of things to do?
  否定文：Mutsuo doesn't have a lot of things to do.

> (1) have toは**一般動詞**として考えましたね。ここでは過去形ですからdidを使います。またhave toの否定は「**…する必要がない**」という意味。
>   疑問文：(キミヨはアルバイトをしなければならなかったんですか?)
>   否定文：(キミヨはアルバイトをする必要はありませんでした。)
> (2) already は疑問文・否定文では**yet**になり文末に移動します。訳し方のポイントは疑問文が「**もう…**」、否定文が「**まだ…していない**」となります。
>   疑問文：(アヤコはもう夕食を食べてしまいましたか?)
>   否定文：(アヤコはまだ夕食を食べていません。)
> (3) 普通の一般動詞の疑問文と否定文ですね。文末のto doは**不定詞の形容詞的用法**で、前の名詞を修飾しています。「**たくさんのすべきこと**」と解釈してください。
>   疑問文：(ムツオはたくさんすべきことがありますか?)
>   否定文：(ムツオはたくさんすべきことはありません。)

3 (3点×4)

(1) has lost (2) didn't (3) broke (4) Have

> (1) My brother **has lost** his wallet. So he doesn't have it now.
>   So以下の現在の状況と時間的なつながりを表現するために現在完了形を用います。
>   (弟は財布を失くしてしまった。だから彼は今持っていません。)
> (2) She **didn't** read the magazine then.
>   過去を示す単語thenがありますから過去形と考えましょう。
>   (彼女はその時、その雑誌を読みませんでした。)
> (3) As you know, she **broke** his car window last night.
>   last nightは明らかに過去を示す単語で現在完了と一緒にはできません。
>   このasは接続詞で「**…のように**」という意味です。asには前置詞の用法もあり、骨が折れる単語です。
>   (ご存じのとおり、彼女が昨夜、彼の車の窓を壊しました。)
> (4) **Have** they finished this job?
>   ここでDidであれば動詞は原形に戻っているはずです。でもedが付いたままですから現在完了と考えましょう。

（彼らはこの仕事を終わらせましたか？）

4 （完答：2点）
has、gone、to

Yuko **has gone to** Mexico.（**ユウコはメキシコに行ってしまった。**）
もとの英文は「ユウコはメキシコに行き、まだそこにいます。」という意味ですから、「**行ってしまった**」という表現にします。英文(a)の**still**は「まだ…」という意味です。

p.194〜196

Lesson25 / Answer Key

合格点 35 点

現在完了形 その2 継続と経験

モヤモヤ解消ポイント！

- 現在完了形・継続用法 → 過去から現在へ一定期間継続のニュアンス
- 現在完了形・経験用法 → 過去から現在の出来事を振り返り、今を考えるニュアンス

[Lesson24の復習問題]

1 （3点×3）
(1) Anna has just found another window.　(2) Has Hitomi had breakfast yet?
(3) Anna and Hitomi haven't done their homework yet.

(1) just や already といった副詞は**過去分詞の前**に位置します。この another は**形容詞**で「他の…」という意味で名詞を修飾します。（アンナはちょうど他の窓を見つけたところだ。）
(2) 少しややこしかったかも知れません。現在完了の疑問文ですから Did なんかは取ってしまい have は過去分詞形になります。副詞 yet は文末。（ヒトミはもう朝食を食べてしまいましたか？）
(3) 現在完了の否定文は「haven't＋過去分詞」ですね。homework は**不可算名詞**ですから複数形にはなりません。（アンナとヒトミはまだ宿題を終わらせていません。）

2 （完答：2点×5）
(1) was、studying、English　(2) has、just、called　(3) hasn't、had（eaten）
(4) doesn't、read　(5) has、already、written

(1) Tomoko **was studying English** last night.
普通の過去進行形。「昨夜」という過去を示す語句と現在完了形は一緒になりません。
(2) Ryota **has just called** the woman.
「ちょうど…したところだ」は just を使った現在完了の完了用法。
(3) Yuki **hasn't had（eaten）** breakfast.
まだ**完了していない**というニュアンスですから現在完了形の否定文にします。これを進行形で考え、Yuki isn't having breakfast. とした場合も OK とします。
(4) Takashi **doesn't read** a newspaper.
現在の日常習慣を表していますから現在形の否定文です。
(5) Chikahiro **has already written** a letter.
「すでに…してしまった」は already を使った現在完了の完了用法です。

3 (2点×2)

(1) (c)　(2) (a)

英文(b)の I don't see it. は「私はそれを見ない。」という現在習慣の否定になります。
(a)の現在完了形はまだ動作が完了していない、まだ経験していないというニュアンスにピッタリです。

[Lesson25の演習問題]

1 (1点×9)

(1) A：been　B：went　(2) A：doing　B：finished　(3) A：use　B：used
(4) A：see　B：saw、seen

(1) A：Have you ever **been** to Okinawa?（あなたは今までに沖縄へ行ったことがありますか?）
　　B：Yes. I **went** there last summer.（はい、私は去年の夏にそこへ行きました。）
　　Aさんは、Bさんにこれまでの**経験**を尋ね、Bさんは**過去形**で具体的な時期を明確にした答え方をしています。現在完了形に対して過去形で答えてはダメというルールはありません。

(2) A：Are you **doing** your homework now?（今、あなたは宿題をしているんですか?）
　　B：No. I've already **finished** it.（いいえ。私はすでにそれを終わらせました。）
　　Nowとbe動詞の疑問文であることから**現在進行形**で尋ねていると考えます。それに対してBさんは完了用法の**現在完了形**で答えています。

(3) A：Did you **use** my dictionary?（私の辞書を使いましたか?）
　　B：No. I have never **used** yours.（いいえ。私はあなたのは今までに一度も使ったことがありません。）
　　過去の疑問文に対して、**現在完了形の経験用法**で答えています。yoursはyour dictionaryを1語で言い換えたものですね。

(4) A：Did you **see** his sister?（彼のお姉さんを見ましたか?）
　　B：Yes. I **saw** her last week, but I haven't **seen** her since then.（はい。先週見ましたが、そのとき以来見てないですね。）
　　最低限これくらい過去形と過去分詞形を使い分けられるといいですね。Bさんの英文but以降、過去を示すthenがありますがsinceと一緒になると現在完了形で使えるようになります。

2 (完答:3点×3)

(1) has、been、for　(2) has、been、Hokkaido　(3) has、been、since

(1) Rina **has been** sick **for** three days.（リナは3日間ずっと病気です。）
　　got sick「病気になった。」のは3日前で、現在も病気であることが分かりますので、現在完了形の継続用法としてまとめます。Rina is sick. を現在完了形にすればいいですね。

(2) Takuya **has been to** Hokkaido twice.（タクヤは2回北海道に行ったことがあります。）
　　もとの英文は「タクヤは3年前に北海道に行き、今年またそこへ行きました。」という意味ですから、北海道に行った経験が2回あると解釈しましょう。

(3) It **has been** sunny **since** yesterday.（昨日からずっと晴れています。）
　　もとの英文は「昨日は晴れていました。そして今日もまだ晴れています。」という意味ですから、継続して晴れている状態を表せばいいですね。

3 (3点×3)

(1) How long has it been rainy in Himeji?　(2) When did Shiori meet Ryo?
(3) How many times has the design changed?

(1) for 2 monthsは期間の長さを示していますから**継続期間**を尋ねるHow longを用いた疑問文。
　　（姫路では、どれくらい雨が続いていますか?）

(2) last nightのような明確な**過去の一点**を尋ねる疑問文はWhen。時刻はWhat timeですね。
（いつシオリはリョウに会いましたか？）
(3) **頻度**を尋ねるHow many timesの疑問文。(2)の過去形と比較して下さいね。またmany timesはoftenと置き換え可能。（何度、そのデザインは変わりましたか？）

p.202～203

Lesson26 / Answer Key 合格点 35点

現在分詞と過去分詞

モヤモヤ解消ポイント！
・分詞1語で名詞の前、分詞＋Mは名詞の後に回って名詞を説明！
・分詞の前にbe動詞 → 進行形や受け身に大変身！

[Lesson25の復習問題]

1 （1点×3）

(1) for　(2) since　(3) since

(1) She has been there **for** a week.（彼女は1週間ずっとそこにいます。）
a weekは「1週間」という期間の長さを表すのでforです。have been to[in]の後ろには場所を示す名詞が通常来ますが、thereのような副詞が来る場合、toやinは必要ありません。
(2) They have studied Japanese **since** they came to Japan.（彼らは日本に来てから日本語を勉強しています。）
sinceは接続詞として後ろにSVを取ることが可能です。
(3) You have stayed in this village **since** 1998.（1998年から、あなたはこの村に滞在しています。）
1998は過去を示す**年号**ですからsinceを使います。forを使うと「1998年間」という期間の長さになってしまいます。

2 （3点×4）

(1) Katsuya has worked here for 5 years.　(2) Ms. White has never had a good time.
(3) It has been windy and cloudy since last night.
(4) They have been good friends since they met each other.

(1) 継続用法の現在完了形。（カツヤは5年間ずっとここで働いています。）
(2) 経験用法の否定・現在完了形。neverを用いた場合、hasn'tと否定形にはなりませんので注意。
（ホワイトさんは今までに一度も楽しい時を過ごしたことがない。）
(3) isをhas beenに変えて現在完了の継続用法にします。（昨晩からずっと風が強く、曇っています。）
(4) 問題(3)と同じ要領。（彼らはお互いに出会ったときから、ずっと仲の良い友達です。）

3 （完答：2点×3）

(1) How、long、have、taught　(2) Have、ever、met(seen)　(3) has、never、been

(1) **How long have** you **taught** English?
期間を尋ねるHow long＋現在完了形の疑問文。
(2) **Have you ever met(seen)** the singer before?
everの代わりに文末にbeforeが来ても、everとbeforeを両方使ってもOK。
また経験用法では**必ず**everやbeforeを使わなければならないというルールはありません。

053

(3) My uncle **has never been** to Hokkaido.
「今までに一度も…ない」はneverで表現。

[Lesson26の演習問題] 形容詞や副詞の理解が不十分な人は必ずここでつまずいてしまいます。

1 (2点×4)
(1) loved (2) made (3) delivered (4) used

(1) My son will be a **loved** teacher at school. (私の息子は学校で愛される教師になるだろう。)
過去分詞lovedで「愛されている」という受け身の意味にするのが自然ですね。ここを現在分詞を使ってa loving teacherにしてしまうと「愛している教師」となり、不自然。現在分詞で能動「…している」とするか、過去分詞で受動「…されている」にするのか、ほとんどが文意から決定することが可能です。

(2) I have wanted a car **made** in Germany. (私は**ドイツ製の車**がずっと欲しいと思っている。)
carとmakeの関係は「(名詞) が (分詞) される」ですから過去分詞を選びます。「ドイツ製の」という意味でcarは限定されていると考え、the carとすべきではないかと勘違いする人も多いですが、ドイツ製の車は世の中いくらでもあり、in Germanyだけではtheを使うまで限定する力はありません。

(3) The letter **delivered** yesterday was from her. (昨日配達された手紙は彼女からでした。)
letterとdeliverの関係は「(名詞) が (分詞) される」ですから過去分詞を選びます。要するに受け身の関係ですね。

(4) He bought a **used** car last year. (彼は去年、中古車を購入しました。)
carとuseの関係は「(名詞) が (分詞) される」ですから過去分詞を選びます。used carで「中古車」と覚えましょう。

2 (2点×3)
(1) ア (2) イ (3) イ

(1) The boy **waiting** for a bus in a line is my brother.
wait for …で「…を待つ」という意味です。後ろから前のboyを修飾しています。
(**列に並んで、バスを待っている男の子は私の弟[兄]です。**)

(2) Look at the **flying** bird.
分詞が普通の形容詞のように前からbirdを修飾しています。問題文は命令文。ちなみにlook atを名詞として使えばtake a look at 「…をちょっと見る」「…を一覧する」という表現も作ることができます。(**あの飛んでいる鳥を見て!**)

(3) The language **spoken** in the country is Spanish.
過去分詞が前のlanguageを修飾。もしspokenにくっついているin the countryがなければ名詞の前に移動。
(**その国で話されている言語はスペイン語です。**)

3 (3点×2)
(1) Can you see that standing penguin?
(2) It is an old clock given by my grandfather 20 years ago.

(1) 現在分詞が名詞の前か後ろのどちらに来るか的確に判断するのがポイント。名詞を修飾するものがstanding1つですから名詞の直前です。(あの立っているペンギンが見えますか?)

(2) 普通の形容詞oldと形容詞に相当する過去分詞の位置関係をしっかりチェックしておきましょう。過去分詞givenはby my grandfather … と一緒に形容詞句となって後ろからclockを修飾しています。(それは20年前に私の祖父からもらった古い時計です。)

4 (3点×3)
(1) Makiko couldn't read the book written in English.
(2) The woman drinking water is Yukiko. (3) That is the tree planted in 1977.

(1) 共通する名詞はbookです。ですから中心となる(a)のbookの前か後ろに分詞をつなげればいいですね。ここでは**分詞は3語のカタマリになりますから名詞の後ろ**。
（マキコは英語で書かれたその本を読むことができなかった。）
(2) (1)と同じ考え方。この問題では分詞のカタマリが(a)の文中に割り込んだ形。
（水を飲んでいるその女性はユキコです。）
(3) 同じ要領で解けますね。過去分詞で作られた形容詞機能を持つ語句がtreeを後ろから修飾しています。（あれは1977年に植えられた木です。）

---

p.209〜210

Lesson27 / Answer Key　　　　　　　　　　　　合格点 34点

関係代名詞 その1 主格と目的格

モヤモヤ解消ポイント！

- 主格の関係代名詞の後ろは**V**、目的格の関係代名詞の後ろは**SV**が続く！
- 関係代名詞のカタマリはでっかい形容詞節！

[Lesson26の復習問題]

1 (2点×4)
(1) Animals kept in a cage look unhappy.
(2) The white dog running in the garden is Runa.
(3) My brother bought a used car like you last year.
(4) You need some boiled water.

(1) keepを過去分詞にしてanimalsを後ろから修飾。in a cageがなければ前から修飾します。
（檻の中で飼われている動物たちは不幸せそうに見える。）(SVC)
(2) runを現在分詞にしてdogを後置修飾。in the gardenがなければ前から修飾します。
（庭を走っているその白い犬はルナです。）(SVC)
(3) useを過去分詞にしてcarの前から修飾。last yearはboughtを説明するもので、分詞usedと一緒になっているわけではなく、2語以上と考え後置修飾にしないように注意しましょう。
また、このlikeは前置詞「…のように」として使われています。
（去年、弟［兄］が君のように中古車を買った。）(SVO)
(4) boilを過去分詞にしてwaterの前から修飾。waterのような不可算名詞に付くsomeやanyは特に訳す必要はありません。今まさに沸騰中であれば、boilingでも可。（君には沸騰した水が必要です。）(SVO)

2 (完答：3点×2)
(1) staying、in　(2) bought、by、is

(1) My mother will visit my brother **staying in** England.
stayを現在分詞にして、my brotherを後ろから説明する形にします。
（私の母はイギリスに滞在している弟［兄］を訪ねる予定だ。）
(2) A new house **bought by** her **is** over there.
byを用いて受け身のような形で名詞を後ろから修飾し、最後は存在を表す「be動詞＋M」でまとめます。
（彼女に購入された新しい家は向こうにあります。）

3 (3点×3)

(1) My son enjoys reading a book written in English.　(2) This is a Japanese doll called *Kokeshi*.
(3) The boy wearing a cap is his brother.

> (1) enjoy -ing は「…するのを楽しむ」で、この動名詞の目的語 a book に修飾するように過去分詞をつなげます。
> **（私の息子は英語で書かれた本を読むのを楽しみます。）**
> (2) called C で「C と呼ばれる…」という意味で前の名詞を修飾。
> **（これは、こけしと呼ばれる日本の人形です。）**
> (3) SVC の形で、S を説明するように現在分詞が割り込んだ形。
> ちなみに、wear の関連表現に put on「着る」がありますが違いを覚えておきましょう。wear は「着ている状態」を表し、put on は「着る動作」を表します。（帽子をかぶっているその男の子は彼の弟［兄］です。）

[Lesson27の演習問題] 難しいと言われる関係代名詞も、結局はMのカタマリに過ぎません！

1 (2点×3)

(b) (c) (f)

> (a) 疑問詞の which。take には「取る」以外に「乗る、利用する」という意味もあります。
> **（どちらのバスに乗りますか？）**
> (b) I have a flower **which grows without water.**（私は水なしで育つ花を持っています。）(SVO)
> **主格の関係代名詞** which。 I have a flower. と It grows without water. が1つになったものです。
> (c) Hiroshi has a girlfriend **(whom または that) his friends don't like.**（ヒロシは、彼の友人たちが好まない彼女がいます。）
> **目的格の関係代名詞** that または whom が省略。
> Hiroshi has a girlfriend. と His friends don't like her[his girlfriend]. が1つになったものです。
> (d) 疑問詞の which。関係代名詞と混同しないように注意して下さい。**（どちらがあなたのですか？）**
> (e) 代名詞の that です。**（昨夜、あの車を見ましたか？）**
> (f) He has a brown dog **that smells bad.**（彼はひどくにおう茶色の犬を飼っています。）(SVO)
> **主格の関係代名詞** that です。He has a brown dog. と It smells bad. が1つになったものです。bad の関連語として awful「ひどい、嫌な、すさまじい」も覚えておきましょう。また smell は「…のにおいがする」という意味で後ろに C を取ります。C を取らない場合は必ず「悪臭がする」を意味するので注意。 It smells.「嫌なにおいがします。」

2 (完答：3点×3)

(1) who、came、from　(2) many、children　(3) which、opened、is

> (1) I wrote to a friend **who came from** Australia. (SV)
> 主格の who (that) を使います。「私は友達に手紙を書いた。」をメインとして、その中で先行詞となる a friend に関係代名詞に導かれる英文「オーストラリアから来た。」をつなげています。
> (2) My father doesn't know the TV program **many children** watch.
> 目的格の that (which) を使います。(1)と同じ要領。「私はそのTV番組を知らない。」がメインで関係代名詞に導かれる英文が「たくさんの子供たちが見る」になります。また目的格ですから省略も可能。
> (3) The shop **which** (**that**) **opened** 2 years ago **is** very popular. (SVC)
> 主格の that (which) を使います。SVC の形で S に関係代名詞節「2年前にオープンした」がくっついた形になっています。**主格の関係代名詞は省略できません。**

3 (3点×2)

(1) He has wanted to buy the car I bought two years ago.
(2) Have you seen the baby who was born last week yet?

(1) 目的格の関係代名詞that(which)が省略されていますので難しかったですね。先行詞the carに目的語the carが抜けた節が続きます。the car SVは「SがVした車」という形。
(**彼は2年前に僕が購入した車をずっと買いたがっています。**)(SVO)
(2) 経験用法の現在完了形。主格の関係代名詞が先行詞the babyに続きます。
「**先行詞＋関係代名詞**」の語順。(1)も(2)も**過去を示す語句**(...agoやlast...)がありますが、これは**関係代名詞節の中に存在するもので、過去を示す語句を使用できない現在完了形が主節の英文でも、使用して問題ありません。**
(**先週生まれたその赤ちゃんにもう会いましたか？**)

4 (3点×2)

(1) Kanako has a little dog which has long ears.
(2) That building which the architect built 9 years ago is Mr. King's.

(1) 主格のwhichを使ってdogにつなげます。
(**カナコは長い耳をした小さな犬を飼っています。**)(SVO)
(2) 目的格のwhichを使ってbuildingにつなげます。「目的格の関係代名詞＋SV」の語順。
(**9年前にその建築家が建てたあの建物はキング氏のものです。**)(SVC)

p.215〜216

Lesson28 / Answer Key   合格点 33点

関係代名詞 その2 所有格

モヤモヤ解消ポイント！

- 所有格の関係代名詞 → whose＋名詞＋**SV**
- 関係代名詞のカタマリはデッカイ**M** → (　) でくくって英文解釈！

[Lesson27の復習問題] ゴールが見えてきました！ 1つ1つ丁寧に最後まで頑張りましょう。

1 (1点×3)

(1) lives　(2) which　(3) were shining

(1) He has a friend who **lives** in France. (SVO)
関係代名詞の中の動詞は先行詞に合わせます。a friendは三人称グループ(IとYou以外)の単数ですから動詞は変化しますね。(**彼はフランスに住んでいる友人がいます。**)
(2) She wants a dog **which** has a long tail. (SVO)
先行詞が人以外であれば関係代名詞はwhichかthatですね。a dogも3人称グループの単数でhaveはhasへと変化しています。(**彼女は長いしっぽを持った犬が欲しい。**)
(3) I saw street lights which **were shining** over there. (SVO)
先行詞lightsは複数形ですから関係代名詞節の中のbe動詞はwereになります。**先行詞により関係代名詞節にある動詞は変化します。**(**僕は向こうで光輝いている街灯を見ました。**)

2 (完答：3点×3)

(1) which、is、sitting、is　(2) that、man、loved　(3) that、we、don't

(1) The dog **which is sitting** by the post is Ruby. (SVC)
The dog の後ろに何を入れるかは日本語をヒントにします。「犬」に「座っている」という説明がくっついています

057

ので、その説明文として関係代名詞を使って書けばOK。whichはthatでも可能。
さらにこの英文のSはThe dogでRubyはSの説明つまりCですからその間にイコールを意味するbe動詞が必要です。
(2) I saw the woman that man loved once. (SVO)
「女性」の説明文「あの男性がかつて愛した」を関係代名詞で書きますが、ここで関係代名詞を用いた場合、空欄が不足しますので省略しなければなりません。関係代名詞の後ろがSVである場合は目的格ですから省略が可能。
(3) They sometimes sell old things that we don't need. (SVO)
thingsを後ろから説明する形で関係代名詞節がつながっています。ここは省略されていません。thatはwhichでも可能。

3 (3点×2)

(1) He has a friend who speaks English well.　(2) Perth was one of the cities I wanted to visit.

(1) 主格の関係代名詞節がfriendを修飾しています。まずはSVOの骨組みを捉え、Mのカタマリを追加すればOK。
(彼は英語をうまく話す友達がいます。)(SVO)
(2) citiesの後ろに目的格の関係代名詞thatが省略。one of 複数名詞で「…のうちの1つ」という意味です。
(パースは僕が訪れたかった町の1つでした。)(SVC)

4 (1点×2)

(1) SVO　(2) SVC

(1) ₛAyako ᵥstudies ₒa subject ₘ[a lot of people are interested in]. (アヤコは多くの人々が興味のある科目を勉強しています。)
Mはa subjectを修飾する関係代名詞節。目的格のwhichまたはthatが省略。前置詞inの目的語が関係代名詞になっているんですね。
(2) ₛThe girl ₘ[who is swimming in the pool] ᵥis ᴄhis sister. (プールで泳いでいるその女の子は彼の妹です。)
Mは先行詞the girlを修飾する。関係代名詞節。Mは主要素ではありません。

[Lesson28の演習問題]

1 (完答:3点×4)

(1) whose、hair、was　(2) most、interesting、that　(3) whose、uncle、lives
(4) that、you、see

(1) He liked the girl whose hair was red. (SVO)
the girl に所有格の関係代名詞を用いて「その(whose)髪は赤かった。」という説明文を付けます。
(2) I mean it was the most interesting experience that I have ever heard. (SVO)
experience に経験用法の現在完了形を関係代名詞thatでつなげます。先行詞に最上級がありますのでwhichではなくthatが使われます。hearの過去形・過去分詞ですがedではなくdだけを付けます。
I mean ... は「私は…を意味する」、「つまり…だ」という表現です。
(3) I have a friend whose uncle lives in New York. (SVO)
his uncleが関係代名詞となりwhose uncleとなってa friendを修飾。
(4) Australia has the same tree that you can see in Japan. (SVO)
目的格の関係代名詞that。先行詞にthe sameがある場合はwhichよりもthatを使います。
また関係代名詞節内のyouは**一般の人々を総称**しており、特に訳す必要はありません。
例) You can't live without water. (水なしでは生きていけません。)

2 (完答:2点×3)

(1) which、was、written　(2) with、a、white　(3) she、wrote

(1) Azusa understood the example **which was written** in English.（**アズサは英語で書かれたその用例を理解していた。**）(SVO)　(a)では過去分詞を使って名詞を修飾しています。そこで(b)では関係代名詞を使って修飾します。またwhichはthatでも可能。
(2) Satoshi has wanted a car **with a white color**.（**サトシは白い色の車をずっと欲しがっています。**）(SVO)
(a)では所有格の関係代名詞が使われていますので(b)は所有を意味する前置詞withを使います。色colorは不可算名詞で普通、冠詞はNGですが、**直前に形容詞などが付くと冠詞が必要になります。**
(3) Takashi doesn't read novels **she wrote**.（**タカシは彼女が書いた小説を読みません。**）
(a)では「彼女に書かれた…」とありますが、これは「彼女が書いた…」としても同じ内容になります。そこで**目的格の関係代名詞＋SV**と考えます。問題では関係代名詞that（which）が省略されています。

3 (3点×4)

(1) The man whose mother is a designer is Mr. Black.
(2) I love her and my life that make me happy.
(3) The woman that I want to see is Maria.
(4) I have a friend whose wife has been a chef for 12 years.

(1) 先行詞the man にhisをwhoseに変えた関係代名詞節を大胆に文中に挿入。isが2つありますが、**最初のisは関係代名詞節の中でMの一部として考え、あとのisがSVCを作る主要素になります。（母親がデザイナーであるその男性はブラック氏です。）**(SVC)
(2) 先行詞が「人と物」の場合、関係代名詞はthatが普通。thatの関係代名詞節を先行詞のあとに続けて完成。**（僕は僕を幸せにしてくれる彼女と自分の人生を愛している。）**(SVO)
(3) 先行詞The womanの後ろに目的格の関係代名詞を使って挿入し、最後はVCの形でまとめます。ただし、目的格の関係代名詞は省略するのが一般的です。**（僕が会いたい女性はマリアです。）**(SVC)
(4) his wifeを関係代名詞whose wifeに変えて、丸ごと先行詞friendにつなげます。この問題では関係代名詞の中身が現在完了形の継続用法になっています。
（私には、妻が12年間シェフをしている友人がいます。）(SVO)

p.222～223

Lesson29 / Answer Key　　　合格点 34点

英文解釈のコツ

モヤモヤ解消ポイント！

・句と節 ➡ **SV**があるかないかで見分け、1つのカタマリとして大きくとらえる！
・副詞句・節 ➡ 主要素にはならない！➡（　）でくくってもOK！

[Lesson28の復習問題]

1 (完答：2点×3)

(1) whose、skin、is　(2) with、a、kitchen　(3) those、people、whose、faces

(1) Satoshi has a pig **whose skin is** black.
pigを後ろから関係代名詞でつないだパターン。所有格の関係代名詞whoseは後ろに名詞がくっつきます。
(2) Azusa has wanted a house **with a nice kitchen**.
「ずっと」のニュアンスを出すために、継続用法の現在完了形を用いるのがポイント。そして所有を示す前置詞withを使います。ちなみに関係代名詞を使えば、**whose kitchen is nice.** となります。

またwantを見れば反射的にwant toにしてしまう人がいますが、それは後ろに動詞が続く場合だけ。
(3) Who are those people whose faces are painted red?
「あの人」はthat personですから「あの人たち」はthose peopleとなります。personsはあまり標準的な言い方ではありません。問題文は名詞peopleを所有格の関係代名詞で修飾した形。
またpaint OCで「OをペンキでCの色に塗る」という意味があり、それが受け身になっています。

2 (2点×2) ＊下線部は部分点
(1) 彼は _{1点}僕が信用できる _{1点}唯一の人です。
(2) 私は _{1点}あなたのためにできる _{1点}全てのことをしました。

(1) 目的格の関係代名詞です。**先行詞にthe onlyがあればthat**を用います。
(2) 目的格の関係代名詞です。**先行詞がeverythingでもthat**を用います。doは一般動詞で「…をする」という意味ですね。

3 (3点×4)
(1) I don't like a man whose hair is very long.
(2) I don't know which train to take.
(3) Bryan Adams is the best singer that makes me excited.
(4) The boy who is talking on the phone is my classmate.

(1) 所有格の関係代名詞でmanにつなげます。(私はとても長い髪をした男の人は好きではありません。)
(2) knowの目的語として「疑問詞＋to不定詞」が使われています。
    (私はどちらの電車に乗るべきか分かりません。)
(3) 先行詞に最上級がありますから関係代名詞はthat。さらにthatの後ろのmakeは不完全他動詞として働いてOCの語順「〜を…にする」になっています。excitedはもともと**他動詞excite「…を興奮させる」**という意味が過去分詞となり**形容詞化**したものです。
    (ブライアン・アダムスは僕をワクワクさせる最高の歌手だ。)(SVC)
(4) 主語に主格の関係代名詞節がくっついた形。who節内は現在進行形になっています。
    (電話で話をしている少年は僕のクラスメートです。)(SVC)

[Lesson29の演習問題] レッスンはこれで終わりです。さあ、あとは総復習に力を注ぎましょう！

1 (2点×4)
(1)(ウ) (2)(エ) (3)(イ) (4)(ア)

(1) SVがあるので節。これ以外の英文を見るとSV文型で成立していますので、下線部は時を示す副詞のカタマリになります。(僕がその困難に遭っていたとき、彼らは寝ていました。)(SV)
(2) SVがないので句。この前置詞句は場所を示す副詞として動詞waitを修飾しています。wait forは他動詞として解釈しています。(彼らは雨の中で君を待っていたんだ。)(SVO)
(3) (2)と同じくSVがないので句。この前置詞句は前の名詞を後置修飾しています。**名詞を修飾するのは形容詞**ですね。(彼の机の上にある本はあなたのですよ。)(SVC)
(4) SVのある関係代名詞節が先行詞である名詞を後ろから修飾。関係代名詞がSになって節を作っています。(彼らは日本でとても人気のある、その映画を観ました。)(SVO)

2 (2点×4)
(1)(イ) (2)(ウ) (3)(ア) (4)(エ)

(1) **修飾語となる副詞句**。動詞jogを修飾している副詞です。また、接続詞andの力でMyはfatherとmotherの両方に付いているものと考えます。(父と母は午前中、7時にジョギングを始めます。)(SVO)

(2) 目的語となる名詞句。動詞seeの目的語となる名詞です。目的語になるのは名詞のみです。
(君は、その有名な赤ちゃんを見ましたか？)
(3) 補語となる名詞句。不定詞の名詞的用法で補語になっています。
(その少年の夢はコメディアンになることです。)(SVC)
(4) 修飾語となる形容詞句。前置詞句が形容詞となって前の名詞を修飾しています。
(白い靴下を履いたその赤ちゃんはとても可愛い。)(SVC)

3 (2点×4)

(1) SV (2) SVO (3) SVO (4) SVO

(1) ₛI ᵥworked ₘ₁very hard ₘ₂because I needed more money. (僕はとても一生懸命に働いた。なぜならもっとお金が必要だったからだ。)
M1はworkの程度を表し、M2は文全体を修飾しています。接続詞becauseの後ろは節でSVOになっていますが、あくまでもMの中での話で、全体としてはSVが主要素です。
moreはmoneyを修飾し、「もっと多くの…」という意味の形容詞です。

(2) ₛThe family ₘI know well ᵥwill help ₒyou. (僕がよく知るその家族は君を助けてくれるだろう。)
familyの後ろに目的格の関係代名詞thatまたはwhomが省略。関係代名詞節は形容詞のカタマリのようなもので、あくまでも文型を構成する主要素にはなりません。

(3) ₛI ᵥwill call ₒyou ₘwhen I'm ready. (準備ができれば、私はあなたに電話します。)
従属接続詞whenによって作られる節は副詞節で主要素にはなりません。また時や条件を表す副詞節中では未来の内容でも現在形でしたね。

(4) ₛHe ᵥwants ₒto stay in a city ₘwhich has a large casino. (彼は大きなカジノのある町に滞在したい。)
wantの目的語として不定詞が来ています。その不定詞のカタマリに主格の関係代名詞whichの節がくっついたパターン。場所をSとしてhaveを使うときは「…がある」と訳すとうまくいく場合があります。

4 (2点×2) ＊下線部は部分点

(1) あなたは ₁点他人を幸せにする ₁点何かを見つけるだろう。
(2) 彼は ₁点学んできた日本語を使って ₁点日本から来た人々と話すことができます。

(1) somethingを説明するように主格の関係代名詞のカタマリをうまく訳してください。make OCで「OをCにする」という意味ですね。otherは**形容詞**で「**他の…**」という意味です。
(2) by -ingで「**…して（…することで）**」という意味です。この動名詞(using)の目的語Japaneseに目的格の関係代名詞thatが省略された節のカタマリがくっついています。全体の骨組みをまずはとらえ、**修飾の関係（何が何を詳しくしているのか）**を押さえて訳してください。

p.228〜233

Proficiency Test / Answer Key

全レッスン修了テスト

[解答と解説] それぞれの問題に参照すべきレッスンを示しておきました。

1 (2点×10)

(1) She didn't catch a cold then.
(2) Does Mr. Miura know the way to the station?

(3) Mr. Otsuka has been my good friend since last year.
(4) Ms. Kaino and her husband don't read any books in English.
(5) You'll [You will] be able to find a railroad on your right.
(6) Does it include tax and service charge?
(7) My headache disappeared after I took medicine.
(8) Those events cause us a lot of trouble.
(9) Is there a traditional ceremony in Japan?
(10) Has Maki gone to the doctor for a regular check-up?

(1) [L.10] 一般動詞・過去形の否定文。(彼女はそのとき、風邪をひきませんでした。)
(2) [L.09] 一般動詞・現在形の疑問文。(ミウラ氏はその駅に行く道を知っていますか?)
(3) [L.25] 現在完了形の継続用法。「ずっと…である。」は have[has] been ....
(オオツカさんは去年からずっと僕の仲の良い友達です。)
(4) [L.09] 一般動詞・現在形の否定文。
some を否定にすると any になります。not ... any で no 「全く…ない」。
(カイノさんと旦那さんは英語で書かれた本を全然読みません。)
(5) [L.13 / L.14] 未来の表現。can の未来表現は will be able to になります。
(あなたの右側に線路を見つけることができるだろう。)
(6) [L.09] 一般動詞・現在形の疑問文。
(それは税とサービス料金込みですか?)
(7) [L.10 / L.19] 一般動詞の過去形と接続詞。
主節 My headache disappears が過去になれば、それにくっついている従属節も普通は過去形になります。これを**時制の一致**と呼びます。(薬を飲んだあと、頭痛は消えました。)
(8) [L.07 / L.08] 可算名詞の複数形。
主語となる名詞を複数形にした場合、それにくっつく修飾語や、動詞などの変化に注意。(あれらの出来事はわれわれに多くの問題を起こします。)
(9) [L.07 / L.08 / L.11] There is 構文の疑問文。
be 動詞の後ろの名詞が**単数であれば is、複数であれば are** になります。ceremony と単数形になれば**不定冠詞 a が必要**になります。There 構文で the は使えません。
(日本には伝統的な儀式はありますか?)
(10) [L.24] 現在完了形の完了・結果用法。
Does は必要なくなり変わりに Has が疑問文では文頭に登場します。ちなみに check-up の横棒は**ハイフン(-)**と呼ばれ色々な**複合語**を作ります。
(マキは定期検査のために医者に診てもらいましたか?)

2 (1点×5)

(1) You and I wash our dishes every night.
(2) Akiko's sister understands her neighbors very well.
(3) Your brother doesn't drive on a narrow street at night.
(4) Do they tell you such things?
(5) He sometimes studies art in the museum.

(1) [L.07] 主語が He/She/It 以外であれば一般動詞の変化は起きません。
(あなたと私は毎晩、私たちのお皿を洗います。)
(2) [L.07] 主語が He/She/It であれば一般動詞は変化します。Akiko's sister = She。
(アキコのお姉さん[妹]は彼女の近所の人たちをとてもよく理解しています。)
(3) [L.09] 一般動詞の現在形・否定文。主語が He/She/It であれば does 系で、否定は doesn't。
(あなたの弟[兄]は夜、狭い道路を運転しません。)
(4) [L.09] 一般動詞の現在形・疑問文。主語が He/She/It 以外であれば do 系。

(彼らは君にそのようなことを言いますか？)
(5) [L.07] 主語がHe/She/Itであれば一般動詞は変化します。**子音＋y**のstudyは**ies**と語尾変化。
(彼は美術館で芸術を時々勉強します。)

3 (1点×7)

(1) him　(2) to see　(3) telling　(4) To walk [Walking]　(5) her　(6) treating　(7) was

(1) [L.16] **前置詞の後ろは目的格の形**。この問題ではlook forがさらにfromの目的語として動名詞になっています。
(マユは彼を探すことに疲れています。)
(2) [L.18] hopeは**to不定詞しか目的語に取れません**。　（比較）enjoy / finish / stop＋-ing
(オオタニさんはあなたにまた会えることを願っています。)
(3) [L.18] without「…なしで」は前置詞。その後ろの動詞は**名詞化するために-ing形**にします。
(彼の妻は彼に言わずに家を出ました。)
(4) [L.17 / L.18] 動詞をSにする場合は、文法上**名詞にすることが可能な不定詞か動名詞の形**にしなければなりません。
(毎日学校に歩いていくことは良い運動です。)
(5) [L.08] nameを修飾する所有格の形にします。(私の同僚達は彼女の名前を知りませんでした。)
(6) [L.18] finishの目的語に、動詞を取る場合は動名詞のみ。(歯医者は僕の歯痛を治療し終えました。)
(7) [L.27] **主格の関係代名詞のスグ後ろに続く動詞は先行詞に合わせて変化します**。ここでは先行詞がa manで単数、そして過去形ですからwas。
(僕は草の上で横になっている男の人を見ました。)

4 (1点×5)

(1) c　(2) e　(3) a　(4) d　(5) b

＊全てL.15関連
(1) **方法を尋ねるhow**。go -ingは「…しに行く」という意味。交通手段を答えているものを選びます。
(アヤコはどうやって買い物に行きますか？)(徒歩で。)
(2) **人を尋ねるwho**。ここでは直接SとなりVが続いています。人が答えになっているものを選びます。(誰が私たちのために夕食を作っていたのですか？)(彼のお父さんです。)
(3) **時を尋ねるwhen**。時に関する答えを選びます。ちなみに**openは形容詞でも使えます**。
The shop is open from 10 a.m. to 7 p.m.「その店は午前10時から午後7時まで開いています。」(いつその店は開きますか？)(来週です。)
(4) **数を尋ねるhow many**。このhowは程度を表し、「どのくらい多くの」という意味になっています。
(1メートルは何センチありますか？)(100センチです。)
(5) 「何」と尋ねるwhat。このdoingは「…をする」という一般動詞が進行形になったものです。文全体でお決まり表現として覚えておきましょう。
(彼らは何をしているところですか？)(子犬を救出しているところです。)

5 (2点×13)

(1) It、has、been、for　(2) was、broken、by　(3) better、than　(4) have、never、been
(5) the、cutest(prettiest)、of、all　(6) much、more、than　(7) of、with　(8) by、Thursday
(9) were、with、in、before　(10) There、was、a　(11) Whose、bag、till(until)、Tuesday
(12) writing、and、on、Saturdays　(13) What、did、want、to、about

(1) [L.25] 現在完了形の継続用法。具体的な継続期間を示すforです。
「have[has] been＋形容詞」で「ずっと…である」、**場所が来れば「ずっと…にいる」**となります。
(2) [L.22] 受け身の文・過去形。**受け身はbe動詞で時制がコントロール**されます。someoneはsomebodyでもOK。
(3) [L.20] 比較級の表現。like A better than B「BよりAのほうが好き」は次のように言い換えてもOK。

063

↔ prefer A to B「BよりAを好む」

(4) [L.25] 現在完了形の経験用法。「have been to＋場所」で「…に行ったことがある」。goneは「…に行ってしまった」となるので要注意。＊ただし、goneも同じ感覚で使うネイティブもいます。

(5) [L.20] 最上級の表現。最上級がlookのCになっています。allの位置に注意。後ろから複数名詞を修飾します。

(6) [L.20] 比較級の強調表現。much moneyの比較級の表現more money thanがさらにmuchによって強調されたものです。

(7) [L.16] withは「…を持っている」という意味。who hadに言い換え可能。

(8) [L.16] 期限を示すby。byは「…までに」という期限を表す以外に、「そばに」、「（誰々）によって」などの意味もあります。またhave toはmustに言い換え可能。

(9) [L.12 / L.16] 過去進行形と前置詞。talk with「…と話をする」、talk toは「…に話しかける」。

(10) [L.10 / L.11] There is構文の過去形。過去形なのでbe動詞を過去に。dishが単数形なのでbe動詞はwas、そして不定冠詞aが必要。

(11) [L.15 / L.16] 疑問詞whoseと継続期間を示すtill。have to [=must]は一般動詞のように扱われ、疑問文・否定文はdo [does]。

(12) [L.16 / L.18] practiceは動名詞を目的語に取ります。Japaneseは2つの動名詞の目的語になっています。接続詞により動名詞が1つにまとめられているからですね。また「on 曜日s」は、「every 曜日」と置き換えることも可能です。

(13) [L.15 / L.16 / L.17] 疑問詞whatと不定詞。「want to動詞の原形」で「…したい」ですね。wantは**不定詞のみ**を目的語に取ります。

6 (1点×4)

(a) (c) (e) (g)

(a) [L.18] 前置詞の後ろは**前置詞の目的語**と考えます。ここでは動名詞がinのO。
（私のお父さんは英語を勉強することに興味がありません。）

(b) [L.18] 動名詞がSになっています。名詞はS／O／Cのいずれかになれます。
（他の文化を学ぶことは本当にワクワクします。）

(c) [L.19] thinkの後ろに接続詞thatが省略。she's very happyはthatによって作られた節のカタマリです。このthat節がthinkのOとして働いています。また**Don't you ... ?は否定疑問文**と呼ばれ、「…ではないのですか?!　いやそうですよねぇ?」という同意を求める付加疑問文と同じ働きをしたり、「…ではないの?!」と驚きの気持ちを表現したりします。**（彼女がとても幸せだと思わないのですか？）**

(d) [L.17] 不定詞が名詞的用法でCになっています。**意味的にSとイコール関係**。原形のbe＋形容詞はbecomeと同じ意味になります。**（私の夢は刑事になることでした。）**

(e) [L.18] I hear ...は「…だそうですね、…と聞いている」という意味で後ろに**接続詞のthatが省略**されています。節の中身のSが動名詞のdrinkingです。もともとa lot of waterはdrinkのOになっています。**（たくさんの水を飲むことは本当にいいことだそうですね。）**

(f) [L.27] 主格の関係代名詞。who ... thereまでが**関係代名詞節として先行詞the girlを修飾**しています。名詞を修飾しているので、この節は形容詞節と言います。**（あそこでダンスをしている女の子は私の妹［姉］です。）**

(g) [L.18] 動名詞livingは前置詞のOになっています。beをgetに変えて、get used toにすると「…に慣れる」という変化を表します。**（彼らはここで暮らすことに慣れていません。）**

(h) [L.17] 不定詞が名詞的用法として働きSになっています。
（このトリックを理解することはとても大変だ。）

7 (1点×5)

(1) (c)　(2) (b)　(3) (a)　(4) (c)　(5) (d)

(1) [L.02 / L.03 / L.19] 前置詞句は**副詞か形容詞**になり、ここでは形容詞の**C**の役割です。
全体としてはknowの後ろに接続詞thatが省略され、knowのOとしてthat節が来ています。

(彼は彼女がスイス出身であることを知りません。)
(2) [L.27] 関係代名詞whoで作られたカタマリを**関係代名詞節**と呼ばれ、別名、**形容詞節**です。前の名詞(先行詞)を詳しく説明してくれます。(私に会いたがっていたその女性は私の上司だった。)
(3) [L.18 / L.19 / L.21] thinkの後ろに接続詞thatが省略。that節の中身として、M付きの動名詞がSになっています。**動名詞は名詞と同じで、2語以上のカタマリですから名詞句です。これにSVが含まれれば名詞節。**(あなたは毎日タバコを吸うことはとても悪いことだと思うかもしれません。)
(4) [L.17] 不定詞が**形容詞の機能**となり、timeを後ろから修飾しています。not ... at allで「まったく…ない」という意味です。(タカシとトモヒサは全く話す時間がなかった。)
(5) [L.17] 下線部以外の内容は**SV文型で完結**していますから、残り部分の不定詞は目的を示す副詞的用法、つまりMと考えます。また不可算名詞を修飾する場合、**someは無理に日本語に訳さなくてもOK**です。(ホワイトさんとレッドさんは水を買いにその店に行った。)

8 (1点×5)

(1) score、is (2) had、no (3) best、of (4) as、happy、as (5) with、wide、seats.

(1) [L.08] thisやthatは名詞としてSになったり形容詞として名詞に付くMになるという2パターンあります。ここは直接Sから、名詞に付く形容詞として書き換える問題です。(**一般に、このスコアは平均的です。**)
(2) [L.11] not ... any = noという性質を利用すればOK。noを使って言い換えた場合、**否定文から肯定文に変化している**のがポイントです。didn't haveがhadになります。意味を考えれば理解できるはずです。(彼女は全く本を持っていませんでした。)
(3) [L.21] favoriteは「お気に入りの」という以外に「**大好きな**」という意味もあり、ニュアンスとしては**最上級に近い**単語です。ですからlikeを使った最上級の表現に変えます。(私はスキューバダイビングが全ての中で1番好きです。)
(4) [L.20 / L.21] lookのCとして比較級が使われています。Sが入れ替わっているので意味をよく考えnot as ... as「…ほど…でない」を使います。(あなたは彼ほど幸せそうには見えません。)
(5) [L.16 / L.28] もとの英文は所有格の関係代名詞節がa carを修飾したパターンです。所有格の関係代名詞はwithを使って言い換えることができる場合がありましたね。語順に注意しましょう。「with＋(形容詞)＋名詞」です。(彼女は幅広い座席のある車をずっと欲しがっています。)

9 (1点×3)

(1) She didn't know when he came back.
(2) My father found this movie very interesting.
(3) He always told the students a story which was written in England.

(1) [L.29] knowの目的語として間接疑問文が入ったものです。語順は「疑問詞＋SV」。
(**彼女はいつ彼が戻ってきたのか分かりませんでした。**)
(2) [L.05 / L.06] find OC「OがCであると分かる、気づく」というパターン。OCが意味の上でSVの関係になっているのが特徴です。この特徴が成り立たない場合はSVOOやSVOパターンを考えましょう。(私の父はこの映画がとても面白いと気づいた。)
(3) [L.04 / L.05 / L.27] tell OOに主格の関係代名詞がつながったパターン。関係代名詞節の中身はbe＋過去分詞の受け身になっています。(彼はいつもその生徒たちにイギリスで書かれた物語を話しました。)

10 (1) 3点 (2) 3点 (3) 4点 ＊下線部は部分点の目安

(1) 私たちにとって[私たちが]₀.₅点 ₁点オーストラリアに旅行することをあきらめるのは ₀.₅点とても困難だったので ₁点私たちはもっとお金を稼ぐ[もうける]ことを決心した。
(2) 私たちは ₁点このシステムの使い方を知っている人[誰か] ₁点を探しています ₁点が、まだ誰も見つかっていません[私たちはまだ誰も見つけていません]。
(3) ₁.₅点人生の新しい方向(性)を探し始めたとき、₁点訪れるべき最初の国として ₀.₅点日本を選ぶことは ₁点全くおかしなことではないと彼は感じた。

(1) [L.17 / L.18 / L.19]「It is ... for A to 動詞の原形」「Aが〜するのは…だ」の構文。give up の目的語として動名詞が使われています。接続詞 so は「だから…」という意味。decide to 動詞の原形で「…しようと決心する」。

(2) [L.12 / L.17 / L.19 / L.24 / L.27] look for「…を探す」で1つの他動詞。目的語として someone を取り、これを先行詞とした主格の関係代名詞節が続いています。関係代名詞節の中にある他動詞 know の目的語として how to ...「…の仕方」が使われています。**but は逆の結果を持ってくる接続詞**で、現在完了の否定文「まだ…していない」という意味の英文が来ています。somebody が疑問文・否定文になると anybody になります。

(3) [L.12 / L.17 / L.18 / L.19] felt の O として that 節があり、その中に there is 構文が入っています。There is nothing で「何もない」という意味。nothing は名詞で、その後ろの形容詞 strange がこれを修飾。「おかしなことは何もない」。as は比較表現で使われるとは限らず前置詞で「…として」「…のとき」という意味があります。
I need you as a partner.「パートナーとして君が必要だ。」
I met the man as a child.「子供のとき、私はその男性に会いました。」
また不定詞 to visit は country を修飾する**形容詞句**です。

11 (1点×10)

(1) (d)　(2) (c)　(3) (b)　(4) (e)　(5) (d)
(6) (c)　(7) (b)　(8) (e)　(9) (c)　(10) (a)

(1) [L.05] ₛMr. Blue ᵥgave ₒme ₒsome money ₘyesterday.
（ブルーさんは僕に昨日、お金をくれた。）

(2) [L.03] ₛSomebody ᵥwrote ₒa letter ₘto me.
前置詞句は M で形容詞か副詞でしたね。（誰かが手紙を私に書いた。）

(3) [L.02] ₛMr. White ᵥis ₒbright, active and, above all, excellent.
above all という熟語も M で主要素とは考えません。ここは A, B and C の形です。「A や B、そして C」
active の仲間として aggressive「攻めの」「積極果敢な」がありますが、「攻撃的な」「挑戦的な」といった否定的な意味でも使われます。（ホワイトさんは利口で、積極的で、そして何より優秀だ。）

(4) [L.06] ₛThis movie ₘshown on TV last week ᵥmade ₒme ₒvery bored.
bored「退屈した」はもともと bore「…を退屈させる」という意味の他動詞です。現在分詞 boring で使えば「退屈な」「つまらない」という意味になります。He is boring, isn't he?「彼ってつまらないよね…。」（先週、テレビで放映されたこの映画は僕をとても退屈に感じさせた。）

(5) [L.05] ₛHis father ᵥbought ₒhis son ₒa nice boat ₘon his birthday.
（彼の父は誕生日、息子に素敵なボートを買った。）

(6) [L.03] ₛMy son and daughter ᵥlove ₒto sing my songs ₘin this room.
不定詞の中身を見ると、さらに sing の目的語である my songs があります。文型解釈は大きな目で捉えることがまず大切ですが、精読するためにはこのような細かい解釈も必要になります。（私の息子と娘はこの部屋で私の歌を歌うことが大好きです。）

(7) [L.02] ₛOne of my students ₘin my class ᵥbecame ₒa teacher ₘtwo years ago.
in my class は形容詞句として前の名詞句を修飾。（私のクラスの生徒の1人は2年前先生になった。）

(8) [L.06] ₛThe heavy rain ᵥkept ₒwater ₘin the river ₒvery cold.
keep OC で「O を C のままにしておく」という意味。in the river は（）でくくって文型をとらえましょう。（その激しい雨は川の水をとても冷たい状態のままにした。）

(9) [L.03] ₛMy girlfriend ₘwho lives in Tokyo ᵥsent ₒthese books ₘto me ₘlast summer.
関係代名詞節は前の名詞を修飾する形容詞のカタマリです。文中に挟まることは普通にあることです。（東京に住んでいる僕の彼女は去年の夏、これらの本を僕に送ってきた。）

(10) [L.01] ₛThat building ᵥopens ₘat 11 o'clock ₘin the morning.
open は他動詞と自動詞の両方あります。ここでは自動詞。（あの建物は午前11時に開きます。）

全レッスン修了テスト 自己評価チェック

Grade A Excellent 96 - 100 points

素晴らしい！とても優秀な成績です。中学英文法を修了しました。自信を持って、次のレベルに進んでください。ただし、月に1回は必ず通読して記憶をリフレッシュさせましょう！

Grade B Well done 91 - 95 points

良いですね！あと1歩のところですが、初心者を脱する素質は十分にあります。まずは間違えた問題の内容と関連レッスンをしっかりと押さえ、不安材料を完全に取り除き、次のステップを目指しましょう。

Grade C Good 81 - 90 points

OKでしょう！でもまだ少し詰めが甘いようです。ケアレスミスも実力のうちです。油断すればワンランク下がってしまいますので、自分の弱点を徹底的に見極めて、しっかりと補強し、後日、テストに再チャレンジしましょう！

Grade D Not Bad 70 - 80 points

まずまずの理解度ですが、まだ安定したレベルとは言えません。苦手意識は改善されているはずですが、それでも不安要素がまだ見え隠れしています。自分の弱点を見つめなおし、上のレベルを目指してください。

Grade E Passed 60 - 69 points

まずは合格点ですが、決して良いとは言えません。間違えた問題に関連するレッスンを復習し、このまま満足して、問題を解きっぱなしにしないようにしましょう。後日、必ずテストに再チャレンジしてください。

Grade F Behind 50 - 59 points

合格点とは言えません。苦手意識がまだ出てしまうレベルです。初心者レベルを脱するにはまだ努力が必要で、間違えた問題に関するレッスンは特に意識して、一からレッスンを復習しましょう。

Grade G Low - 49 points

全くレッスンの内容が定着していないようです。再度、レッスンの総復習にじっくりと取り組む必要があります。ここで絶対にあきらめてはいけません。とにかく本書をこのまま放置せず何度も繰り返すことが大切です！

P.54, 94, 128, 182, 224

Communication Stage / Answer Key

Communication Stage 1
1. They look happy.
2. I like music, too.

Communication Stage 2
1. Did you study Japanese in Canada?
2. Do you speak Japanese?
3. No, I don't.

Communication Stage 3
1. I'm going to visit Kyoto.
2. I will go to Arashiyama.
3. I will take a walk along the river.
4. You should come with me.

Communication Stage 4
1. My dream is to study English in America.
2. But it will be very hard.
3. I want to go to New York.
4. And it is called a salad bowl.
5. I will have to study harder.

Communication Stage 5
1. You have been a good teacher.
2. What do you mean?
3. We are having fun.
4. And they don't try to speak English.
5. The students who practice speaking will like English.
6. We study a language to enjoy communication.

あればうれしい文型別動詞リスト（英語版）

*本書で収録された全ての動詞と、初心者レベルでよく使う動詞を文型別にリストアップしました！
*（）内はその動詞とよく一緒になる前置詞、[ ]内はよく使われるその動詞の変化したもの（分詞）です。
*その動詞がほかの文型をとる場合はその文型を右に記してあります。

SV文型

agree (to)	leave　　SVO SVOC	wait (for)	check
apply (for)	lie	wake　　　　SVO	cheer
arrive (in/at)	listen (to)	walk (to/in)	choose
be (in)　　　SVC	live (in)	worry (about)	clean
begin　　　　SVO	look (at/for)　　SVC	**SVC文型**	climb
blow	open　　　　　SVO	become	close
care (for)	pass　　　　　SVO	feel	collect
chat (with/about/on)	pay　　　　　SVO	seem	control
come (to/in)	prepare (for)　SVO	smell	cost　　　　SVOO
communicate (with)	rain	sound	cover [covered]
complain (about)	relax	**SVO文型**	cross
continue	reply (to)	advise	cut
cook　　　　　SVO	return　　　　SVO	answer	date
cry	rise	ask　　　　SVOO	decide
dance	run	attack	deliver
decrease　　　SVO	sail	attend	discover
die (of/from)	shine	bake	do /does
drink　　　　　SVO	shout	bear [bore]	draw
drive　　　　　SVO	sing　　　　　SVO	beat	dry　　　　　SV
escape (from)	sit (in/on/down)	believe	earn
explain　　　　SVO	ski	boil　　　　　SV	eat　　　　　SV
fail (in)	sleep	borrow	enjoy
fall (down/from)	smile (at)	break	enter
fight　　　　　SVO	smoke	bring　　　SVOO	examine
fly	snow	brush	exchange
go (to)	stand (under/up)	build	excite [excited/exciting]
graduate (from)	start　　　　　SVO	burn	excuse
happen (to)	stay (in/at)　　SVC	buy　　　　SVOO	experience
hide　　　　　SVO	succeed (in)	call　　　　SVOC	express
jog	survive (from)	carry	feed
jump	swim	catch	fill
laugh (at)	talk (to/with)	change	find　　SVOO SVOC
	travel		finish　　　　SV
	volunteer		fit　　　　　SV

fix	SV	make	SVOC	rent		train	
follow		mark		repair		trust	
forget		marry		repeat		try	
gain		mean		require		turn	SV SVC
get	SV SVC	meet		respect		understand	
greet		miss	SV	ride		use	
grow	SV SVC	mix		save		visit	
hate		move	SV	say		want	
have		need		see	SV	wash	
hear		notice		sell		watch	
help		offer		send	SVOO	wear	
hit		order		shake		wrap	
hold		own		share		write	SVOO
hope		paint	SVOC	shock		**SVOO文型**	
hunt		perform		shoot			
hurt		plan		show	SVOO	give	SVO
imagine		plant		solve		hand	SVO
improve		play		speak	SV	lend	SVO
interest [interested/interesting]		practice		spell		**SVOC文型**	
introduce		prefer		spend			
invite		print		steal		name	
join		produce		stop	SV		
keep	SVOC	promise		study	SV		
kill		protect		suggest			
kiss		pull		support			
knock		push		surprise [surprised]			
know		put		sweep			
lay		quit		take			
lead		raise		taste	SVC		
learn		reach		teach	SVOO		
like		read		tell	SVOO		
lock		realize		think	SVOC		
lose		receive		throw			
love		remember		touch			

あればうれしい文型別動詞リスト（日本語版）

英語版をそのまま日本語に直したものです。実力試しに英語で書けるかトライしてみましょう。

SV文型	出発する、…を去る、…を〜のままにしておく	待つ	…を調べる
	横になる、ウソをつく	目が覚める、…を起こす	…を元気づける
同意する	聞く	歩く	…を選ぶ
志願する、求める	住む	心配する	…をそうじする、…をキレイにする
到着する	見る、…のように見える	**SVC文型**	…を登る
いる、ある、…です	開く、…を開ける		…を閉める、…を閉じる
始まる、…を始める	通り過ぎる、…に合格する	…になる	…を集める
吹く	支払う、…を支払う	…を感じる	…をコントロールする
気にする	準備する、…を準備する	…のようだ	(金額・費用)がかかる、…に〜がかかる
おしゃべりをする	雨が降る	…のにおいがする	…を覆う
来る	くつろぐ	…に聞こえる	…を横切る、…を渡る
意思疎通をする	返事をする	**SVO文型**	…を切る
不満を言う	戻ってくる、…を返す		…とデートをする
続く	上がる、出てくる	…に助言する	…を決める
料理する、…を料理する	走る	…に答える	…を配達する
泣く、叫ぶ	航行する	…を質問する、…を頼む、…に〜を尋ねる	…を発見する
踊る	輝く	…を攻撃する	…をする
減少する、…を減らす	叫ぶ	…に出席する	…を描く、…を引く
死ぬ	歌う、…を歌う	…を焼く	…を乾かす、乾く
飲む、…を飲む	座る	…産む	…を稼ぐ
運転する、…を運転する	スキーをする	…を打ち負かす	…を食べる、食べる
脱出する	眠る	…を信じる	…を楽しむ
説明する、…を説明する	微笑む	…を沸かす、沸騰する	…に入る
失敗する	タバコを吸う	…を借りる	…を検査する、…をよく調べる
落ちる、倒れる	雪が降る	…を壊す、…を割る	…を交換する
戦う、…と戦う	立つ	…持ってくる、…に〜を持ってくる	…をワクワクさせる
飛ぶ	始まる、…を始める	…を磨く	…を許す
行く	滞在する、…のままでいる	…を建てる	…を経験する
卒業する	成功する	…を燃やす	…を表現する、…を言い表す
起こる	生き残る	…を買う、…に〜を買う	…にエサを与える
隠れる、…を隠す	泳ぐ	…に電話をする、…を〜と呼ぶ	…を満たす
ジョギングする	話す	…を運ぶ	…を見つける、…に〜を見つける、…が〜と分かる
跳ぶ	旅行する	…を捕まえる	…を終える、終わる
笑う	ボランティアをする	…を変える	…に適合させる、…に合う、(サイズが)合う

…を修理する、…を固定する	…を作る、…を〜にする	…を賃借りする	…を訓練する
…の後をついていく	…を採点する、…に印を付ける	…を修理する	…を信用する
…を忘れる	…と結婚する	…を繰り返す	…を試す
…を得る	…を意味する	…を要求する	…を曲げる、曲がる、(変わって)…になる
…を得る、着く、…になる	…に会う、…と知り合いになる	…を尊敬する	…を理解する
…にあいさつをする	…に乗り遅れる、…が恋しい、行方不明である	…に乗る	…を使う
…を育てる、育つ、(成長して)…になる	…を混ぜる	…を救う、…を残しておく	…を訪ねる、…に訪れる
…を憎む	…を移動させる、引越す、移動する	…を言う	…を欲しいと思う
…を持っている、…を食べる	…が必要である	…を見る、…が見える、分かる	…を洗う
…が聞こえる	…に気づく	…を売る	…を見る
…を手伝う、…を助ける	…を提供する	…を送る、…に〜を送る	…を着ている
…を打つ	…を注文する	…を振る	…を包む
…を開催する、…を保持している	…を所有する	…を共有する	…を書く、…に〜を書く
…を望む	…を(ペンキで)塗る、…を〜色に塗る	…にショックを与える	**SVOO文型**
…狩る	…を演じる	…を撃つ	
…を傷つける	…を計画する、…の計画を立てる	…を見せる、…を教える、…に〜を見せる	…に〜を与える、〜を与える
…を想像する	…を植える	…を解く	…に〜を手渡す、〜を手渡す
…を改良する、…を上達させる	…をする	…を話す、話す、演説する	…に〜を貸す、〜を貸す
…に興味を持たせる	…を練習する	…をつづる	**SVOC文型**
…を紹介する	むしろ…の方を好む	…を過ごす、…を費やす	
…を招待する	…を印刷する	…を盗む	…を〜と名づける
…に参加する、…に加わる	…を生み出す、…を演出する	…を止める、立ち止まる	
…を持っておく、…を〜にしておく	…を約束する	…を勉強する、勉強する	
…を殺す	…を保護する	…を提案する	
…にキスをする	…を引っぱる	…を支援する	
…をノックする	…を押す	…を驚かす	
…を知っている	…を置く	…を掃く	
…横にする、(卵)を産む	…を辞める、…を断ち切る	…を取る	
…を率いる	…を上げる、…を養育する	…を味わう、…な味がする	
…を学ぶ	…に辿り着く	…を教える、…に〜を教える	
…が好きである	…を読む	…を話す、…に〜を話す	
…に錠をかける、…をロックする	…に気が付く、…を実感する	…を思う、…を考える、…を〜と思う	
…を失う	…を受け取る	…を投げる	
…を愛する	…を覚えている	…を触る	

不規則変化動詞リスト

最低限、押さえておくべき不規則に変化する動詞をタイプ別にまとめました。
＊左から原形・過去形・過去分詞形

AAA パターン 原形・過去形・過去分詞形の3つが全て同じ		
cut	cut	cut
put	put	put
hit	hit	hit
read	read	read

ABB パターン 過去形・過去分詞形が同じ		
bring	brought	brought
buy	bought	bought
think	thought	thought
catch	caught	caught
teach	taught	taught
build	built	built
send	sent	sent
spend	spent	spent
hold	held	held
sell	sold	sold
tell	told	told
stand	stood	stood
understand	understood	understood
keep	kept	kept
sleep	slept	slept
feel	felt	felt
leave	left	left
meet	met	met
sit	sat	sat
make	made	made
say	said	said
have	had	had
hear	heard	heard
find	found	found
lose	lost	lost

ABC パターン 原形・過去形・過去分詞形が全てバラバラの形		
break	broke	broken
eat	ate	eaten
forget	forgot	forgotten
get	got	gotten
give	gave	given
speak	spoke	spoken
take	took	taken
write	wrote	written
begin	began	begun
sing	sang	sung
swim	swam	swum
know	knew	known
throw	threw	thrown
do	did	done
go	went	gone
see	saw	seen

ABA パターン 原形・過去分詞形が同じで過去形のみ異なる		
come	came	come
become	became	become
run	ran	run

PC：7007026